實用歷史叢書

親切的、活潑的、趣味的、致用的

遠流出版公司

歷史從來都有真性情

作　　者——夏　凡
主　　編——游奇惠
責任編輯——陳穗錚
發 行 人——王榮文
出版發行——遠流出版事業股份有限公司
臺北市100南昌路2段81號6樓
電話／2392-6899　傳真／2392-6658
郵撥／0189456-1
法律顧問——董安丹律師
著作權顧問——蕭雄淋律師
2014年10月1日　初版一刷
行政院新聞局局版臺業字第1295號
售價新台幣 380 元　（缺頁或破損的書，請寄回更換）

ISBN　978-957-32-7495-7

YLib 遠流博識網
http://www.ylib.com　E-mail:ylib@ylib.com

實用歷史叢書

歷史從來都有眞性情

《實用歷史叢書》

出版緣起

王榮文

・歷史就是大個案

《實用歷史叢書》的基本概念，就是想把人類歷史當做一個（或無數個）大個案來看待。

本來，「個案研究方法」的精神，正是因為相信「智慧不可歸納條陳」，所以要學習者親自接近事實，自行尋找「經驗的教訓」。

經驗到底是教訓還是限制？歷史究竟是啟蒙還是成見？——或者說，歷史經驗有什麼用？可不可用？——一直也就是聚訟紛紜的大疑問，但在我們的「個案」概念下，叢書名稱中的「歷史」，與蘭克（Ranke）名言「歷史學家除了描寫事實『一如其發生之情況』外，再無其他目標」中所指的史學研究活動，大抵是不相涉的。在這裡，我們更接近於把歷史當做人間社會情境體悟的材料，或者說，我們把歷史（或某一組歷史陳述）當做「媒介」。

・從過去了解現在

為什麼要這樣做？因為我們對一切歷史情境（milieu）感到好奇，我們想浸淫在某個時代的思考環境來體會另一個人的限制與突破，因而對現時世界有一種新的想像。

通過了解歷史人物的處境與方案，我們找到了另一種智力上的樂趣，也許化做通俗的例子我們可以問：「如果拿破崙擔任遠東百貨公司總經理，他會怎麼做？」或「如果諸葛亮主持自立報系，他會和兩大報紙持哪一種和與戰的關係？」

從過去了解現在，我們並不真正尋找「重複的歷史」，我們也不尋找絕對的或相對的情境近似性。「歷史個案」的概念，比較接近情境的演練，因為一個成熟的思考者預先暴露在眾多的「經驗」裡，自行發展出一組對應的策略，因而就有了「教育」的功能。

・從現在了解過去

就像費夫爾（L. Febvre）說的，歷史其實是根據活人的需要向死人索求答案，在歷史理解中，現在與過去一向是糾纏不清的。

在這一個圍城之日，史家陳寅恪在倉皇逃死之際，取一巾箱坊本《建炎以來繫年要錄》，抱持誦讀，讀到汴京圍困屈降諸卷，淪城之日，謠言與烽火同時流竄；陳氏取當日身歷目睹之事與史實印證，不覺汗流浹背，覺得生平讀史從無如此親切有味之快感。

觀察並分析我們「現在的景觀」，正是提供我們一種了解過去的視野。歷史做為一種智性活動，也在這裡得到新的可能和活力。

如果我們在新的現時經驗中，取得新的了解過去的基礎，像一位作家寫《商用廿五史》，用企業組織的經驗，重新理解每一個朝代「經營組織」（即朝廷）的任務、使命、環境與對策，竟然就呈現一個新的景觀，證明這條路另有強大的生命力。

我們刻意選擇了《實用歷史叢書》的路，正是因為我們感覺到它的潛力。我們知道，標新並不見得有力量，然而立異卻不見得沒收穫；刻意塑造一個「求異」之路，就是想移動認知的軸心，給我們自己一些異端的空間，因而使歷史閱讀活動增添了親切的、活潑的、趣味的、致用的「新歷史之旅」。

你是一個歷史的嗜讀者或思索者嗎？你是一位專業的或業餘的歷史家嗎？你願意給自己一個偏離正軌的樂趣嗎？請走入這個叢書開放的大門。

〈自序〉

反芻歷史，與靈魂相遇

一

我一直是個歷史愛好者，青年時代也自認為很懂中國的傳統，但隨著各種檔案和資料的解密以及新的學術研究成果問世，我突然發覺自己以前幾乎是處於對歷史與文化的無知狀態。這種無知並非由不讀書造成，恰恰相反，是之前讀得多了導致的。歷史課本與評述全都囿於某種框架，有意無意間，我們被人帶著，很多事件霧裡看花越看越不清，自然而然就會走進誤區。

從此以後，我不知不覺地受到清代考據派的影響，他們的研究強調史實本身的實證與其他多方材料的印證。在學習與思索的過程中，我慢慢體會出當年陳寅恪提倡「自由之思想，獨立之精神」乃是學者的第一品德的緣由，若沒有這個追求，就不可能有真正的學術。這牽連出對一個人學史和治史的內在要求：我們應該以什麼樣的態度來對待歷史？

史書究竟應該為古人或死人而作，還是為生人和後人所寫？這也是關係到史學根本出發點的問題。中國人雖然說蓋棺論定，然而死後的任何評價也只對活著的人有參考和警示價值，斯人已去，你罵他渾蛋也好，說他是聖人也罷，對他本人均已毫無意義。人類記述自己的過去並不是為了辦展覽會，更為重要的是能夠以史為鑒，讓現代人不再重複古人的錯誤，為後來人尋找到更加幸福和美滿的生活方式。李世民曾講「以史為鑒，可以知興替」，強調的也是後人根據歷史經驗判斷出社會的發展脈絡。

二

中華文明是世界上獨特的文化之一，它像一座寶庫，在經歷了近代西方文明的衝擊以及本民族毀滅性的懷疑後，仍能不斷發出光芒。這與整個國家的地理環境有很大關係。

喜馬拉雅山脈可以算是我們這個星球上最雄偉、最高大的山峰群了，它橫亙在青藏高原的南端，位於中國西藏與印度、巴基斯坦和尼泊爾等國之間。它是一條很年輕的山脈，三千萬年前這裡還是一片汪洋大海，由於印度洋板塊向北俯衝，撞擊歐亞大陸板塊，造成喜馬拉雅一帶地殼的隆起，逐漸形成高聳的山峰。青藏高原成為世界屋脊，大概是在三百萬年前，喜馬拉雅山脈阻隔了印度洋暖流向北的移動，致使高原以北成為乾旱少雨的地方。這也是世界上第二大沙漠塔克拉瑪干以及中國西北部庫姆塔格、古爾班通古特、巴丹吉林、騰格里等一系列沙漠形成的原因。強大的西北風把新疆、內蒙古西部與甘肅境內的沙塵不斷向東、向南吹，逐漸堆積成黃土高原，成為肥沃的土壤來源。

黃河並不像諺語中說的那樣是條多災多難的河流，它更多地承擔了華夏民族「母親」和「搖籃」的角色。洪水氾濫解決了水利灌溉問題，淤泥則成為土壤中的肥料。華北平原是一個典型的沖積型平原，由泥沙沉積而成，黃河、淮河、海河、灤河等河流不斷地把大量黃土沖到中下游，很多地方沉積厚度可達七、八百公尺，沉積最厚的開封、商丘等地甚至超過了五公里。黃土與河流構成了農業文明產生的基本要素，就像尼羅河水一年一度淹沒兩岸地區孕育了古埃及文明的誕生。

與農業文明發生所需條件相一致，中國人的歷史觀是天、地、人三才合一的，即天文、地理與人類的共同作用創造了我們活動的軌跡。農業生產除了土地、河流等基本條件外，最重要的就是天時。農作物的生長規律是與日月星辰的運行密切相關的，因此根據天文來安排人類的生產活動，直接關係到農業勞動的收成。運氣好，風調雨順，能有好的回報；碰上天災、乾旱或洪澇，就有可能餓殍遍野。這也是人們祭天的最早動機。處於靠天吃飯狀態的人類很容易把天想像成跟人一樣有感知，希望通過對天表達敬意來換取天對人的好感。所以古人認為，自然災害是天對人的懲罰，而五穀豐登也是天對人類善行的賜予。

人類構建什麼樣的社會結構，往往取決於自然條件與自己的生存狀態，當黃河文明在孕育的時候，這種以農業為基本生產與生活方式的文化已經定位。農民是分散的，他們的利益不在於通過參與而表達自己的訴求，而更傾向於選擇領袖統治制度。田園牧歌中，人們感覺不到政治追求的迫切性。農業社會的管理方式是粗放的，也只能粗放，因此人治下的法律雖弊端叢生且不能很好地解決社會問題，但已足以應付普通情況，而法治管理所需成本則不是一個農業社會所能承擔的。這種成本不光包括物質層面，與之配套的一系列精神價值觀以及由此產生的人類行為方式也同樣需要花大力氣來培養。

三

在人類從血親部落的原始社會向形成國家政權的轉化過程中，宗教起到了至關重要的作用。此時的宗教承擔了解釋世界、培養人們內在的道德、充當人的行為規範標準以及懲戒方式等功能，甚至給處於艱難渴望中的人們一種心理指導或安慰。毫不誇張地說，沒有宗教便沒有文明社會的誕生。廣義的宗教是與建立道德體系緊密相關的一種文化現象，它除了在思想和感情上影響人類外，也發展出倫理標準和禮儀規範，進而構成社會組織和政治制度的基礎。

從一開始，政權結構就是建立在皇帝、國王、諸侯、將軍這種專制的體系上。這不能說是人類缺乏想像力的結果，而是一種文明發展階段的內在要求。以等級制來建立家族與社會關係並非人的創舉，我們從對靈長類動物猩猩或狒狒的家庭組合模式的觀察中，可以發現各種人類組織行為方式的原始雛形。將自己置身於一定的權威之下，用犧牲部分自由換取某種安全保護，成為組成社會的一種共識。法國思想家盧騷（Jean-Jacques Rousseau, 1712-1778）指出：任何國家的法律都不是上帝指定的東西，而是建立在人的意志的基礎上，一個社會唯一合法的東西就是它的成員同意某種契約，這種公約將依照大多數人的利益，把自由和正義的統治結合起來。

這本書主要是從大文明的角度來探索中國的政治史和思想史，以及附在其上的具體事件，並試圖對其反映的文化現象加以歸納和說明，給讀者以啟示。

四

一個人寫書的過程也是一個人成長的經歷。任何一本書，看上去是說古道今，好像都是別人做過的事情，似乎與作者無關，其實，書中體現的全是作者的人生境界。

所有人生的智慧其實是在痛苦中得到的。對我來講，最早起心動念想寫作並不是因為有什麼研究成果需要展示，而完全是自己在認清現實後，在認真的反省當中，對生命有了一些體悟，想把它表達出來。很長一段時間，我的眼睛是長在頭頂上的，挫折中失去的痛苦使我能夠靜下心來思考，並仔仔細細地總結生命裡的得與失。在檢討人為犯錯的過程中，我可以清晰地感覺到古書的智慧，先賢們早已把人生道理教給了我們，只是因為我們自身的水準太差，才在一個地方反復跌倒。通過反省，我的生活開始改變，靜坐逐漸成為一種常態。我不僅舒展開緊鎖的眉頭，一旦解脫了自我的焦慮，對待所有人和物也都寬容起來。我終於不願四處奔波尋找所謂的「洪福」，而是躲在家中，享受清靜帶來的愉悅。雖然人最早的痛苦起源於平常生活中欲望的不滿足，但是經過昇華，將日常的內心苦悶轉變成范仲淹所說的「天下之憂」時，智慧之光就會慢慢顯現。

反思和自我批判使自己真正上了一個台階，我彷彿將大學重讀一次，又好像牛的反芻，把吃進去的東西再度咀嚼，系統地將舊書重讀與靜思。溫故確實可以知新，讀過的書籍再讀一遍，體會和感悟不同以往。本書就是在這麼一種狀態下寫成的，它是我對以前所學知識不斷再認識的一種記錄。這本書雖以歷史命名，卻並不是一本史書，更像是拾遺補闕的一些閒論。書中有不少我個人的見解，缺陷和錯誤一定在所難免，歡迎讀者批評糾正。

目錄

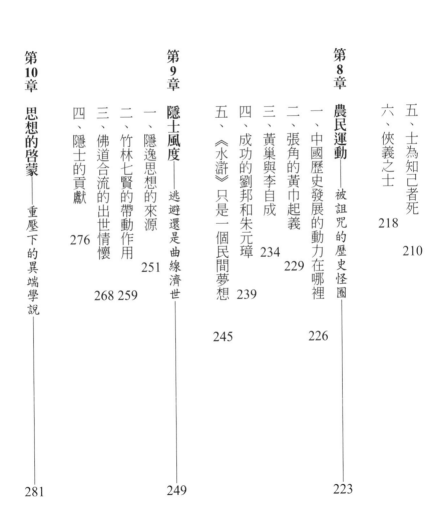

歷史從來都有眞性情

夏凡◎著

第1章

探尋眞相
歷史的開端

一、神話是歷史的源頭

有一句話說：歷史來源於神話。我認為，神話往往都是真實的歷史，只是因為年代久遠，口耳相傳之中變化很多，再加上後人演繹出許多虛幻的成分，以至於失去了可信度。人們想認真考察上古歷史，就真得從神話中去找了。

古代著作裡的神話

第一類是《山海經》，它是遠古的志怪書，是最早的神話。《山海經》是一本先秦的典籍，具體年代和作者皆不詳，主要記述地理、物產、神話、巫術、醫藥、民俗等，內容龐雜，大多聽起來荒誕不經，但又隱隱透出遠古真實的訊息。夸父逐日、精衛填海、女媧補天、鯀禹治水以及刑天舞干戚等故事都來自這本書。因為三千年前古人的思維方式、地名、文字、稱謂與現在截然不同，所以讀起來像天書。比如原始圖騰，在現代人眼中是象徵部落的符號，但在古人眼中卻是真實的傳承。

第二類是儒家十三經等經典書籍。如《尚書》就是一本關於上古史的書籍，該書從堯舜禹記錄到西周，其中虞舜、夏禹與商、周的一部分不是根據史料而是根據傳聞寫成的，所以其真實性就大打折扣。儒家為了闡述自己的理想，寫史時往往隨意取捨，更使得這部書缺乏實證的邏輯。

舉個例子，《尚書．堯典》說唐堯的統治是：

克明俊德，以親九族；九族既睦，平章百姓；百姓昭明，協和萬邦。

這無疑是儒家的修身、齊家、治國、平天下的理想人物化身。堯當了七十年的首領，主動把權位傳給賢能的舜而不是自己的孩子。我們在考古發掘中了解了堯舜之時中國人的生產和生活狀況，按照人性和社會發展的正常邏輯，很難相信唐堯和虞舜部落的政治傳承會有如此可能，而且那個年代的人活一百歲的可能性很小。所以不僅《山海經》荒誕，《尚書》同樣可信度不高。

第三類是史書，如《左傳》《國語》《史記》等。司馬遷不肯把中國歷史從堯、舜開始，而照顧百家的傳言，將華夏文明的起點定為黃帝。他說：

余嘗西至空桐，北過涿鹿，東漸於海，南浮江淮矣，至長老皆各往往稱黃帝、堯、舜之處，風教固殊焉，總之不離古文者近是。

大意是：我曾經向西到了空桐（可能是平涼崆峒山一帶）這個地方，往北過了涿鹿，東到大海，南遊長江、淮河一線。在各地都聽到老人們談黃帝以及堯、舜的事蹟，各地風俗教化雖然不同，但都與古文記載的差不多。

這說明司馬遷寫〈五帝本紀〉是做過詳細調查的，但其依據是聽說的事蹟。所以，〈五帝本紀〉連同〈夏本紀〉和〈殷本紀〉，基本都是根據傳說寫成的，雖是史書，但其中很多故事讓人迷惑，覺得玄乎。比如舜的故事：他有個瞎子父親，娶了個後妻，父母兄弟把他當眼中釘，總想殺了他，可舜仍是孝順非常。父親先讓他上房修糧倉，下面點火燒，他用斗笠當翅膀飛下來逃生；第二次，讓他挖井，這次舜留了個心眼，挖井時在旁邊開了條通往別處的小道，當他挖到深處時，他父親和弟弟拚命往井裡填土，想活埋他，好在這條小道使他再次逃生。柏楊說這樣的事蹟令人精神恍惚。司馬遷雖堅稱五帝傳說相當真實，但今天的史書已經只能把這種故事當神話了。

其他關於「五帝三代」的記載來自諸子百家的書，他們往往根據各自的理論需要對古代事實進行改造。農家鍾情於神農時代，道家以黃帝傳人自居，儒家喜歡堯、舜禪讓和周公禮樂，墨家崇奉夏禹治水的實幹犧牲精神。人類出於當時科技水準的限制，想像力是有限的，從古人身上尋找理想社會的設計方案，幾乎是春秋戰國時期思想家們的共同愛好。其實沒有人想回到過去，批評現任君主最好的辦法就是說「你祖宗比你強」，美化堯、舜、禹也就是這個目的。

五帝的傳說

中國人的傳統是把五帝世系當作華夏文明史的開端。五帝包括黃帝、顓頊、帝嚳、堯和舜。黃帝大概是中國人公認的第一個領導人，史書說他是有熊氏少典之子，原姓公孫，因為住在姬水邊軒轅之丘，故改名為姬軒轅。估計熊是黃帝部落的圖騰，少典應該是他所屬的部落名稱。按史書的說法，他居住在陝西武功，建都於河南新鄭，在山西運城的阪泉和炎帝部落作戰，又跑到河北涿鹿幹掉了蚩尤，死後埋葬在陝西橋山。在西元前二七〇〇年左右的交通狀況下，這樣的活動範圍應該說大了點兒。

黃帝的稱謂來源於黃土地，古書說他以土德為王，土是黃色，所以叫作黃帝。黃帝本人超級能幹，我們數一數他幹的幾件事，就不得不佩服得五體投地，真可謂「神人」啊。

第一件事是教會別人建築房屋，並擴大到村莊和城池，表明領地固定化。

第二件事是讓人們不再赤身裸體而開始穿衣服——這是文明的標誌。他老婆嫘祖還發明了養蠶的技術，絲綢的誕生影響了全世界服裝業幾千年。

第三件事是發明車船——交通工具能提高效率。

第四件事是製作弓箭等兵器。

第五件事是開始了最早的軍事訓練，這是他接連戰勝炎帝和蚩尤的保證。

第六件事是教會人們製作陶器，發展手工業。

第七件事是發明了音樂和樂器，定五音十二律，據說笛簫琴瑟都是他第一個製作出來的。

第八件事是建立農田管理制度，據說井田制就是他的功勞。

第九件事是讓他的大臣倉頡造字。倉頡的靈感來自鳥獸走過的印跡，在世界上具有巨大影響的方塊字就是這麼產生的。

第十件事是讓手下另一大臣隸首創造數字，制定度量衡。

第十一件事是發明天干地支，推算曆法頒行天下。

第十二件事是鑄寶鼎，象徵權力，在政治上建立古國體制。

第十三件事是建立祭祀、祭壇等喪葬制度。

第十四件事是與手下大臣岐伯討論並創建中醫理論。

第十五件事是建立法治，大家有了說理的地方，不再只憑武力說話，而是按制度行事。

可以想像，這麼多事情絕不是一個人甚至一代人能幹完的，合理的解釋是在古代人的口耳相傳中，把功勞都算到黃帝一個人身上了。事實上，黃帝部落是一個大的鬆散聯盟，各個部落散落在各地，每個部落都有首領，這些首領統稱為黃帝。古史書中把各地黃帝部落和眾多首領做的事兒都算到黃帝一人身上，就成了這麼一個傳奇。在黃帝的傳說中，我們可以看到華夏文明產生時欣欣向榮的景象。

黃帝戰勝蚩尤後，在河北涿鹿開始建城，這大概是最早的國家雛形。黃帝死後，他傳說中的後代顓頊和帝嚳就成為繼任的首領。顓頊是蚩尤戰敗後九黎部落的首領，使大汶口文化的風俗習慣與紅山文化相靠近。顓頊掌握這個部落的領導權時是在河北保定市南部的高陽一帶，之後可能受到黃帝部落的擠壓，率部逐漸南遷，中心區域到達河南濮陽一帶，南下中可能與南部苗族部落和西部共工氏部落都有衝突。屈原說自己的祖先是顓頊，楚王和楚文化可能就出自顓頊部落，舜和禹都是顓頊的後代。帝嚳是堯和商王室契以及周王室后稷的祖先。

五帝中接下來是堯、舜。儒家經典往往堯、舜、禹並稱，但禹並沒成為五帝之一，因為他的兒子啟繼承了他的王位，把他算作了夏朝的開國君主，所以沒有算在這個世系中。堯叫伊祁放勳，也稱唐堯，是山西臨汾唐部落的首領。唐部落一度很強盛，堯成為部落聯盟的酋長，統治達幾十年之久。舜叫姚重華，是山西永濟虞部落的首領，因為極其孝順而受到堯的重用，繼堯而為新的部落聯盟酋長。堯舜所屬部落在山西南部中條山北、黃河以東，這裡的政權歷來不像陝西與河南那樣具有全國性輻射能力，堯和舜的影響力應該十分有限。儒家最津津樂道的只是他們移交政權的方式，能人傳能人的禪讓的確好於世襲，但由於太理想化而難以成為現實。堯不會是一個人，百年執政不可能由一代人完成，舜也一樣，他們只是部落聯盟首長的代稱。按照正常邏輯，他們之間的交接不可能是非常愉快地自動放棄政權。原始社會裡保留著各部落公推盟主的傳統，其實更多的還是部落實力的較量，政治和利益所在，難免有血腥的味道。

夏禹開啓三代家天下

禹的故事同堯舜比起來更具有人情味。他叫姒文命，最有名的故事是大禹治水。夏朝是中國史書中的第一個具有國家形式的朝代，也是唯一一個未經證實還停留在傳說階段的王朝。如果說黃帝時代開啟的是華夏文明，那麼夏王朝開啟的就是文明社會的組織形式——國家。按照傳說，夏部落起源於顓頊部落，分布在河南嵩山一帶，史書說禹定都於陽城，現在比較公認的觀點是陽城在河南省登封市告成鎮。至於山西夏縣的傳說，更像是根據地名所做的穿鑿附會。根據當時的條件，禹不可能遠離自己的部落去建都；何況就當時的文明條件而言，部落遷徙不可能範圍過大且次數頻繁——每個部落都有自己的地盤，遷徙就意味著戰爭。

夏部落曾有一次大規模西遷，最大的可能性就是躲避洪水氾濫的危害。也許這個時候夏都遷到了安邑，即今天的夏縣。黃河與淮河自古水患嚴重，這也促使夏部落和位於黃河以北、太行山東麓的共工氏部落都善於治理洪澇災害。山西南部的唐虞部落強盛之時，共工氏和夏部落在與他們的爭鬥中相繼敗北，夏部落首領鯀甚至還被處死。

禹和鯀是不是父子關係已無可考，但禹肯定是接替鯀擔任夏部落首領的人。禹明顯比鯀能幹，夏部落在他的領導下越來越強大，使得舜不得不承認他的地位。當夏部落強大到連山西南部的部落聯盟都控制不住它時，舜在無奈下只好以和平方式將部落聯盟酋長的位置讓給禹。禹在完成北方統治權之爭後，又向南與三苗部落作戰，將他們趕到漢水流域，使夏部落成了具有全國影響力的早期國家。作為唐虞部落聯盟的首領，舜也很快就被禹流放到湖南九嶷山野蠻之地，舜就孤獨地埋在那裡。他的夫人，傳說中堯的兩個女兒娥皇和女英，為了尋找舜而南下，走到洞庭湖邊，看到滿目荒涼而不禁淚下，這也是「斑竹」或「瀟湘竹」稱謂的來歷，最終她們死在尋夫的路上。

禹做的幾件事使他成了夏商周三代的開啟者：第一件是抗洪救災；第二件是劃分九州；第三件是建立世襲制的「家天下」，中國從此有了朝代。

五帝時代，部落內部已經實行世襲制了，只是大的部落聯盟盟主依然由各部落以實力為後盾實現輪流坐莊。夏朝初年，部落聯盟公推領導人的模式仍然在延續。在夏部落先後征服了唐虞部落，趕走了三苗部落後，河南以東的東夷部落在夏政權內的作用逐漸凸顯。東夷部落的首領皋陶是中國司法之父，在夏王朝內掌管刑法事務。禹先選了他做聯盟領袖的接班人。但皋陶死得早，禹繼續選了東夷另一個部落首領伯益。禹死後，他的兒子啟繼位為夏部落的首領。因為夏部落實在太強大，東夷部落無法取代它的地位，仍然是啟在發號施令。伯益帶兵反抗，被啟殺掉。啟又擊敗不服從命令的有扈部落，於是夏部落持續占據盟主寶座，部落聯盟變成王朝。

夏初，人們尚未完全接受王朝制度。啟死後，他的兒子太康就被善於射箭的有窮部落打敗。太康的弟弟仲康雖然即位做夏部落首領，但聯盟盟主的位子卻落入有窮部落首領后羿的手中。很快后羿就被自己部落的人寒浞殺掉，寒浞政變上台後並沒建立起自己的王朝，啟的重孫少康又重新聚合起夏部落的殘餘勢力，打敗寒浞部落，恢復了夏部落的盟主地位，這就是史書上的「少康中興」或「少康復國」。之後，人們逐漸習慣了「家天下」的方式，從此沒人再跟夏部落爭奪天下共主的位置，直到河南東部商丘一帶出現了一個強大的部落國家——商，這個部落裡產生了一個優秀的領導人——湯。

夏朝開始建立較大區域範圍內的賦稅制度和刑法制度，這是國家形成的重要階段。據司馬遷的記載，夏代已經有了分封制度，政治上處於部落和國家的過渡時期，以夏朝為中國社會一個新形態的開端是合理的劃分。

商湯（姓子名履，又稱成湯）是中國第一個以革命手段上台的政權開創者。

夏朝統治時期，很多部落聯盟開始向小型國家過渡，他們以夏王室為共主，建立起自己的獨立王國。商就是其中一個小的地方國家。商族的部落圖騰是玄鳥，在虞舜時代出過一個優秀的軍事首領——契，他成為商部落的始祖，傳到商湯已經十四代了。期間夏王朝的實力不斷衰落，而作為地方諸侯的商越來越強盛，商湯開始在東部聯絡盟友。

山東曹縣的有莘國，本來是夏禹後代建立的封國，此時其首領伊尹卻與商湯結盟，而由夏禹車隊隊長奚仲在山東滕縣建立的封國，其首領仲虺也與商湯結盟，仲虺還寫了一篇誥文來幫助商王朝。有了左膀右臂的商湯開始率部向夏王朝進攻，他先收拾了忠於夏王的幾個小諸侯，看到夏王朝有眾叛親離的景象，於是發兵突襲，在鳴條這個地方，大概是黃河北岸的河南洛陽或山西夏縣附近，與夏朝最後一個王桀派來的軍隊作戰，取得了決定性勝利，奠定了商王朝的根基。夏桀在逃難中死去，夏王朝從此滅亡。

商朝已經成為信史，有鄭州的商城遺址和安陽的殷墟為證。甲骨文對商代各王的記述與史記基本吻合，這說明司馬遷作史的嚴肅性，更讓我們有理由相信〈五帝本紀〉和〈夏本紀〉折射出的真實歷史。

商王朝初期與夏王朝一樣有過一次動盪。商湯死後，王位傳至他的孫子太甲後，就被有莘部落的伊尹奪位後流放，這實際上是一次夏朝以前部落聯盟制度的復辟。但世襲制已被人們接受，太甲因有商部落的支持，三年後就殺掉伊尹，奪回統治權。有莘部落雖然很強，卻弱於商部落，而商人也離不開有莘人的合作，於是達成一種妥協，伊尹的兩個兒子繼續為有莘的諸侯，商王朝將商湯與伊尹共同祭祀，只是規格略低而已。這也是為什麼關於伊尹的傳說那麼多的原因：一會兒說他曾經是個奴隸廚師，有著窮小子奮鬥史；一會兒說他當過貴族子弟的老師，像姜子牙和諸葛亮一樣給商湯出謀劃策；還硬說他對太甲，就像後來周公姬旦輔佐周成王姬誦那樣毫無私心。

商朝文化因為來自東部，所以受大汶口和龍山文化的影響比較大，對於祖先祭祀非常重視，鬼神意識很強烈，因此巫祝在殷商文化中盛行。又因其處於黃河氾濫地域，不得不屢次遷都。在甲骨文的記載中，商王朝作為國家的各種形式已經趨於完備。

周人的文化傳統是以陝西為中心的仰韶文化，周文王姬昌推演周易，就是繼承伏羲部落文化的標誌。黃帝陵在陝西北部，炎帝陵在陝西南部，周部落就是由這兩種文化交匯而成，發展到商代末年，已經形同諸侯國家了。

商朝最後一個國王帝辛是個能幹的人，歷史上人們喜歡把他叫作商紂王，〈殷本紀〉說他不僅聰明而且力大無窮。但他的聰明才智似乎沒用在正道上。有本事的人雖然能成事但也能敗事，對於庸懦無能什麼都不做的君主，人們往往很難找推翻他的機會。商紂王窮兵黷武，超過了自身的能力，對山東地區的東夷部落和江蘇北部的徐夷部落發動大規模的戰爭。這種征服活動消耗了商王朝太多的實力，西部以周國為主的部落聯盟趁機向東邊的商王朝發起進攻。

周人的史書對紂王有醜化之嫌，但他凶狠殘暴搞到亡國的地步應該是史實。儒家為了說明「對人民有利的改朝換代十分正當」的觀點，把周朝立國的父子三人文王姬昌、武王姬發和周公姬旦描述成仁慈、智慧與愛民的化身，看上去雖有些矯情，但卻難掩民本思想的光輝。姬氏父子在歷史上做的事兒很簡單：姬昌在商朝滅亡前就死了，等於什麼也沒幹；姬發趁機發動了一場牧野之戰，剛勝利沒多久也死了；姬旦看周成王姬誦年幼，想取而代之。結果他各地的兄弟們不幹了，聯合了商紂王兒子武庚的殘餘勢力一起造反。姬旦用了三年時間，費了九牛二虎之力鎮壓下去，可一回頭又被他姪子姬誦趕跑，最終死在兒子的封地魯國。孔子因為跟他是老鄉，非常推崇他，把周朝禮樂制度的功勞也安在他身上，還編出來他鞠躬盡瘁像老黃牛一樣為了姪子奔波操勞的很多事蹟，最讓人感動的是他居然毫無篡位之心。後代儒家學者甚至將周、孔並稱，姬旦成為又一位儒家聖人。

西周是新時代的開始。周人最早只是陝西渭北平原上的一個部落國家，占領殷商的地盤後，為了建立周王朝的統治，開始分封自己的兄弟子姪，宗法制由此開始。這種分封更像一種武裝殖民活動。周族的貴族們去這些新建的封國，並不是舒服差事。這些土地既不是周人的，老百姓也與周人不同種。

當時被封的這些首領帶著周族的兵士和農民，先在占領區建立軍事據點，修築城池，逐步對周圍的夷、狄、羌、氐等民族部落進行統治。在不斷的衝突和作戰中，經過三五百年間的融合，各諸侯國內部慢慢結成一個民族，周人的禮樂文化被帶到各地，並成為文明的主流。諸侯國內部統一後，戰爭變成了外部征服，隸屬於整個周朝的華夏民族開始了大融合，東周以後周王室的式微和春秋、戰國的戰亂都是一個自然的過程。

二、是什麼導致了歷史失真

中國人是文字產生很早的民族。夏商周的君主做事都要占卜，看天意如何，以取得鬼神的支持。卜筮需要卜官的記錄和驗證，因此，至少從商代開始，甲骨文就詳細記載王室每次占卜的活動，由此帶來了史學的早熟和發達。縱觀世界，只有中國才有各個朝代非常完整的歷史記錄，同時發展出了譜寫真實歷史的史學精神。

有一個故事可以說明國人著史的精神：春秋時期，齊國的大臣崔杼殺了齊國的國君齊莊公，旁邊的史官記上「崔杼弒君」。崔杼很不高興，這不等於說他違法不忠嘛，於是殺掉了這個史官。秦統一以前，中國的職業很多都是世襲。這個史官死了，他的二弟就來接任。出乎崔杼意料的是，他弟弟仍然寫上「崔杼弒君」，崔杼發了狠，又下令把弟弟殺害。沒想到這個家族的三弟還是不屈不撓地寫上「崔杼弒君」四個大字，崔杼殺人殺厭倦了，長歎一聲，隨便史官怎麼寫了。好在這個家族兄弟眾多，四弟預料哥哥還會被殺，於是前仆後繼地跑來送死，路上得知他三哥保住了性命，這才回家。應該說，學者這種精神是傳承歷史真實性的保證，同時也說明了保持歷史原貌是件多麼艱難的事情。

研究古史的困難，有客觀原因也有主觀因素，如果學者們都像崔杼史官那樣寧死不改一字，就很少會有歷史之謎的存在，口耳相傳固然容易走樣，但真正誤人子弟的還是主觀的曲筆。歷史需要老老實實的記載，必要時還要能夠獻出生命去維護。

將古史人化的史學觀

導致歷史失真的緣由有哪些呢？

我們看《史記》中的〈五帝本紀〉，會產生一種印象，好像中國的遠古史就是黃帝、顓頊等五個人的歷史。所有朝代的帝王和聯盟酋長都是黃帝一個人的後代，所有文明的成果也都是黃帝一家子和幾個大臣共同創造的。這無疑是虛幻的。這種史學觀是把國民的歷史變成帝王的家譜，導致後世史學如跟屁蟲似的只知道記錄帝王將相們的一言一行。漸漸地，人民成了供統治階級驅使的木偶，仁慈只是自上而下的施捨。這是中國史官作史最大的誤區。

春秋筆法以訛傳訛

孔子在刪編完《春秋》後曾經說了一句話：

知我者，其惟《春秋》乎？罪我者，其惟《春秋》乎？

意思是：明白我苦心的人是通過讀懂《春秋》，而怪罪或批評我的人也是因為這本書。孔子的感歎是他為尊者諱的曲筆，隱惡揚善固然是好，但卻不是歷史學應該遵循的原則。然而這還不是最致命的，孔子沒有想到從漢代起，他的理論就被改造成為統治意識。正統觀一旦形成，一切思想和史學都必須為了統治階級服務。從此孔子的書成了聖書，只准相信不准懷疑，錯誤也只能將錯就錯了。

由於孔子是中國文化的重要開創者，所以他的所作所為直接影響了後來的諸子百家，於是他們多憑想像或根據學說的需要，想當然地杜撰、編排古人的行為。他們把古代描繪成黃金時代，一切社會問題都可以在復古中解決。其實，諸子們並不是真的在寫黃帝和堯舜禹，而是借用大家公認的一個古人之口，讓別人接受自己的觀點。就像《莊子》中寫了一大堆孔子的行為和事蹟，如果當真的話，那就搞不清孔子的真面目了。因為百家著作中所寫人物的年代都很久遠，時間一長，以訛傳訛，漸漸真假難辨。

儒家自編古史系統有誤區

現代學者顧頡剛編輯了七冊《古史辨》，對傳統史學觀進行了整體的批判。他的「層累地造成的中國古史」觀點認為，時代越後則把古代史越向前提：周代時最早的古代帝王是禹，孔子時有了堯和舜，到了戰國時期又冒出黃帝和炎帝、神農來，秦朝上溯到了泰皇等三皇，漢代更是要算到子虛烏有的盤古了。這個系統的形成大概在於從戰國到漢代儒家學者們的集體編輯。他懷疑儒家六經並非孔子「托古」之作，作為信史的價值不大，而且明確提出中國的史學必須打破「中國古代民族只有一個，地域向來大一統」的觀念。

歷代統治者大多與崔杼類似，雖然幹著壞事卻又怕受譴責，於是想辦法篡改歷史。偏偏有一些御用文人，在專制淫威下為當權者服務。所以，古代史書中顛倒黑白的記述很多，我們不可一味全信，只有堅持科學與獨立的思考才能明白歷史真相。比如明朝初年，宰相胡惟庸被殺就是很典型的冤案，但《明史》仍然把他放入〈奸臣傳〉裡，找各種理由為朱元璋濫殺無辜開脫。我不是說胡惟庸有多麼好，只是認為歷史應該客觀記錄，讓我們知道更多的真實。

第2章

秦朝的政權結構

千年不破

一、千古不變的政局

從西元前二三一年到西元前二二一年，秦先後滅掉韓、趙、魏、楚、燕、齊六國，建立了統一而龐大的秦帝國，開啟了中國歷史上專制主義中央集權制的社會形態。對於中國人來說，這不只是一次國家版圖的改變，也不僅僅是換了個統治集團，九曲黃河一般的歷史在這裡拐了個彎兒，一種新的社會制度誕生了。

我們古代的人稱秦以前為封建社會，秦以後是郡縣社會，柳宗元的〈封建論〉和顧炎武的〈郡縣論〉都提供了這方面的依據。現代很多歷史書則把秦朝統一當作中國封建社會的開端。封建社會這個概念來源於西方，是中國現代部分史學家根據馬克思（Karl Marx, 1818-1883）的歷史哲學而下的定義——用土地所有權和階級關係來作為封建社會的主要標誌。這是一種倒推的方法，首先確定在中國肯定跟西方一樣有原始、奴隸、封建等社會形態，再用史實來論證。這多少有些削足適履的味道。

任何一個民族的發展都有其獨特的道路，更別說東西方文化差異還如此之大。

封建制，顧名思義是分封和建立的意思，是天子或國王將自己征服的領地分封給與自己有血緣關係或立下汗馬功勞的大貴族們。這些貴族就在自己的領地上建立獨立的王國，但他必須承擔分封後的義務，既在軍事上效忠國王，也在經濟上給國王進貢。大貴族再依次把自己得到的封地分封給小貴族，逐級向上承擔義務。封地的隸屬關係很明確，管理也是獨立的，上級不能干涉，繼承方法是貴族家族的世襲。歐洲中世紀正是這樣的社會形態，我們國家在西周和春秋時期跟他們有相類似的地方，而秦以後恰恰是反對周朝封建制度的。

德國社會學家馬克斯・韋伯（Max Weber, 1864-1920）對於秦統一中國後社會形態的定義是：「家產官僚制」，亦被稱為「世襲君主下的官僚制」社會。這個定義應該更符合實際一些。雖然不能說這個定義涵蓋了中國自秦以來的社會結構，但至少它揭示了一個毋庸置疑的現象：從戰國到秦朝，中國歷史發生了根本性的轉折。

嬴政是個好動的人，他沒有蹲在深宮中發號施令，而是像個鬥嬴的公雞不停地在他的領地上轉悠。可以想像，在兩千多年前的交通條件下，即使把他的馬車裝修得再舒服，也免不了奔波跋涉之苦。這是個空前廣袤的帝國，過去從沒出現過。秦帝國的面積達到了大約三百萬平方公里的規模，在通信極不發達的時代，在六國百姓融合還不充分的情況下，如何維持政權的運轉就是擺在秦國統治者面前的難題。

我們把它與世界上出現過的其他大帝國做個對比：西元前三三六年的亞歷山大帝國面積與秦帝國差不多，都只在亞歷山大（Alexander the Great, 前356-前323）和嬴政生前維持了十幾年，隨著他們的死亡，帝國也煙消雲散。不同的是，嬴政家族和子孫的滅亡只是導致改朝換代而已，秦王朝建立的中華帝國卻始終屹立不倒；亞歷山大帝國分崩離析後，再沒有相同的帝國在歷史上出現過。羅馬帝國在中國古代史中被稱為「大秦」，就像英文對中國的稱呼：China，含有秦的意思，東西方兩個「秦國」互相輝映。

羅馬是由奴隸制城邦起家的，疆域全盛期在圖拉真（Trajan, 53-117）統治之時，控制著大約五百九十萬平方公里土地，包括歐洲、西亞及北非等地，規模空前龐大，地中海幾乎成了它的內湖。羅馬帝國的擴張不是建立於某個人的征服野心基礎上，而是國家逐步發展的結果，因此能在所征服的領土上實施有效統治。羅馬帝國的情況與大秦帝國的可比性更強一點，因其有完整的中央政權，也有統一的經濟政策。但是在西羅馬帝國滅亡以後，分裂的局面卻永遠延續了下來，即使維持了上千年的東羅馬帝國，在解體後也始終無力復原。羅馬人同化在各蠻族之中，既無個人也無民族能夠重鑄古羅馬的國家與政體。

但在中國，「百代皆行秦政制」，秦朝雖然短命，但它建立的政治模式卻生命力超強，在修修補補中一直延續了兩千餘年，直到辛亥革命後，隨著清王朝的覆滅，它才壽終正寢。這是一種什麼樣的政治結構和制度設計，使得中國人一陷進去就無法自拔？它彷彿天體中的「黑洞」一般，吞噬了所有社會改革的設想和努力。這種設計又似乎聰明絕頂，居然能維持兩千年不變的政治格局，也能維護整個民族歷史的傳承。這種設計曾經讓我們遠遠領先於歐洲人，卻又讓我們因為它的僵化，而使科技發明總停留在萌芽階段，像個長不大的嬰兒，被歐洲人甩在身後。其實它不複雜，這個秘密就是中央集權下的郡縣制。

秦朝的體制程序設計如下：

第一，真命天子，君權神授。中國古人編了一個美麗的童話：人間的權力是天授予的。最高統治者是皇帝，皇帝又稱為天子，是天的兒子，因此皇帝就享有上天賦予的權力。西方的「天賦人權」是天授予每一個人權利，而在中國只授予皇帝一人。皇帝不僅是有實權的國家元首，還是獨裁者，連稱呼都獨一無二，是個「朕」字，表示至尊無二。政事不論大小，全由皇帝一人裁決。並且，這個最高權力的交接採取世襲方式，繼承方式往往是子承父業或兄終弟及。皇帝的兄弟和親屬們雖然享有貴族頭銜和俸祿，卻沒有封地和帝國的實際統治權。皇室成員擁有名義上的繼承權，使得他們經常受到猜忌，也很難過上像平民一樣無憂無慮的日子。

第二，中央有一個輔佐皇帝處理國政的官僚集團。這種中國獨有的文官制度（含武官），其實類似於現在的三權分立。各級官員分工大致是這樣設計的（不同時代名稱有所不同）：

丞相：皇帝政治上的助手，百官之首（像政府首腦）。

太尉：掌管全國軍事，奉皇帝之命統領軍隊，並帶兵征伐和守衛家園。政治與軍事分離，避免皇權旁落。

御史大夫：負責監察官吏的效忠情況，是皇帝的耳目（類似紀檢）。

九卿官制的部長級官員（後來有六部）。

奉常：負責禮儀和祭祀的部長。

廷尉：負責刑法的司法部長。

治粟內史：管理財政、經濟和農業生產的財政部長。

少府：掌管山海池澤的稅收供皇帝本人使用的宮廷內務部長。

太僕：交通部長。

宗正：負責皇族事務的部長，通常由皇族成員擔任。

衛尉：首都的衛戍司令。

郎中令：宮廷禁衛軍，相當於中央警衛部隊的司令。

典客：接待外籍官民的外事部長。

此外，還有政策顧問型的官、吏、博士等。核心的一點是，所有的政令均由中央發出，官吏也是由皇帝直接任命。

第三，建立郡縣制（後來有行省），地方官分兩級：郡和縣。

郡守：負責一郡的政事。

郡尉：輔佐郡守並主持軍事。

監御史：監視郡守。

縣令／縣長：掌管一縣的政事。一縣大抵方圓一百里，萬戶以上稱令，不滿萬戶稱長。

縣下還有鄉、亭等底層機構。鄉長、亭長等都是民間人士代任，就像街道維持秩序的大媽，不是政府吃皇糧的公務人員。

從中央到地方的管理者不再是世襲的貴族，而是流動的官吏。嬴政建立了一個根據功績和皇恩晉升的官僚體制，這些官員依靠俸祿而不是封地上的租稅生活。

任何一個制度的建立，雖然成功於某一人或某一時，卻是大量歷史的累積和整體民族性格的體現，中央集權下的郡縣制也不例外。

二、刻薄的商鞅

秦人起源於甘肅天水一帶，最初是在「西犬丘」也就是現在的禮縣附近。秦國國君的祖先因為牧馬有功，被周天子封為諸侯，秦人是由西陲到雍城再到咸陽逐步發展起來的。秦人給別人的感覺就是：西北漢子，粗獷而純樸。當秦孝公（嬴渠梁）發出求賢令的時候，秦國僅僅是個邊陲的二流國家，孝公也不過是個二十出頭的小伙子，一紙命令引來了一個三十多歲的年輕人，他等待這個機會已經很久了。

商鞅原名公孫鞅，因為是衛國國君的後代，又稱衛鞅，在秦國執政後因對秦國有功而封給他商於之地十五邑，故又稱商君。西元前三六一年，公孫鞅出函谷關進入秦國，他面對的是個爛攤子，落後、窮困、腐敗、一片混亂。這時的秦國還處於半野蠻狀態，話說回來，日子過得好就沒必要向國外招賢了。

公孫鞅通過秦王身邊太監景監的推薦，屢次三番見到孝公。他們的會面也充滿了戲劇性：首先公孫鞅跟嬴渠梁大談三皇五帝等大道理，把嬴渠梁說得睡著了；第二次談王道，嬴渠梁仍沒有什麼興趣；第三次談霸業，終於得到某種首肯；公孫鞅知道這位秦王想幹什麼了，第四次他把嬴渠梁說得幾天不厭。在中國，帝王的事業可以有三種選擇：要麼做堯舜禹那樣的仁義之君，這是帝業；要麼像周天子統一寰宇、君臨天下，實行休養生息的政策，這是王道；要麼像齊桓公、晉文公那樣打著「尊王攘夷」的旗號，用武力蠶食各國並強制別的國家服從自己的指揮，這就是所謂的霸業。顯然嬴渠梁認為自己只能做霸王的事，王道太遙遠，三皇五帝更不可企及。

經過一番與保守派甘龍和杜摯的論戰，公孫鞅得到了秦王的支持，開始了一系列的改革。他的改革內容如下（參照柏楊《中國人史綱》）：

一、強迫人民學習最低程度的禮儀。父母、兄弟、姐妹不准同睡一個炕上，必須分室而居。

二、統一度量衡制度。

三、建立地方政府系統。有了縣、鄉、村等機構和劃分。

四、建立社會基層組織。十家編為一組，一家犯法，其他家若不檢舉，也按犯罪處理。這是「連坐」，鼓勵告密。

五、每個國民必須有正當職業，否則送到邊疆墾荒，不管你是世襲的貴族還是「富二代」。

六、用優厚的條件鼓勵移民、增加人口。因為人口就是資源，也是兵源。

七、鼓勵生產。生產多的人免除賦稅和勞役。

八、一家有兩個成年男子的，強迫分家。目的在於增加生產與人口。

九、人際間的爭執必須訴諸法庭裁判，不許私人決鬥。

十、對敵作戰是第一等功勳，受賞最多。

十一、作戰有功是升遷之本，貴族的身分和商人的財富都沒用，只有擁有戰功才能擔任政府公務員。

公孫鞅的變法是中國歷史上最成功的一次改革。他不僅使秦國迅速強大，更為重要的是，他是中國中央集權下郡縣制的奠基人。他改革成功的秘訣在哪裡？

變法的意義不僅是單純地改變法令規章，不僅是單純地改變上層建築，而是徹底地改變，軍事改變，政治改變，政治組織、社會結構和風俗習慣改變，甚至道德價值標準和人生觀念都要改變。（柏楊《中國人史綱》）

徹底是改革成功的秘訣。沒有徹底的精神，不可能讓一個落後的國家只用了十九年就勃然奮發，甚至在公孫鞅死去後也沒有逆轉。徹底改革是需要很大勇氣的，尤其在面對舊有利益時，任何一種對既得利益的傷害都會造成激烈的反抗。既得利益者不會考慮國家和民族的前途而主動放棄利益，相反，即使明天國家就會滅亡，也絕無法阻止他們攫取今天的利益。自古如此。

趙良曾勸公孫鞅與舊貴族妥協，並以百里奚為效仿對象來談，被公孫鞅拒絕。司馬遷認為商鞅天資刻薄，為人少恩。這個評價是對的，但也恰恰是這樣的人，才能把改革事業做到徹底。試想，若公孫鞅聽了趙良的話有所鬆動，他的利益就會很快與舊貴族利益相融合，那麼變法的結果就可想而知了。對中國式中央集權的建立立下汗馬功勞的三個人——公孫鞅、嬴政、李斯，史書在其為人的評價上都不高。歷史的跨越性發展，有時候需要堅定的「破壞者」。

司馬遷對嬴政是沒有什麼好感的，他借尉繚之口罵了一通這位千古一帝：

秦王為人，蜂準，長目，摯鳥膺，豺聲，少恩而虎狼心，居約易出人下，得志亦輕食人。我布衣，然見我常身自下我。誠使秦王得志於天下，天下皆為虜矣。不可與久游。

大意是：嬴政的長相，駝峰似的高鼻，細長眼，雞胸，聲音沙啞得像豺狼一樣。一看便知他是屬於刻薄寡恩、虎狼心腸之人。當形勢所迫，他能立刻屈身於人，得意時也會輕易把人幹掉。尉繚作為一介平民，當嬴政需要時常常自降身分對他禮敬，但尉繚心裡明白，假如秦王實現併吞天下的野心，他轉過身就會把所有人都當成奴隸。野獸嘛，只有需要而沒有感情。這樣的人不能長期與之交往，所謂伴君如伴虎。由此看出，嬴政的內心也是不健康的。

司馬遷對李斯也沒什麼好看法，關於他的介紹上來就講了一個老鼠的故事：

李斯者，楚上蔡人也。年少時，為郡小吏，見吏舍廁中鼠食不潔，近人犬，數驚恐之。斯入倉，觀倉中鼠，食積粟，居大廡之下，不見人犬之憂。於是李斯乃歎曰：「人之賢不肖譬如鼠矣，在所自處耳！」

大意是：李斯是楚國上蔡人，年輕的時候，在地方做小公務員，上廁所看見老鼠吃著髒東西，一旦有人和狗走近就驚恐而跑。又一次李斯去糧倉，看見糧倉中的老鼠吃著糧食還大搖大擺，根本不怕人和狗。李斯不禁慨然而歎：「人的好與壞就像老鼠一樣，在你所處的環境和地位啊！」廁鼠有恐，倉鼠無忌。李斯的世界觀是功利的，甚至可以說是勢利的，所以司馬遷言下之意是把李斯永遠放在鼠輩的範疇裡了。

回到過去。在塵土飛揚的關中平原上，公孫鞅逃跑著，他的保護傘嬴渠梁一命嗚呼了，在改革中利益受損的人終於看到了報復的機會。到函谷關前，他想住店，店家告訴他：「商君頒布的法律必須要身分證明，沒有的話我也要受連帶責任。」商君喟然歎曰：「嗟乎，為法之敝一至此哉！」這下他懂了什麼叫自作自受。他曾激烈地反對世襲的分封，如今他只能依賴自己的封地這點兒家底做最後的頑抗。但在他變法的刺激下，戰鬥力大增的秦兵毫不留情地殺了他並且車裂示眾，他的整個家族也被消滅。公孫鞅以自己和家族的犧牲成就了秦國，他的下場經常恐嚇著後來的改革者，使後來人寧可修修補補混日子，也不願冒險得罪上層利益集團。

公孫鞅更多的是奠定了一個諸侯國的中央集權模式，而將這一模式不斷推廣，在統一後的大秦帝國重新設計，就是嬴政和李斯的功勞了。李斯晚年參與胡亥和宦官趙高的陰謀，對秦始皇的死秘不發喪，用假的詔書害死本該即位的大公子扶蘇和戍邊的大將蒙恬、蒙毅。他也同樣自作自受，很快就遭到趙高的陷害，最後下場是被胡亥腰斬於咸陽。臨死前，他對著兒子哀歎：「吾欲與若復牽黃犬俱出上蔡東門逐狡兔，豈可得乎！」

別說打獵，如今連過普通老百姓的生活都不可能了。李斯父子抱頭痛哭，家族全被殺光。

李斯說的話始終與一個大政治家的作為不配，嬴政雖是建立中央集權郡縣制的決策者，但具體事務卻都是李斯在進行，說李斯是中央集權制的總設計師並不過譽。嬴政自己雖然是病死的，但隨著秦朝的迅速滅亡，他的子孫和家族也被徹底消滅。

曾經的「時勢造英雄」論調在此被推翻。商鞅刻薄，為達目的不擇手段，他制定的法律對待人民從一開始就用嚴刑峻法；李斯極端自私，只要對秦國國君和自己有利就好，沒有絲毫的正義感，更不考慮民眾的利益；嬴政好大喜功，他滅六國是滿足自己的征服欲，他讓全國人民修長城、建宮殿、造陵墓為他一人服務，以致民不聊生。我們會發現，某些影響歷史的很重要的法令與決策，從某種程度上來說，竟然是出於自私的目的而並非遠見卓識。

記載公孫鞅言行和文章的《商君書》是一部影響深遠的法家名著；李斯用隸書統一中國的文字，其〈諫逐客書〉也足以稱得上千古名篇。他們對中國歷史和文化的貢獻非常大。評價政治家，要辯證地看，應該看他們所建立的功業，這是主要方面，不能囿於道德的框架。

三、六國與統一擦肩而過

歷史並不是只把機會給了秦國。平心而論，其他六國都曾不遜色於秦國，齊、楚、魏、趙在某一時期甚至比秦國更有優勢。商鞅變法三百年前，管仲就在齊國開始了有利於加強國家政治、經濟實力的一系列改革，其中很多方法都符合法家理論，甚至與公孫鞅的一些政策共通。

在齊國，管仲首先在土地和人口政策上進行改革，不再堅持「井田制」的傳統，而是承認土地的現實占有狀況（私有化），改勞役助耕制為收取實物地租。管仲還「相地而衰徵」，根據土地的好壞而確定稅收。在經濟上，管仲重視貿易和鹽鐵的經營。齊國靠海，魚鹽資源豐富，管仲設立「輕重九府」，通魚鹽之利。他實行平抑糧價的政策，限制豪強對百姓的強取豪奪，在稅收上儘量減輕人民的負擔。國家鑄造貨幣，保持幣值的穩定。在政治上實行「三國五鄙」制，打破家族分封的界限，重新劃分行政組織，組織軍事編制。

管仲把國家的行政分為三個部門，制訂了官吏制度。建立工業、商業、漁業、林業管理機構。在一定戶數的基礎上設立逐級行政管理的職務，縣上設大夫。齊國共有五個大夫的屬地。每年初，由五屬大夫把屬內情況向齊桓公彙報，還可督察官員的功過。於是全國形成統一的整體。這無疑是走向中央集權的第一步，已經初具郡縣制的模式。在軍事上，「作內政以寄軍令」，實行兵民合一。管仲強調寓兵於農，組織農民預備役軍隊，每戶一人，按「三國五鄙」的層級編制，把保甲制和軍隊組織緊密結合起來，利用農閒或狩獵進行軍事訓練，從而提高了軍隊的戰鬥力。

管仲的改革全方位地加強了國君的集權，使得整個齊國成為一個整體，為日後秦國的「商鞅變法」提供了很多可資借鑒的參考。例如，公孫鞅在管仲保甲制的基礎上又加了「連坐法」。管仲是愛民的大政治家，他很注意百姓的休養生息，這一點難能可貴，從他身上可以看出齊魯先進文化的傳統。公孫鞅制定刑法過於暴虐的一面在齊國沒有市場。

最有資格成為中央集權開創者的應該是魏斯——魏國的開國之君魏文侯。在他剛剛接替他父親魏桓子，成為魏國統治者的時候，魏國不僅沒有得到周天子的承認，而且局限於晉東南運城一隅，西隔黃河與秦國相對，北面正對呂梁山且受到趙國的擠壓，南部是中條山，東部是王屋山和新興的韓國，地理位置處於被各國封鎖狀態。魏斯從禮賢下士做起，拜孔子的學生子夏以及儒家學者田子方、段干木為師，給予儒家很高的文化和學術地位。政治上，他任用李悝、吳起、西門豹等法家著名人物，在戰國七雄中率先開始變法。窮極思變，危機反而更能使人振奮。

李悝是衛國人。歷史很有趣，小小的衛國出了三位變法大家：李悝、吳起、商鞅，結果都是牆裡開花牆外香，衛國的人才在其他國家大放異彩。同樣，後來三國的諸葛亮，躲在隆中，卻被人找到。這說明了一個問題，窮困處有鳳凰，出身低微或貧困的人也能成就。

李悝變法的內容主要有如下幾點：

第一，採用「選賢任能，賞罰分明」的國策，廢止世襲貴族的特權，主張「食有勞而祿有功，使有能而賞必行、罰必當」，把官職和俸祿授予那些對國家做出貢獻的人，跟秦一致。「奪淫民之祿以來四方之士。」對於世襲貴族，剝奪其官職和俸祿，給下層人開闢建功立業的機會，把「世卿世祿」的舊貴族制度改變成國君根據功勞而任命的官僚體制。

第二，編制了中國歷史上第一部系統完整的法典——《法經》。該書在中國的地位就像古巴比倫的《漢摩拉比法典》和法國的《拿破崙法典》，對人類法律的形成和發展起著重要作用。《法經》分為〈盜法〉、〈賊法〉、〈囚法〉、〈捕法〉、〈雜律〉和〈具律〉六篇，在魏國使用後，又由商鞅帶往秦國，秦律即從《法經》脫胎而成。漢律承襲秦律，歷代相沿。

第三，李悝是重農主義的開山鼻祖，他提出了「盡地力」的農業政策，容許農民「開阡陌封疆」，鼓勵自由開墾土地，提倡在一塊土地上雜種各種糧食作物，要求農戶在住宅周圍栽樹種桑，充分利用空閒地擴大農戶農副業生產。增產者賞，減產者罰。事實上破壞了井田制，承認了土地私有。

第四，實行「平糴法」，保障民生。在年成好的時候，政府以平價收購餘糧作為儲備，使糧食價格不至於暴跌；荒年時再以平價出售，保證糧價不至於暴漲。應該說這是中國最早的糧食儲備制度。

第五，任用吳起改革軍制，採取精兵措施——「武卒」。武卒要求有高超的格鬥技能，國家對入選者一律給予很好的物質待遇，包括免除全家賦稅等。武卒的晉升完全憑藉軍功。魏軍經過改革後戰鬥力大增，吳起利用這支軍隊，在西河戰場上不斷取得對秦軍的勝利，秦國一度被壓得抬不起頭來。

李悝變法是商鞅變法的序幕，也是商鞅變法的藍本，公孫鞅的治國方略不是自己憑空想像出來的。作為衛國公子的公孫鞅最早是投奔魏國而來，他的才能很快就得到了當朝宰相公叔痤的賞識，於是公叔痤在臨死前將他推薦給魏斯的孫子魏罃，並告誡魏罃要不然重用他，要不然殺了他，以防資助敵人。可惜後來魏罃以為公叔痤病重，說話語無倫次，沒有用公孫鞅。

魏斯有改革魄力，雖然當了五十年國君，卻仍然沒有把該做的事做完。魏斯的兒子魏擊不僅沒能用好吳起，反而在一次宮廷陰謀中逼走了吳起。於是變法運動就像流星一樣劃過魏國的天空，沒能改變魏國的國運，一度強盛的魏軍，在龐涓兩次被齊國的孫臏擊敗後一蹶不振，魏斯創辦的家底很快被子孫揮霍一空了。

不僅僅是魏國，吳起在楚國的變法經歷同樣以失敗告終。吳起學於儒家，做事像法家，成功之處卻主要在兵家。因其成就更多在軍事上，史書常把他與孫武並稱。吳起既有與下屬同甘共苦，為生瘡士兵吸膿的感人經歷，又有為了當上將軍而殺妻的野蠻行徑；既有貪慕榮華虛名、好色的毛病，也有廉潔奉公、才華橫溢的優點。他一到楚國就被楚悼王芈疑任命為宰相。吳起像變魔術一樣，只幾年時間就使楚國迅速強盛起來。然而上天給他的時間太少了，芈疑一死，吳起就被亂箭射死，命運之尷尬同公孫鞅一樣。在戰國的改革家中，最有才華的莫過於吳起，然而，無論在魏國還是在楚國，吳起都沒能創造奇蹟，命運將中央集權奠基人的位置給了公孫鞅。

讓我們做個假設：如果齊國和魏國改革成功，它們統一了中國，會是個什麼樣的政治結局？齊國應該說是當時中國的文化中心，從齊國擁有戰國時代的最高學府「稷下學宮」就可以看出來。稷下是齊國都城臨淄的一個城門，在城門附近的大學就叫稷下學宮。學宮在其興盛時期，曾容納了當時「諸子百家」中的幾乎所有學派，包括道、儒、法、墨、陰陽、小說、縱橫、名、兵、農、雜等家，同時匯集了全國的主要學者多達上千人。

那個時代，全國人口也不過兩千餘萬，交通又不發達，能聚集那麼多的學者，說明這個全世界最早的學術中心可謂盛況空前。其中著名的學者如孟子、淳于髡、鄒衍、田駢、慎到、接輿、季真、環淵、彭蒙、尹文、田巴、兒說、魯仲連、騶奭、荀子等都在此講學。經常跟隨孟子的門徒有好幾百人，淳于髡的弟子多達三千，荀子曾三次擔任學宮的「祭酒」（學會首領）。難能可貴的是，當時，凡到稷下學宮的文人學者，不管其思想觀點、政治傾向與派別如何，也不論國別、年齡、資歷等出身，都可以自由發表自己的學術見解，自由的氛圍使臨淄成為當時各種思想薈萃的中心。這些學者間既有爭辯和詰難，也有相互的學習與吸收，齊國成為真正體現戰國思想界「百花齊放、百家爭鳴」的典型。

從齊桓公開始，齊國歷代君主對學者們採取了十分優禮的態度，封了不少著名學者做「上大夫」，甚至「受上大夫之祿」。這在中國開創了以學者身分享受爵位和公務員待遇的先河，甚至允許他們「不治而議論」，「不任職而論國事」，可以不在其位而隨便發表各種見解。因此，稷下學宮具有最高學府和國家智庫的雙重性質，既是一個官辦的學術機構，又為政府提供政治諮詢服務。

在魏國，魏文侯師從子夏並一手推動西河學派的建立和發展，兼容並蓄地培植法、儒各家，文化一度也很繁榮。

齊、魏兩國統一中國或許會在三方面與秦國有所不同。

首先是文化的傳承。學術思想習慣了某種程度的自由就很難改變，而所有文化與社會的進步都來自自由的思想和對人性的尊重。戰國時代諸子百家達到的學術水準成為中國文化的絕響，這與秦國消滅不同思想的愚民政策以及中央集權的體制密切相關。

其次是民本思想的發展。中原是儒道墨等家的發祥地，無論民眾還是君主都會或多或少受孔孟與老莊的影響。雖然齊宣王和梁惠王不愛聽，但還能尊重孟子並耐下心來聽他挖苦自己一番，這便是文明的標誌，也是民主的萌芽，但這一進程被法家的帝王思想阻斷了。

最後，是因為齊國靠海，貿易非常發達，海洋文化的特點是開放與交流，與農業鎖國形成鮮明的對比。魏國也是靠運城的鹽業起家，地理位置屬於中原，四通八達，貿易與它商業中心的地位很關鍵。開放的精神會促進文明的發展。中國科技水準的停滯是因為缺乏動力，商業和航海肯定會比小農經濟更有利於科技的發明創造。

到了戰國末年，齊國、魏國、楚國、趙國等，它們的城池都是直轄中央，由國君派官吏去管理，不再是貴族們的采邑了。「羅馬不是一日建成的」，秦國的中央集權是在上述諸國已經逐步集權的政治體制基礎上建立起來的，只是秦國改革得更徹底罷了。

四、秦朝爲什麼要集權

中央集權包括三個含義：專制主義、中央集權和郡縣制，它們像三個支架撐起了秦政權的天空。關於秦國統一並產生這種社會形態的原因，我簡述兩個歷史學家的觀點就可以大概涵蓋。

一個是范文瀾的《中國通史》，他認為有五個原因：

第一，水陸交通的日趨發達和貫通。陸路用車在西周時期就可以通達四方各國；水路方面，據〈禹貢〉記載，從黃河開始，全國九州都可以通達。

第二，水利灌溉的需要。各國建立的堤防損人利己，無法共同抵禦自然災害，災難面前需要團結一致。

第三，戰國時代經濟的發展使得各國人民生活互相依賴，貨物交換無法分離。商業的發達要求水陸暢通，沒有各種關卡不斷徵收的苛捐雜稅。

第四，在春秋時代，一百多個諸侯國為了地盤互相攻伐，大國吞併小國逐漸成為歷史發展的一種趨勢。到戰國時代，原來的上百個諸侯國已被戰國七雄所取代，大一統也就不遠了。

第五，共同的文化帶來了趨同的心理，儒道墨法的主張並不只在一個諸侯國流傳，「仁政」成了各國人民的一種內在要求。

黃仁宇代表了海外學者的一種分析，他在《中國大歷史》中大致表述了下列觀點：

第一，自然力量的驅使。孕育了中華民族的母親河——黃河，恐怕找不到比她與我們的祖先關係更密切的事物了。每年，含著大量泥沙的河水奔騰而下，既帶來了豐富的灌溉資源，又將洪水氾濫帶給黃河流域的百姓們。中國最早的君王禹就是在治水中建立起領袖威望的，可見洪水這種自然災害對人們的影響之大。黃河經常性的威脅使得各國分散治水變得非常困難，甚至發生以鄰為壑的事情。最好有一個坐落於上游的中央集權，可以調動所有的資源和人力，使得黃泛區的人民生命與財產的損失儘量降低。地理條件往往與歷史發展有極大關係，卻經常為我們所忽略。

第二，文明的分界線。中國的漢民族在形成過程中，始終處於與遊牧民族的鬥爭之中，農業文明需要一道長城隔絕開馬背上的掠奪者。防止侵略的要求需要運用中央集權的力量建立國防線，單獨一個諸侯國無論在財力還是人力上都難堪重任。

第三，中國農業社會的需要。周朝的社會結構是封建制，而秦朝是郡縣制，這代表了宗族制向家族制的過渡。

中國自西元前一〇〇〇年起，一直是以自耕農為主的龐大農村組織，城市始終沒有占據主要角色。散落在小耕地上的家族必須置身於一個強有力的中央體系之下，以宗族和城市為基礎的二級自治政府很難建立起來。

五、中央集權郡縣制的演變

中央集權郡縣制在中國歷史上經歷了幾個發展階段，也有過幾次分封現象的發生。在兩千年漫長的歲月裡，它在逐步完善中走向僵化，在與西方新的文明碰撞中一步步瓦解。

秦朝短命，中央集權制度在漢武帝劉徹的手中開始了一個新的階段。一個制度要想能夠世代遺傳，就必須在社會各個階層之間達成妥協。尤其是在上層社會的貴族、文武官吏、地主、大商賈之間，制度既要滿足他們的利益，又要限制他們的割據性，同時也要照顧到廣大的自耕農。劉徹是個好大喜功之人，他更大的興趣是跟匈奴人較勁兒。他一邊製造著民不聊生，一邊推動著社會發展。

漢初，劉邦搞了分封，把幾個兒子派往各地。隨後，漢景帝在政治上「削藩」。在此基礎上，漢武帝進一步實施「推恩令」，制定限制諸侯王的各項制度，將國家的治民權牢牢掌握在中央政府手中。

在經濟上，劉徹為了加強中央政府的財力，在最賺錢的冶鐵、煮鹽和鑄錢上實行收歸政府經營的策略。政府的稅收更多針對一家一戶的農民，得利是有限的；鹽鐵業經常造就富可敵國的商人，是聚斂錢財的好途徑，劉徹看著眼紅了。而且，建立統一而穩定的貨幣體系，將鑄造金錢的權力集中在朝廷手裡，對加強中央集權、抑制民間力量逐漸做大、保持專制政權的穩定都有好處。劉徹的目的就一個：把權力和金錢都集中到自己手裡。

據史書記載，豪強役使貧民開採銅、錫礦，用鉛、鐵雜入銅內，鑄劣錢牟大利，可見整個社會都被豪強盤剝。鹽鐵官營如果起到「節制資本」的作用，對社會無疑是有利的，不僅可使朝廷增加收入，也可避免劇烈的豪強兼併，加強中央政府對經濟的支配權。問題是前門驅狼後門進虎，官營的剝削不僅不會少，反而氣焰更加囂張。鹽鐵官營開中國國有企業的先河，官與民爭利造成很多負面因素，比如壟斷導致物價昂貴，老百姓甚至吃不起鹽。國營企業是流動官吏在經營，他們往往不顧百姓死活，也不按經濟規律辦事，國營企業只是官府及官吏個人斂財的工具。加之它具有「裁判和運動員」的雙重職能，因此國營企業在民間橫衝直撞，民眾被欺壓到一定程度就會起來反抗。在冶鐵、鑄錢的爭奪中，朝廷與以豪強為首的百姓進行了九次鬥爭，最多時聚眾數百萬人與朝廷對抗，被殺的老百姓多達數十萬，可以想像鬥爭是多麼激烈和殘酷。

遼闊的地域，不同的語言，千差萬別的生活方式，自給自足的小農經濟，是什麼把人們凝聚起來，去遙尊一個數千里之外的帝王？沒有精神的力量是無法做到的。嬴政認為有嚴酷的法律、強大的軍隊、愚民和弱民的政策，加上派往各地的官吏，就可以將帝國永遠保持下去。西漢統治者在秦末農民大暴動中感覺到秦帝國的缺陷，劉徹在宰相、儒家學者衛綰主持下，採納博士董仲舒的建議，通過「罷黜百家，獨尊儒術」來彌補郡縣帝制在意識形態上的缺陷。

在思想上，儒家思想的正統地位既不是由來自統治者的個人喜好，也不是通過宗教傳承方式逐漸擴展而來的，而是因為它切切實實地滿足了中國社會的需要。中央集權郡縣制只是建立了上層統治的架構，但拿什麼來使整個帝國一體行動呢？

「要在農民大眾之中構成基層組織，無過於提倡家族團結。」換句話說，儒學也是中央集權下最好的統治手段和工具。儒學提倡大一統並將專制皇權合理化，忠孝禮智信等倫理道德，上可以規範官僚集團的行為，下可以作為人民統一思想的教科書，而且將所謂良好政府的運作建立在和諧倫理的基礎上，使原本殘酷的社會蒙上了一層溫和的面紗。

其實，掌握皇權的統治者從來就沒有真的把儒家聖人當回事兒，朱元璋可以隨隨便便就把孟子的牌位去掉，他們崇尚的不過是暴力和自己的獨裁權力。在宣傳上用儒家學說，在實際政治應用中，道、法、兵、名、陰陽等各家則是什麼好使就用什麼。比如，《法經》的基本思想和法家注重農桑貶斥商業的主張，這些理論一直到清代都被作為國策沿用。

如果把秦朝作為中央集權制度的歷史開創時期，那麼其重要的演變時期便在隋唐。科舉考試選拔官吏制度的建立，逐漸使以血統為選拔條件的官僚隊伍徹底改變，憑藉詩文和個人品德出仕成為官場選拔人才的主流。這讓下層社會看到了希望，也使散落在民間的聰明能幹之人，不斷地被吸收到統治階層中來，所謂「朝為田舍郎，暮登天子堂」就是這種狀況的反映。階級的界限模糊了，社會對立情緒得到釋放，所以中國的學者如梁啟超、梁漱溟等認為，中國與歐洲劃分國民階級不同，是個沒有階級的社會。

春秋戰國以前，官僚的選拔方式是世襲。秦漢到魏晉南北朝，士族大戶壟斷官場，即使是皇帝任命的流官，其推薦也是依賴於血統的。科舉開始後，血統只在皇族之中發生作用，詩文水準成為官場的敲門磚。新陳代謝體系的出現無疑為這個制度增加了活力，而要想詩文寫得好，就必須從小接受良好的教育。讀聖賢書的人做事會有底線，做人也會較為正派。因此，在中國歷史上可以看出，凡是士大夫掌握政權時，政治就會比較清明；凡是宦官、軍閥、外戚掌權時，政治就會陷入黑暗。

北宋是一個分水嶺，中央集權郡縣制走向了專制皇權，越來越向極端獨裁方向發展。趙匡胤是軍閥出身，一幫軍隊的弟兄們協助他搞了個「陳橋兵變」，黎明時分假裝懵懂地黃袍加身，取代了孤兒寡母的後周。他本來就是後周皇帝柴榮的親信，自己都做不到忠心，遑論別人。因此，對他來講，最重要的是建立無法叛變的一個政權結構，而不是這個政權本身有沒有活力。所以自宋朝開始，戰爭是文人帶兵，軍官調來調去，沒有自己的部隊；地方最高長官也不是地方職務，而是中央官員兼任。如清朝的總督是掛尚書銜的右都御史，巡撫是掛侍郎銜的右副都御史，是代表皇帝監督地方官員工作的人，並非地方官員。這樣的政治結構，軍隊沒有戰鬥力，只是一支對付本國叛亂的治安軍。因此一遇重大戰事，國防部的正規軍皆不堪一擊，只能依賴「岳家軍」、「戚家軍」、「湘軍」等臨時抱佛腳的私人部隊。地方官員職務在中央，他的升遷和命運完全取決於皇帝和上級的好惡，而本地人又不能在本地當官，因此地方官員除了挖空心思揣摩上司的意思外，哪裡還會對所轄百姓承擔責任？

宋代統治者對文人不壞，官員俸祿比較高，例如范仲淹這類清官，他的俸祿除了自用，還可以在家鄉修建「義莊」，資助族人。在宋代，還有自由發表議論的空間，一般不殺文人。所以宋代名臣迭出，這個時期是文人士大夫的轉化階段。漢唐時期，文人還試圖與中央集權保持一定的距離，或者是形成一種互動。自宋以後，文人完全依附於這一體制，甚至甘願成為勸諫文化的犧牲品。

「程朱理學」對中央集權制度給予理論上的維護。這個哲學流派的誕生在思想史上是偉大的，但它應用於中央集權君主世襲體制的社會實踐是令人失望的：它既沒有深層次地思考社會的各種矛盾問題，也沒有對現行制度的批判和設計，而是一頭鑽進心靈深處，探討心性的修養。「理學」最喜歡研究的就是道德和倫理，它對個人的作用遠遠大於對社會的影響，其思維模式不是趨於解放，而是日漸僵化。比如對忠的認識，孟子在與齊宣王的對話中，談到對夏朝和商朝的末代君主夏桀與商紂的評價時說：

> 賊仁者謂之「賊」，賊義者謂之「殘」。殘賊之人謂之「一夫」。聞誅一夫紂矣，未聞弒君也。

大意是：破壞仁愛的人叫作「賊」，破壞道義的人叫作「殘」，這樣的人我們叫他「獨夫」。我只聽說殺掉獨夫，沒有聽說以下犯上的。在孟子眼裡，君主不幹好事，完全可以廢掉甚至殺掉。然而，到了宋儒那裡，所謂不做貳臣成了一種教條，變成「君要臣死，臣不敢不死」。

沒有獨立精神的忠心是奴才的媚心，沒有自由思想的忠心是愚昧的盲從。還有孝，敬老愛幼本是人類的美德，提倡家族團結沒有什麼不好，但一過分就會變了味兒。比如《二十四孝》中講了一個漢朝的故事，一個叫郭巨的窮苦人家有個兒子很可愛，郭巨的母親常常把自己吃的東西分給孫兒吃。郭巨因為家裡窮得連奉養母親都不夠，現在兒子又要來分，於是就等兒子出去的時候，再給母親送飯。可是奶奶疼愛孫子，總給小孩子留一些。無奈之下，郭巨便將兒子給埋了。為供養母親就把兒子活埋了，這種倫理實在太殘忍，然而在理學傳統下，這個卻被當作榜樣廣泛宣傳。

另外，價值觀向非人性方向扭曲。在徽州走一走，可以看到很多的貞節牌坊，越是理學大師的家鄉，貞節牌坊越多。《程氏遺書》談到女人貞節問題時說道「餓死事小，失節事大」。有時候我們忍不住想，高追求的思想家們，怎麼會對女人的貞操問題如此在乎？怎麼就沒人抨擊閹割正常人的宦官制度？走理學這條路容易發展成唱高調，而絲毫不考慮個人生命與幸福的代價。可以想像，理學作為中央集權制度下的正統思想，其僵化的一面為專制統治者利用，且其延續了儒學的傳統，既不會對這個制度產生建設性的修改意見，也不會啟發人類的反向思考。在中央集權制度下，任何理論都會成為禁錮人們思想的工具，使生活在其中的人感覺壓抑且痛苦。

朱元璋廢除丞相制度，使皇權集中到了無以復加的程度，這個可以用兩個制度表現出來——「詔獄」和「廷杖」。

詔獄不是根據犯人的罪行而審判，完全是揣摩皇帝的意思定罪，皇上說你有罪你就有罪。至於證據，在皇帝身邊專門有一個恐怖機構負責提供，這個機構的工作人員都像地獄裡的判官，他們可以輕易讓犯人生不如死，甚至讓人後悔爹媽把他們生到人間。沒有冤案，就沒有專制的基礎，自然就不會有皇帝的絕對權威。

廷杖是一言不合，皇帝大喝一聲，官員們就被扒下褲子，用木棍在大庭廣眾下毒打，很多士大夫因此而喪命。這是摧殘和侮辱人性的懲罰措施，而且完全憑皇帝個人好惡來實施。政治制度到了這個份上，已經成了害人的僵屍。偏偏皇帝們覺得還不夠，雍正帝設立軍機處，架空內閣，秘書們幫助皇帝起草詔書和討論政策的權力都被廢掉，宮廷成了木偶劇場，所有大臣都是皇帝手中牽線的木偶。加之文字獄的濫觴，所以此時中國文化只剩下考據一門學問在掙扎。這樣的社會迫使臣民向白痴墮落，清朝滅亡就可想而知了。

在中央集權郡縣制的歷史上，有過五次分封的行為：第一次是楚漢戰爭期間，項羽對擁護他的義軍進行的分封，為時很短。第二次是劉邦在西漢建立初期分封同姓和異姓諸王，異姓王很快滅亡，同姓王在武帝時期被徹底削平。第三次是西晉分封司馬氏諸王，很快演變成八王之亂，西晉在兄弟自相殘殺中滅亡。第四次是朱元璋分封他的兒子，釀成靖難之役後消失。第五次是清代的三藩，這屬於權宜之計。這些分封只是對郡縣制的一種反動，根本不符合歷史潮流，很快就被歷史淹沒，說明分封這種制度在中國歷史上無法生存，倒是成就了中央集權下的郡縣制。

六、歷史循環往復的怪圈

秦剛剛消滅六國，丞相王綰就建議嬴政分封自己的兒子到全國各地去。他認為燕、齊、楚這些地方距離遠，中央政府夠不著，如果不設王，恐怕會出現權力真空。兩千多年前的交通，就算再發達也是靠馬和人一步一步走的，傳達一個口信需要很長時間。秦統一後的帝國過於龐大，管不過來，即使管得過來，地方政府也缺乏決策權，與中央政府的公文來往，少則一月，多則數月，效率實在低下。況且，把權力集中在一個人手裡，這個人有啥問題，帝國就停擺了。王綰是想建立二級自治政府，可以迅速處理邊遠地區的事務，這個想法不能不說是有道理的。事實也證明，秦末，函谷關以東都造反了，秦二世胡亥還在胡作非為。

博士淳于越再次建議分封，他的主張是皇帝的親屬都是普通人，沒有任何權力和實力，朝中出現權臣無人制約。事實是嬴政一死，趙高就開始弄權，到了「指鹿為馬」的地步。西漢初期，分封了一大批劉姓的王在全國各地，中央朝廷始終沒有權傾天下的人出現，直到劉徹把分封諸王都廢掉了，霍光、王莽這種一手遮天的大臣才有了產生的土壤。

封建也罷，郡縣也好，對治理國家實際上都是有利有弊的。封建造成權力下放到皇帝家族成員手中，他們可能利用這個權力來作亂。柳宗元認為：秦朝有叛亂的人民卻沒有直接叛亂的官員；漢朝有叛亂的諸侯國，卻沒有某個郡搞獨立；唐代有軍事將領造反，卻沒有州長帶著人民起義。封建常常造成戰亂，而郡縣有利於天下太平。顧炎武在他的〈郡縣論〉中一言中的：

> 封建之失，其專在下，郡縣之失，其專在上。

他認為，郡縣制的毛病在於君主大權獨攬，他們在四海之內都建立自己的統治還嫌不足，對大臣不放心，事事掣肘，害怕民變，於是設立監察部門看著，用各種條例限制著。哪知道所有官吏都想著升官發財，沒有人肯為百姓興利除害，人民怎麼會不窮，國家怎麼會不弱？這種分析是很客觀的。

在人才的發現和使用上，郡縣制無疑是有好處的，可以選賢能的人擔任官吏。世襲制度太呆板了，膏粱子弟不學無術，卻因為血統而占據官位。柳宗元就說：

> 夫天下之道，理安，斯得人者也。使賢者居上，不肖者居下，而後可以理安。

話是不錯，有能力的人管理沒能力的人，好人影響普通人，天下容易安定。但是皇帝看中的就是人才嗎？嚴嵩、魏忠賢是賢者嗎？如何保證郡縣制選拔出來的都是正派而能幹的人？如果皇帝本身就是個自私自利的小人又該如何？況且，這些地方官，在各地任職換來換去，既與百姓產生不了親情，也沒有足夠的時間考慮長遠的安排，所以朱熹認為即使有賢者，善政也做不成。

無論是柳宗元還是顧炎武，都認為封建制被郡縣制取代是中國歷史的發展趨勢。顧炎武還進一步指出，秦國的滅亡並不是因為沒有分封子弟，因為秦國分封不分封都會滅亡，封建的衰亡從周朝就開始了，並非秦朝標新立異。柳宗元更精闢地指出：「失在於政，不在於制。」

秦朝的滅亡是政治的原因，不是郡縣制度的問題。三百多年前，顧炎武就給陷入病態之中的中國社會開了一劑良方：

> 所謂寓封建之意於郡縣之中，而兩千年以來之弊可以復振。後之君苟欲厚民生，強國勢，則必用吾言也。

顧炎武想將兩種制度融合，各取所長，有點兒類似西方國家目前廣泛使用的聯邦制。但在帝制的前提下，這種先知先覺難以成為現實，只是一種理想而已。

有學者說：「秦帝國開始的中央集權是人類史上的一種政治早熟，中國的悲劇乃是在地方組織及技術上的設備尚未具有規模之前，先已有大帝國的統一。」這好比說，一個五歲的孩子，突然有一天只有腦袋發育成熟，其他部位都沒跟上，怎麼辦？只能勉強調整身體的其他部分使之適應早熟的腦袋。於是，這個早熟的腦袋必會拖累整個身體的發育，這也是中國人為大一統帝國所付出的必然代價。黃仁宇在《中國大歷史》中直言：

從外表形式看來，在基督之前有了這些設施，國家的機構便形成流線型，可是其下端粗率而無從發展，以日後標準看來尤其如此。直到最近中國仍缺乏一種司法體系，具有實力及獨立性格一如西方，其原因可以一直追溯到上古。

儒家的法律使法律不離家族觀念，將法律與情感及紀律混淆，法家之法實為最方便的行政工具，但在其他方面則一無可取。

中央集權這種社會模式並非中國獨有，在西方的歷史中我們可以找到對應。知名學者何懷宏有言：

西方自封建社會解體而建立起來的中央集權的民族國家，與在社會上發展起來的資本主義經濟密切配合，很快步入一個工業化和列國爭強的時代。也就是說，西方從封建社會到資本主義社會之間的過渡期很短，甚至可以說是緊密銜接的。而中國則不然，自嚴格意義上的封建社會解體，秦漢建立起中央集權的國家以來，經過了漫長的、獨立的發展和演變，直到被西方列強敲開國門，才不得不蹣跚地走上向西方之路靠近的工業化之路。而對這兩者之間的漫長的兩千多年的中國社會，我們實際上很難說它僅僅是一個過渡期的社會，或者籠統地以舶來的「封建社會」稱呼它，這樣未免太受西方文化類型的影響。若從中國自己的歷史特點觀察，這漫長的兩千多年實際上是自成一個體系，自成一個社會，自有其進退，自有其動力……

我們以現代社會的眼光重新審視中國獨特的歷史，可以得出下述結論：

人治無法向法治邁進，兩者是對立的。中國自秦至清兩千多年，歷史陷入了循環往復的怪圈，只有朝代的更替而沒有文明的進步。大一統的局面使中國人的國家概念逐漸淡漠，用梁漱溟先生的話說就是：

> 秦漢之後，無復戰國相角形勢，雖有鄰邦外族，文化又遠出我下……

因此人們缺乏國家認同感。統治者更為了維護皇權專制，徹底犧牲了司法體制發育成熟的機會，中國一直徘徊在人治社會，而無法向法治社會邁進。

抑制商業發展，無法產生新的生產力，科學技術缺乏社會推動力。與歐洲以城邦形成國家不同，中國的國家經濟是直接建立在一家一戶的小自耕農基礎上，中央集權政府用與民爭利的方式來對待商業，始終不會管理商業。沒有商業的高度發展，中國的城市只是一種純消費的群居場所，城市生活只為龐大的官僚機構服務，朝代的富庶也不過是使臃腫行政機構的管理人員們生活舒適。城市缺乏創造財富的能力，完全寄生在鄉村之上。有一首家喻戶曉的宋代小詩就反映了這種現象：

昨日入城市，歸來淚滿襟。
遍身羅綺者，不是養蠶人。

中央集權的模式成為貪污腐化的溫床，造成了社會財富的巨大浪費，致使社會效率極其低下。維持一個大帝國的中央集權，財政開支高得嚇人。中國因為地域的廣大，不得不設立多級政府機構，政府的多層次不僅使民眾的負擔加重，而且在行政的有效性上反而為民情上達和中央政策的執行增加阻礙。中央做主的經濟政策，既不能注重當地實情，也不能根據地方上的能力來分擔。中央集權的官僚組織為了保持全國的均衡，以免地區間的摩擦，往往將注意力放在經濟上效能最落後的方面。社會財富大部分浪費在維持政治體制上，而無法為突發事件和農民生活改善提供資金。

輝煌燦爛的中華文明是唯一可以和歐洲文明相比肩的一種文明，秦帝國和由它開始的中國式中央集權郡縣制就是東方文明發展到一定階段的產物，也是中華文明的重要組成部分。中國走上這條路符合中國的地理和人文情懷，獨特歷史的發展也會遵循一定的規律。雖然我們會迷惑於一些歷史現象的無解，但困境中仍有一隻看不見的手在引領著中國人前行。

第3章

改革爲什麼難成功

變革的阻礙

有史以來，導致社會發生重大變化的原因一般有兩種，一種是「革命」，另一種是「改革」。

革命往往自下而上，是核心統治階層之外的人民因為不滿當權者的欺壓和剝削，採取暴力的形式推翻這個政權，比如湯武造夏桀的反，出兵打敗了夏朝的軍隊；陳勝、吳廣起義結束了秦朝的暴政等。革命的破壞力巨大，人們裹挾在兵戈鐵馬之中，舊的法律體系崩潰了，在新政權建立之前強權代替了道德，人民生活在動盪之中。

改革一般自上而下，是正在台上的統治者因為社會矛盾加劇，為了延長自己的政治生命而主動進行的社會改造。因為改革是當政者精心設計的，所以推動起來通常比革命更有理性，但也正因為是統治者的主動行為，必然包含了當政者的自我保護和既得利益的計算，所以行動起來不可能毫無顧忌，與革命相比，改革更像是在舊衣服上打補丁。由於統治者之間利益不同和觀念糾葛，改革中捉襟見肘的事情經常發生。

就革命與改革而言，很難說哪一種模式更能推動社會的進步，中國的改朝換代雖然是革命的結果，從根本意義上講並沒有推動社會向前發展，有些朝代甚至是社會的退步，給人民帶來了深重的災難。中國歷史上，革命多而改革少，這也說明了一點，中國的社會結構相當保守，這是因為自給自足的小農經濟沒有改革的動力，占人口絕大多數的農民只有在活不下去時才會跑到山林裡聚眾鬧事。而上層統治者更多的時候是尸位素餐，自己享樂還來不及呢，哪裡顧得上為家國天下去改革、修身、齊家。只是幾個書生在曠野中沒有回音的吶喊，若沒有科舉考試，要求人們當官前必須學習儒家經典，恐怕《論語》、《孟子》也沒幾個人認真去讀。

中國的改革往往成為失敗的同義語，唯一一次成功的改革是戰國中期的「商鞅變法」，但後果卻是設計師商鞅把自己擺在了改革的祭壇上——變法成功與個人生命的失敗形成了鮮明對比。商鞅變法成功的原因較為複雜，他的改革首先從秦國這一很小的區域內進行，針對性很強，而秦體制是因為征服才逐漸擴展開來的。而且，商鞅之所以能達到強秦的目的，是因為他建立的制度恰好適應了當時社會向中央集權郡縣制轉變的大趨勢，他所用的招數不過是李悝、吳起玩剩下的，並不新鮮，只是魏國和楚國半途而廢，秦國走得徹底而已。中國歷史上後續的改革還有幾次，但大多都落了空，改革者本人的命運也都不好，由此帶來的社會動亂更嚇壞了統治階層的人。

忠於一人一姓的中央集權體制外加封閉的農業經濟，使得朝廷除了加強皇權的一些政治措施外，極少有人願意為了百姓利益而改造社會。在統治集團內部，任何一種改革主張開始實行，立刻就會招致反對的聲浪，「祖宗家法」在這個時候成為強有力的武器。我在這裡想探究的是，中國歷史上自上而下的改革為什麼始終難以成功，以期給我們些啟發。

一、王莽改制，人格分裂的局限

王莽是最具爭議的歷史人物之一，無論是生前還是死後，人們對他的評價從來沒有做到過真正公平。在生前，王莽被輿論捧上了天，作為優秀的貴族子弟，成為官僚集團乃至整個儒學界的楷模。在死後，因為王莽曾篡過漢朝皇帝的位，又淪為奸臣代表，罵聲兩千年不絕於耳。

王莽，字巨君，魏郡元城（今河北省大名縣）人，雖然出身於顯赫的外戚之家，但因為父親王曼早死，所以他在親戚中間始終處於相對貧弱的地位。《漢書・王莽傳》記載：

莽群兄弟皆將軍五侯子，乘時侈靡，以輿馬聲色佚游相高，莽獨孤貧，因折節為恭儉。受《禮經》，師事沛郡陳參，勤身博學，被服如儒生。

大意是：王莽的堂表兄弟們都是將軍和王侯的兒子，聲色犬馬，奢侈無度，只有王莽因為孤兒寡母的貧窮家境而與他們完全不同，謙虛、節儉、溫良、恭讓。拜沛郡陳參為師，接受《禮經》的教誨，勤奮好學、博覽群書，穿的衣服和用的被褥就像一個學生。

顯赫家族的出身使王莽能受到朝廷的重視，他的家庭狀況更促使他發奮讀書，在貴族子弟中出類拔萃。王莽人生的選擇是合乎邏輯的。白居易有首詩寫道：

周公恐懼流言日，王莽謙恭未篡時。
向使當初身便死，一生真偽復誰知？

白居易認為王莽是個偽君子。但一個人偽裝一時容易，偽裝一世就難了，即使是演戲演了一輩子，恐怕他也會把自己當成戲裡的角色，本人什麼樣早已經忘掉了。

王莽不僅沒有在大權獨攬之後傲慢驕橫，當上大司馬後行為卻更加恭儉，他聘請優秀人才幫助管理國家，自己的俸祿收入都用來資助士人。兒子王獲殺死一名僕人，他下令讓兒子自殺抵罪。在當時家奴的生殺大權取決於主人，貴族公子在外殺人都不見得獲刑，更別說只是家裡的奴僕。作假到這麼公正廉明的地步恐怕也不容易，畢竟死的是他兒子。王莽當過皇帝，在皇帝的寶座上也沒有像楊廣一樣登基前後判若兩人，偽君子說似乎也不成立。況且篡位也並不見得是不好的事，為了改革當然要先取得最高權力，這樣的政治安排無可厚非。

西漢政權在武帝末年就已瀕臨滅亡，在劉徹的殘暴統治下，國庫民財皆已耗空。山東是朝廷盤剝的中心，此時已像個火山口，民眾的叛亂一直在醞釀。劉徹死後，因昭帝劉弗陵年幼，霍光秉政期間不再大規模透支民力。劉弗陵死後又出了個布衣皇帝劉詢，他是武帝廢黜的太子劉據流落民間的孫子，童年受過牢獄之災，因此知道並且能顧及百姓的疾苦，所以他的統治在歷史上號稱「宣帝中興」。這個時候的漢政權雖被從懸崖邊拉了回來，但畢竟已千瘡百孔，武帝劉徹的政策只圖一時，後繼君主無法延續。因此，無論統治者願意還是不願意，都必須對西漢政體進行修補。

秦和漢是中央集權政體的建立時期，離春秋戰國的百家爭鳴時期尚不太遙遠，這個時期的統治集團還保持著政治革新的朝氣。這從兩方面都可以看出來：在君主方面來說，嬴政到劉徹都敢於使用全新的政策；在大臣這方面，青年幹部賈誼一上來就直接向皇帝提出了一系列改革建議，包括廢棄秦朝的禮儀、制定新的典章制度、興儒家禮樂、改變曆法與服色、改變官署與官員名稱、移風易俗，等等。這時候的政治家們認為社會還是可以用人力控制的，不合理的現象都可以用人力去改變。

最有趣的是漢昭帝時期有一個儒家學者叫眭弘，不知道從哪聽說泰山有塊大石頭自己立了起來，「上林苑」（就是皇家狩獵場）一棵枯柳發了芽，便上書勸皇帝：

> 求索賢人，禪以帝位，而退自封百里。

宣帝時也有個儒生叫蓋寬饒，給皇帝上書說：

> 五帝官天下，三王家天下，家以傳子，官以傳賢，四序之運，成功者退，不得其人，則不居其位。

這都是在勸皇帝自動退位讓賢，可以想像此時的官僚集團保持著改革的欲望。這兩人雖然都犧牲了，但他們所代表的思想並沒有死亡。這種思路在西漢末年的政治矛盾中越來越成為上層統治階層的共識，他們希望尋找到一個品德高尚、有政治改革理想、能把他們帶出泥潭的政治領袖。宣帝劉詢之後的西漢皇帝實在不怎麼樣，與其說王莽篡奪了他們的世襲地位，還不如說王莽是寄託了整個統治集團厚望應運而生的政治改革家。

王莽改制

王莽改制的內容可以歸納總結為下列幾點：

◈理想化的土地改革

在中國，涉及任何一項改革，必須首先解決農民和朝廷的生計問題，即土地改革。在這一點上，王莽的做法是將私人所有權的土地改成「王田」，民間不得買賣，與今日的土地收歸國有相似。王莽打著西周井田制的名義重新分配土地，家裡沒有田地的，男丁八口可以授田九百畝。一戶人家男性的人數不超過八人，而土地超過一個井田約九百畝，就要把多餘的土地分給家族和鄰居中貧窮的人家。一般到王朝末年，土地兼併問題就會十分嚴重，農民失去土地造成大量的流民，這是社會的主要不安定因素。王莽還禁止人口買賣，奴婢改叫「私屬」，私屬的來源是流民，不能買賣的初衷是將流民變為依附於土地的農民。但對地主階級來講，平均地權就是剝奪他們的財產，改革自然會遭到激烈的反對。唐代的租庸調制也是將土地分給無地農民，為什麼沒有激起民變？因為唐王朝初年剛經過戰亂，人口銳減，出現了大量的荒地，人均土地量富裕，所以不會引起激烈的競爭。而王莽所處的時代是西漢末年，這一時期中國的人口達到六千餘萬，比西漢初年一千多萬增加了五倍。西漢土地作為私有財產已經成為普遍現象，強行平均財產必然帶來整個上層地主階級的抵抗。禁止買賣奴婢也應該是好的政策，尊重人性，減少無業遊民，但這個必須建立在遊民能得到土地的基礎上，否則失地農民不僅沒分到地，反而失去了賣身為奴到有錢人家裡打工的最後一條活路。

◆超前的工商業改造

工商業改造即「五均」、「六管」和賒貸。五均是指在長安及全國五大城市洛陽、邯鄲、臨淄、宛、成都等地設立司市和泉府，首都長安分成東西兩市，安排官員管理，稱五均官或五均司市師，下轄交易丞和錢府丞。五均官的任務有點兒像現在的工商局和稅務局，一是按工商各業的經營情況徵收稅款，二是管理市場的物價。各地的五均官在每季度的第二個月，評定出各種貨物的標準價格，稱「市平」，也就是平均價格；如果物價高於市平，政府就賣出庫存物資以平抑物價，而當市場價格低於市平時，則聽任百姓自由買賣。

六管，簡言之就是由政府管理的經濟事業，酒、鹽、鐵是國家專賣物資，民間不准走私，鑄錢則由國家專營。向靠山吃山靠水吃水的樵夫、漁民、獵戶等徵收山澤稅，向養蠶、紡織、縫補、工匠等行業的手工業者以及醫生、巫、卜、商販等職業白領徵收所得稅。用這些稅收做資本金借給想有生計而沒有本錢的人，或暫時周轉不靈的工商業者，這就是賒貸。政府辦金融無疑是極其超前的，金融必須是數字化管理，只有在現代工商企業中才能發揮作用，在兩千年前的王莽時期，想法雖好但操作起來很難。

◆紊亂的貨幣改革

王莽最失敗的改革應該是貨幣改革，王莽上台後共進行了四次幣制的改革。

第一次是西元七年他還是「安漢公」的時候，在五銖錢之外增鑄大錢、契刀、錯刀等。新朝建立後，王莽又在西元九年進行第二次改革，廢除五銖錢及刀幣，另外發行寶貨，所謂寶貨是指金、銀、龜、貝、銅等「五物」，另外還有「六名」等，合計起來共二十八種貨幣。貨幣是百姓日常生活使用的，最怕繁瑣，不僅換算起來麻煩，大多數人還經常認錯。

流通的不便使得人們不願意使用新錢，暗地裡還在用舊錢，就像民國時期人們對紙幣不相信，鑄有袁世凱頭像的銀幣始終有市場。當然貨幣必須是獨一無二的，否則市場就亂了，為推行新幣，王莽以國家力量採取強制措施，下令嚴禁民間私下鑄錢，老百姓家裡有銅器、銀器，都被指為非法。即使這樣，仍無法使新貨幣順利流通。經濟有其自身的規律，不是靠強迫就可以改變的。實行的效果不佳，無奈只好廢除這種貨幣體系。

但王莽是個固執的人，一次不行再來二次。貨幣關係到千家萬戶，民眾辛辛苦苦勞動的積累全在這裡，改來改去只會增加百姓的不安全感。第四次改革是在西元十四年，廢掉大小錢，另作貨布、貨泉兩種。貨泉重五銖，貨布重二十五銖，本來一個貨布應該是五個貨泉，但朝廷規定一貨布卻值二十五貨泉，貨幣價值的比例首先就十分不合理。幾次貨幣改革到了官員手裡就成了一次公開的「攔路搶劫」，他們打著官府的旗號壟斷了貨幣的鑄造，以新鑄的劣質貨幣代替品質較高的舊幣，然後又以更劣的貨幣代替原來鑄造的貨幣，等於現代經濟學中所講的惡性通膨。每更換一次貨幣，老百姓都損失慘重，加之新貨幣尚沒建立起信譽來，所以在幣制改革期間，物價飛漲，民不聊生。史學家呂思勉曾講：

> 尤其無謂的，是他的改革貨幣，麻煩而屢次改變，勢不可行，把商業先破壞了。新分配之法，未曾成立，舊交易之法，先已破壞，遂使生計界的秩序大亂，全國的人無一個不受到影響。

這大概是王莽改革失敗最致命的因素之一。

◈繁瑣的政治改革

王莽本人是個儒家學者，一直宗奉周公和孔子，對唐堯、虞舜和周代禮樂都很敬仰，中國人骨子裡通過復古實現理想的願望對他有著很深的影響。儒家講求欲做事先正名，先把名稱起好，於是王莽在官名、地名上折騰個沒完。王莽更好拘泥於理論，幹什麼都要引經據典，以至於言必稱三代（堯舜禹時期），事必據《周禮》。這樣的指導思想很難使改革根據實際情況而做出適當的調整。

王莽本來想重新劃定全國的行政區劃，重新制定封建和郡縣制度，這沒有什麼不好，只是一種習慣的形成要經過若干代，很多地名不必改來改去。官職也是，制度變化太大，一時間定不下來，官員們沒法開工資，有權力卻沒錢，當然會禍害百姓了。

呂思勉在《中國政治史》中論及：

王莽是個偏重立法的人，他又「銳思於製作」，而把眼前的政務擱起。……但是徒法不能自行，要舉行這種大改革，必須民眾有相當的覺悟，且能做出相當的行動，專靠在上者的操刀代斫，是不行的。因為真正為國為民的人，總只有少數，官僚階級中的大多數人，其利害總是和人民相反的，非靠督責不行。以中國之大，古代交通的不便，一個中央政府，督責之力本來有所不及，而況當大改革之際，普通官吏，對於法令，也未必能了解，而作弊的機會卻特多；所以推行不易，而督責更難。王莽當日所定的法令，有關實際的，怕沒有一件能夠真正推行，而達到目的，因此而生的流弊，怕無一事不有，且無一事不厲害。

◆處理民族關係舉措失當

王莽的朝廷以天下中心自居，妄自尊大，把周圍的民族都當成蠻夷或下屬，不願意與周邊國家建立平等友好關係。隨意更改漢代的封號和印章，把王的封號降成侯，其實不管是王還是侯僅僅是政治地位的象徵，無關宏旨，也不由朝廷發俸祿，但這個舉動會引起周邊國家的強烈不滿。

西域開始不服新朝的命令，不僅殺掉西域都護，還互相攻伐，王莽派五威將王駿出兵西域，不僅沒有平定邊疆之亂，反而被西域聯兵打得幾乎全軍覆滅。

西南少數民族政權眾多，雲南的句町王首先不服，王莽將他殺死，此舉引起西南地區全面的叛亂，雖遭鎮壓，但摁下葫蘆起了瓢，連年征討更是勞民傷財。東北高句麗本來已經歸附漢朝，王莽不僅隨意徵發它的兵役，還無聊地把人家國名改成下句麗，以示輕蔑，這無疑是愚蠢的。暴動發生後他又派兵鎮壓，雖然消滅了高句麗，但自己元氣也大傷。匈奴一直是漢朝最大的邊患，宣帝以後呼韓邪單于來降，匈奴實力受到削弱，漢與匈奴關係也得到全面改善，邊境處於平靜的局面。本來漢與匈奴是平等的國與國，匈奴王跟漢皇一樣用的是玉璽，王莽將匈奴降格，改成章，還下詔把匈奴單于改名降奴單于，這種侮辱性的舉措，除了沒事找事外沒有任何實際意義。王莽又進一步下令把匈奴全國分成十五個單于共同執掌，終於逼反了匈奴王。

王莽任命了十二個將軍，準備調集全國三十萬人，還有可供三百天的糧草，分若干路大軍深入窮追，把不服從的單于趕到西伯利亞去。武帝劉徹與匈奴周旋了一輩子，也沒解決好邊患，反而把自己的政權快搞垮了，王莽調兵還沒完，自己的後院就起了火。所以，戰爭是國家的大事，盡可能不要輕言發動。

我們設想一下，如果王莽的終極目標只是當皇帝，那麼新朝會不會很快垮台？

答案是否定的。因為西漢政權雖然社會矛盾很尖銳，但只要小範圍修補或適當救濟災民，就很難演變成大規模的暴亂。我們看一段《漢書．王莽傳》的記載：

> 以大司馬司允費興為荊州牧，見，問到部方略，興對曰：「荊、揚之民率依阻山澤，以漁采為業。間者，國張六管，稅山澤，妨奪民之利，連年久旱，百姓飢窮，故為盜賊。興到部，欲令明曉告盜賊歸田里，假貸犁牛種食，闊其租賦，幾可以解釋安集。」莽怒，免興官。

王莽派費興去當荊州的最高長官，接見的時候問費興準備如何執政。費興說：「荊州山地湖泊眾多，魚米之鄉，采樵為業，之前，國家實行六管之法，收山澤稅，與民爭利。連年的旱災，百姓飢寒交迫，所以才去當盜賊。我到任後，貼出布告曉諭那些所謂盜賊回歸鄉里，借給他們耕牛種子，免去一定的賦稅和地租，這樣就可以安定百姓。」費興這樣的政策是因地制宜，多幾個費興很快就能把民亂制止住。可惜的是，王莽因為費興否定他的改革功績而生氣，根本就不給費興安民的機會。

王莽改制失敗的教訓

王莽不僅改制失敗，還導致身首異處，給我們帶來了什麼樣的啟迪和思考？

中央集權大一統的政治結構，使得任何改革都難以進行，改革的結果只會使整個社會體系崩潰。君主政權的確立是從部落開始的，最早管理的地域不過就是一個鄉或一個縣那麼大小，即使是君主，也像堯舜禹一樣跟老百姓很貼近，舜住在茅棚裡，大禹跟泥腿子一起在河邊築堤。後來國家越來越大，君主制度依然如故，這個時候的君主已經與人民相隔絕了，如周天子，下面有諸侯、大夫和士，自然會養尊處優。

中央集權確立之後，皇帝更成了高高在上的孤家寡人，不僅深居簡出，連大臣都很難見到。任何一個政治主張必須與當地當時的人民生活狀況相吻合才能產生效果，而廣袤的地域造成各個地方的巨大差異，符合東邊情況的無法在西邊實施，多山的地方交通不便，不能與平原採取同樣的治理和徵稅的結構。另外，任何好的政治規劃都要靠人去執行，官吏隊伍的督責是關鍵，然而皇帝卻離大家越來越遠。他既不能根據具體情況確定政策，又沒有足夠的執行機制。地域的差異還要為遷就落後的生產力而犧牲掉有活力的生產方式。大一統的政治結構徹底限制住了發展的需求，帝王們最大的政治使命不是推動社會進步，而是維持統一的局面以及家族不被推翻。無論王莽好復古有多麼荒唐，他總還是有政治理想的改革家，因此在這個政治結構下，王莽的所作所為明顯帶有空想主義的色彩，就制度而言便注定了他失敗的命運。

> 而自王莽舉行這樣的大改革而失敗後，政治家的眼光，亦為之一變。根本之計，再也沒有人敢提及。社會漸被視為不可以人力控制之物，只能聽其遷流所至。「治天下不如安天下，安天下不如與天下安」，遂被視為政治上的金科玉律了。所以說：這是中國歷史上的一個大轉變。（呂思勉《中國政治史》）

王莽個人性格的悲劇在改制中被無限放大。無論如何，王莽是憑著個人能力一步步爬上皇帝寶座的，他絕非花花大少，更不是在深宮中長大毫無社會實踐、滿腦子荒誕不經思想的帝王。我們看他的土地改革和工商業改造政策，都有對解決民生問題的認真考慮，然而王莽改革是由他發動，完全取決於他個人推動能力的事業，因此個人的性格缺陷自然會給改革帶來巨大的影響。沒有整個官僚集團的互動，任何一項政治事業，不管紙面上如何正確，執行起來也會變成後果嚴重的惡政，百姓不明就裡，只會看結果。

王莽個人悲劇有三方面

第一是好虛名，居然真的相信儒家經典中對古人寄託的政治理想。他被一群拍馬屁的官僚吹捧為「周公」，本來是用來「忽悠」老太后王政君的，目的是為了能使自己不斷往上升。但在不斷的歌功頌德中，他還真以周公自居了。這就是角色的錯位，一般人角色錯位最多是滑稽可笑，王莽是擁有巨大權力的最高領導人，他的錯位很快就會放大到社會現象上。

王莽一上台就模仿周公：

> 周公踐天子位，六年朝諸侯，制禮作樂，而天下大服。

由此，他也集合了一批儒家學者、官僚集團的公卿開始搞法令：

> 制度定則天下自平，故銳思於地理、制禮、作樂、講合《六經》之說。

王莽效法《周禮》的典則，制定了一套新朝的禮樂制度，他認為只要這個制度一出，他就靜等著堯、舜、禹那樣的盛世像天上掉餡餅一樣自動降臨。孔子和孟子是思想家而非政治改革者，儒家的政治主張只是借古人來闡述，時代早已不同，周公的所作所為只在理論上有意義，況且儒家對個人修養的要求遠遠超過對政治制度的設計。

第二是性情急躁，頻繁地變來變去，法律朝令夕改必然使得全國人民無所適從。任何一項改革因為事關國計民生，一定要考慮周詳，先試後改，還要根據民間的承受能力隨時做出調整，一步步求得目標的實現。王莽卻像個好動的陀螺，轉起來沒完，勤奮有餘思慮不足，先把地名官名改得讓整個社會暈了頭，再用貨幣改制把人們的財富硬性地共了產，以至於「農商失業，食貨俱廢，民涕泣於道」。這已經不是政治改革，而是徒勞無益的擾民了。

第三是剛愎自用，聽不進任何反對意見。《漢書・王莽傳》記載：

> 莽遣使者即赦盜賊，還言：「盜賊解，輒復合。問其故，皆曰愁法禁煩苛，不得舉手。力作所得，不足以給貢稅。閉門自守，又坐鄰伍鑄錢挾銅，奸吏因以愁民。民窮，悉起為盜賊。」莽大怒，免之。其或順制，言：「民驕黠當誅」，及言「時運適然，且滅不久」，莽說，輒遷之。

大意是：王莽派使者赦免農民起義軍，本來是個好事。使者回來向王莽彙報說，那些盜賊解體了很快又糾集到一起，問他們為什麼，都說法律太多、太苛刻，一舉手就犯法。人們用盡力氣幹活還不夠交稅的，即使關起門來，又因為鄰居家裡有舊錢犯法連坐，奸吏趁機魚肉百姓。老百姓窮得活不下去，於是都成了盜賊。王莽聽到真話大怒，使者也被罷了官；再派去的人就順著他說：「這些民眾太驕橫又詭計多端，理應處死」；或者說：「時運要有這一禍害，但很快就能消滅他們」；謊報軍情讓他高興，反而能升官。統治者臨近末路，往往像鴕鳥一樣把頭埋進沙裡不願正視現實，明明已經民怨沸騰，可上層自說自話假裝歌舞昇平。

其實，每個人都是有缺陷的，不僅僅是王莽，如果改制的事業由一批官僚集團共同主持並在制約中實行，相互彌補尚可挽回很多不足之處，政策制定也會相對理性。但在君主專制制度下一個人說了算，君主個人的性格缺陷完全帶到改制的事業中來，急於求成和心血來潮以及對情況的誤判，一旦轉化為社會悲劇就是災難性的後果。所以，獨裁體制下的改革在機制上成功的概率非常小。

如果搞個民意調查，王莽在當皇帝之前支持率應該在百分之九十以上，不僅僅是官僚集團，甚至包括劉姓皇室都有很多擁躉，普通百姓如果可以投票的話，贊成票也會占多數，他當皇帝幾乎是眾望所歸，和曹丕以武力做後盾的禪讓遊戲不可同日而語。然而走過了十五年的改革之路，王莽卻被亂民把腦袋懸掛在宛城的城門樓上，百姓把王莽的舌頭切掉分而食之，意思是他巧舌如簧欺騙了天下。作為一個儒家讀書人，王莽以外戚的身分取得政權，按照儒家理論進行了一次社會改革。他失敗了，從此儒家嚮往的「禪讓制」、「井田制」和「周公禮樂」這些古代制度皆淪為笑柄，孔孟之道對於任何一個王朝只有理論和宣傳的意義，而不再有改造社會的功能。

二、北魏孝文帝改革，急功近利

鮮卑起源於東北的遊牧民族。二十世紀八〇年代，科考學者在大興安嶺北麓發現了一個洞，命名為「嘎仙洞」，在洞內石壁上有西元四四三年北魏太武帝拓跋燾派遣中書侍郎李敞代替自己祭祀祖先所刻的祝文，據專家考證這就是鮮卑族拓跋氏的祖廟。長城以北歷來都是屬於遊牧與漁獵民族的發源地和聚居區，先後產生了匈奴、鮮卑、高句麗、女真、契丹、突厥、党項、蒙古等民族，他們都建立起自己的國家，在與漢族幾千年的爭鬥中逐漸走向融合。很多民族已經消失了，但其基因保留在中華民族的大家庭裡。

鮮卑人的興起得益於東漢大將軍竇憲對北匈奴的戰爭，北匈奴在東漢以及南匈奴與鮮卑人的共同打擊下，勢力急劇衰弱，使得他們不得不拖兒帶女遠走歐洲。漢北出現真空，鮮卑人趁機占據，還併入北匈奴留在當地的十餘萬戶人口，勢力逐漸強大起來。鮮卑人在中國的北方總共建立過九個政權，拓跋部的北魏是最強大的一個政權，形成逐漸統一北方的態勢，這一時期稱為「五胡十六國」。

鮮卑拓跋部的開國皇帝道武帝拓跋珪雖然只活了三十八歲，晚年還精神失常，魏國卻是他一手建立起來的。拓跋珪經過多年的征討，終於在內蒙古西部和山西北部古地名為「代」這個地方開創了一個國家，定都平城（今山西省大同市）。北魏完成北方統一的帝王是太武帝拓跋燾，鮮卑貴族在北方士族大戶的支持下，利用騎兵的優勢先後滅掉夏國、北燕、北涼等政權，降伏了柔然、鄯善、吐谷渾、山胡等國家。

北魏的皇帝年紀輕輕不是病死就是被殺，因此本來應該一代人完成的使命拖了五六代。拓跋氏作為一個少數民族政權入主中原，它就必須接受從強盜集團向文治集團的轉變。漢族文化遠高於周邊遊牧民族，各民族如果想和平相處，漢化就成為維持統治的必經之路。在這一點上，鮮卑貴族曾做過激烈的反抗。崔浩這個幫助北魏統一北方的第一功臣，因為表現出了漢族士大夫的優越性，結果被拓跋燾虐殺滅族。然而當鮮卑人與漢人混居，且以征服者姿態榨取其他民族的財產供自己享樂時，漢族驕奢淫逸的一套東西卻很快就會被他們學去，想阻止是不可能的。畢竟獸皮不如絲綢舒服，亭台樓閣裡左擁右抱要比嚴寒草原上啃乾肉更誘人。

孝文帝元宏的變法與其說是改革，不如說是一次鮮卑人融入漢民族的移風易俗。關於均田令、三長制和班俸祿等社會改革的策劃和決策是在西元四八五年，出於孝文帝的祖母馮太后和北魏重要的政治家李沖。史書上常常把這次改革記在元宏的名下，實際是有偏頗的。任何一個少數民族在強盛後都需要一次文化整合，也要針對被征服的多民族國家制定典章規範。元宏進行的變法是繼續他祖先沒有完成的工作，具體來講包括三部分。

◆遷都洛陽

大同市位於山西省北部，臨近內蒙古草原，是個典型的遊牧民族與漢民族交界之處，它不是漢族文化中心。洛陽則一直是中原的政治、文化中心，不在漢文化中心地帶建都，很難得到漢族豪強的認可。

◆全盤漢化

包括語言、衣裝、文字、名稱、風俗等方面。另外他實行班俸祿，就是給官吏們發工資，這是鮮卑貴族從劫掠集團向官僚集團轉化的重要標誌。以前官吏們靠對所轄地直接盤剝而生存，如今有了收入就不准再當合法強盜，對建立吏治是有好處的。

◈解決民生的「均田令」和建立地方政權體制的「立三長」

如果說其他少數民族政權建立之時的改變只是一種對外界的被動適應，那麼在這套政令中則體現出元宏對社會的主動改革。所謂「三長制」就是：五家為鄰，設一鄰長；五鄰為里，設一里長；五里為黨，設一黨長。三長直屬州郡衙門，三長的職責是：檢查戶口，徵收租調（就是替政府徵稅），徵發兵役與徭役。這就像今天的街道辦事處或鄉村政府，三長制奠定了隋唐以後的鄉里體制。北魏前期實行的是宗主督護制，豪強大族是地方政權的主體，三長制建立以後，政府直接管理戶口和人民，這是實施均田令的基礎。均田制很簡單，把政府控制的土地按一定數量分給農民，然後制定新的租調制，由農民向國家交稅和服勞役。種植穀物的露田等本人老死後要交還政府，再重新分配，保證耕者有其田，只有桑田可以傳承。

西元四八五年頒布的均田令在中國歷史上是解決民生與國家財政問題的經典案例，具有劃時代的意義。我們可以將這次土地改革與王莽的「王田制」做個對比：

第一，王莽分配的土地不是屬於國家的，他首先要把別人的沒收過來，重新分配給無地農民，這個沒收政策必然引起有產者的激烈反對。而北魏的土地屬於國家，一開始不會引起大矛盾。

第二，王莽機械地按照井田制的要求，每戶八個男丁九百畝，多退少補。北魏按人口，男人每人四十畝露田，女人每人二十畝露田，桑田若干，而且根據當地實際情況畝數可以浮動，受田者甚至可以請求離開土地少的地方到土地多的地方，很靈活，也給官僚機構一定的權限。上述情況應該是王莽土地改革後來流於表面文章，而均田令卻能貫徹下去的主要原因。

均田一直是中國農民心中的夢想，土地私有化必然造成不斷的兼併，如果土地資源過分集中在地主階級手裡，無論對民生還是國家財政都會構成巨大的威脅，而這往往成為改朝換代的起因。因此每個王朝的開始階段，統治者都會自覺不自覺地搞一次均田。北魏的法令成為日後各朝代的摹本。農業社會的根本在土地，在解決土地問題上，我們看到王莽的仿古失敗了，均田令修修補補不徹底，於是只好用朝代崩潰，野蠻再分配的方式來做重新調整。

北魏改革價值的核心在均田令與三長制上，對漢朝滅亡以後的社會政治與經濟進行重新整合，這個承上啟下的法令雖沒有把好處帶給自己，卻為隋唐的繁華打下了基礎。唐代經濟上採用的「租庸調制」，就是在均田令的基礎上實施的。所謂租庸調就是：每個勞動力每年要向國家繳納粟二石，這個叫作「租」；繳納絹二丈和綿三兩或者二丈五的布匹加上三斤麻，這個叫作「調」；每年給國家幹二十天的活，古代稱為服徭役，這個就叫作「庸」。當然可以用多交租或調來抵消庸，國家多徵用徭役，就會免除當年的租調，而遇到天災收成不好時，政府也會根據情況適當免除全部或部分租庸調等。

元宏於西元四八九年親政，雖然他加快了民族融合的步伐，但在遷都與全盤漢化的政策上太急功近利，導致鮮卑貴族分裂。且元宏也有王莽「好名慕古而不實見國家大計」的毛病，喜歡儒家復古的路子。史家認為，元宏使得鮮卑貴族沒能學會漢族的優點，反而先讓自己腐敗下去，這是令所有社會改革者深思的，因為對於北魏王朝來說這個改革不僅失敗了，還加速了鮮卑貴族集團的垮台。其實朝廷推動民族融合的大趨勢不可避免，政策需要注意把握分寸，很可惜元宏沒能謹慎地實施政治改革家李沖的設計，不然，受益者應該是北魏。

三、王安石的變法死局

王氏家族大概是改革家的搖籃，又是一個姓王的，開啟了另一次重要的社會改革。王安石，字介甫，號半山，臨川（今江西省撫州市東鄉縣）人，乃北宋著名政治家和文學家，也是著名的唐宋八大家之一，是個才華橫溢的儒家學者，人品很高尚。有一個故事很能說明他是一個不為美色所動的君子：有一天，他下班回家，發現一個貌美的少婦正在家裡，於是他問她的來歷。那女子說她是個低級軍官的妻子，因為丈夫押運軍火的船沉了，被判罪入獄，家產罰沒後還差一些錢才能贖罪，她只好賣身來還債。王安石聽後立刻把她送了回去，買她的錢就當白送。原來，這王安石的夫人吳氏看到其他達官貴人都三妻四妾，只有丈夫清高自守，就想會不會是不好意思，悄悄給他買一個試試。當時王安石正值壯年，事業有成，他的清廉自律更說明了一種難得的品德。

梁啟超寫了一篇文章〈王荊公〉概歎：

若乃於三代下求完人，惟公庶足以當之矣。

說自堯舜禹以來只有王安石可以稱為完人。王安石是中國歷史上不多的不坐轎子、不納妾的宰相，死後沒有任何遺產留給子孫，就連那些政敵都非常敬佩他的節儉與博學。北宋中期的變法就是在這樣一個人的手裡開始啟動的。

北宋政權開國伊始就內憂外患不斷，建都開封也是不得已而為之。趙匡胤雖屢次想定都洛陽，因為糧食運輸問題只好作罷，皇陵選在河南省鞏義市，恰好在洛陽與開封之間，就是為了以後遷都考慮。開封是黃河邊的城市，無險可守，為了維持統治必須常年供養一支龐大的首都衛戍部隊，加之契丹、党項人、吐蕃和大理等國的邊境戰爭，故軍費開支巨大。北宋的文官體制承襲前代，不加刪改，職務體系龐雜，任用時又常常張冠李戴，造成大量的冗員，所以到神宗時期北宋財政體系已經不堪重負，土地兼併造成的貧富懸殊在王朝的末期逐漸積累成尖銳的社會矛盾，政治腐敗的速度就像一輛失控的高速列車，官員們根本不在乎這列火車會撞上什麼。

王安石遇到了如同王莽一樣的死局。王莽改制失敗的結果，使得統治階層失去了改造社會的勇氣，得過且過雖然容易，但當局面惡化到過不去時，仍然會產生王安石這樣敢於擔當的官員，以及意圖振作改變的年輕皇帝趙頊。統治階層並非鐵板一塊，意識和利益的不同都會造成士大夫集團的分裂。其實北宋需要改革並非王安石的發明，仁宗年間的政府財政已經吃不消了，所以趙禎起用范仲淹等人實行「慶曆新政」，只是這次變法規模比較小。趙禎雖然為人寬厚，但政治上庸懦無能，也無改革的決心，遇到官僚集團其他大臣的反對立刻就作罷。「慶曆新政」如同王安石變法的前奏曲，說明很多人已經看出北宋的政治經濟不改不行了。

宋神宗趙頊是變法的主要推動力量，他剛一上台就詢問王安石治國之道。於是在熙寧二年，即西元一〇六九年，在王莽改制整整一千年之後，王安石開始了艱難的改革之路。王安石的指導思想是：

因天下之力以生天下之財，取天下之財以供天下之費。

王安石變法的主要內容

◆設立「制置三司條例司」

這是一次機構改革，先設立統籌全局的改革指導機構，有點兒像今天的國家發展與改革委員會或國家計劃委員會加財政部。原來負責國家財政事務的三司（度支司、戶部司、鹽鐵司）都隸屬於它，開始建立財政的預算制度，禁止挪用和貪污公款，這套制度每年居然為國家節約百分之四十的開支。

◆頒布「均輸法」

各行政區劃向中央政府繳納的糧食改成貨幣，免去了運輸的困難。在首都設立專用倉庫，豐年多存，歉年可以免除繳納。這個方法早在西漢桑弘羊就用過，唐代各郡還設立均輸官，目的是「斂不及民而用度足」，減輕百姓的負擔。

◈頒布「青苗法」

中國有句成語「青黃不接」，意思是農民存糧用盡，新糧還未熟的時期，這個時候農民最苦，青苗法就針對這個而來。王安石設計的是政策性金融服務，地方政府以儲存的糧食為本錢，貸給農民生活費，到秋收後本金加利息一起歸還，避免民間放貸資本的高利盤剝。因為擔保這筆貸款的是還在田裡的青苗，故這項改革稱為青苗法，這想法無疑是好的，就像今天的用金融手段服務於農業經濟。然而現代金融必須建立在資本的充分流通和完善的貨幣信用體系上，這些在當時都不具備，而且政府本身無法承擔金融機構的職責，一旦執行起來必然變樣。在政府不問青紅皂白的推行中，農民利益反而受損，惠民變成擾民，因此這項改革措施成為王安石變法中爭議最大者。

◈「方田均稅法」

重新丈量土地，將土地按肥瘠定為五等，根據這個來收稅。北宋中晚期，土地兼併日趨嚴重，豪強地主們隱瞞土地的數量逃避國家稅收，這項政策無疑是針對這個的，遭到地主階級反對就很自然了。

◆「市易法」

王安石成立了一個機構「市易務」，作為市場管理部門，低價進高價出，平抑物價，保護民生。這個「市易務」管的事兒還不少，兼營銀行抵押貸款業務，將錢貸給小商小販們做買賣的流動資金。

◆「免役法」

成年男子一視同仁都要給國家服役，但可以申請交錢免役，由政府代為雇人。

◆「裁兵法」與「將兵法」

改變服役制度，加強訓練和淘汰老弱殘兵，改變北宋初期為防止軍人叛變而沒完沒了的輪調等。

◆「軍器監法」

這有點兒像設立總裝備部，負責軍火工業和軍隊裝備的現代化。

◆「保甲法」

這與北魏的「三長制」相近，就是建立農村基層組織，規定十戶家庭組成一個「保」，五十戶為一個「大保」，五百戶叫「都保」，負責糾察地方治安。一家若有兩個青年男子，其中之一要接受軍事訓練，就像現在的預備役軍人。

◈「三舍法」與「貢舉法」

所謂三舍是指：把太學分為外舍、內舍、上舍三等，在太學上學的學生，學得好的直接任命，一般的參加考試給予機會，下等生連考試都不能參加。貢舉法改革科舉考試方式，強調選拔對國家行政有用的人才，而不僅僅是詩詞歌賦寫得好。

王安石變法的內容與王莽改制有很多相像的地方，時間過去一千年了，問題還在那裡，社會沒有絲毫的進步。對於土地來講，王安石回避了平均地權的問題，他只是強調了一個徵稅的平等，而不敢觸動土地所有權。即使如此，已經讓地主階級和士大夫們受不了了。在官場提拔中曾經推薦過王安石的宰相文彥博，與宋神宗趙頊有一次對新法的討論。

趙頊說：「更張法制，於士大夫誠多不悅，然於百姓何所不便？」

文彥博說：「為與士大夫治天下，非與百姓治天下。」

這無疑說出了本質，百姓的利益重要還是官僚們的利益重要？其實，「水能載舟，亦能覆舟」，士大夫們如果過於追求自己的利益而不顧百姓痛苦，這條船是否還能駛得長久真就很難說了。

支持王安石新法的人寥寥無幾，提反對意見的大臣倒是占了多數。在後來的新黨與舊黨之爭中，新黨人員大多是政治投機的小人，如呂惠卿、蔡京等，正直的大臣幾乎都在舊黨中間。如果說是因為改革觸動了官僚和地主階級的利益而遭到滿朝反對，反對者為何大多是清廉剛正之人？

翰林學士范鎮五次上疏反對王安石變法。據史書記載，范鎮清白坦蕩，待人誠懇，恭儉慎默，從不褒貶評論他人。范仲淹的兒子范純仁對皇帝說，王安石想盡辦法搜刮民財，不是安民之道。范純仁有其父之風，待人平易忠恕，況且他父親還是「慶曆新政」的主持者。舊黨領袖司馬光曾是王安石的好朋友，給王安石連續寫了三封長信，極力想說服王安石不要改革。其為人與王安石一樣清廉，史書說他謙恭仁厚、剛正不阿。蘇軾更是一個頗具風骨的國士，如果說他是因為損失了兩畝地而跟王安石不合，那麼在他後來夾在新舊兩黨中間屢遭貶謫之時，他稍稍逢迎一下，所得利益就遠不止這些，可他依然堅定地持反對意見。邏輯不通，問題出在哪裡？我們返回身來看一看，如果王安石變法真的救國救民，司馬光他們為什麼官也不當、寧可朋友反目也非要誓死反對？他們反對的理由是什麼？

司馬光、范純仁等人非常清楚北宋政治、軍事與經濟的困窘局面，他們只是不同意王安石的很多做法，因為這些做法確實存在缺陷。我們從王莽與王安石改革中就可以看到，社會制度的一些死局難以打破，若不能破解這些死局，無論改革政策多麼超前都會無功而返。

平均地權與土地私有制的矛盾

在土地私有化的前提下做到土地和生產資料的平均，這是一條悖論，王莽用西周「井田制」來做範本試圖解決，實踐證明這是一條死胡同。王安石沒敢碰這個根本問題，他只想增加國家財政，農業社會的財稅根植於土地，他只要收稅就會與土地兼併過重產生矛盾，這是邁不過去的坎兒。

工商業改造的誤區

很多人總認為豪強大戶做大產業後就會壟斷該行業，貧富分化，形成過度的盤剝，所以政府要出面，一個是平抑物價，一個是重要經濟命脈由國家專營。殊不知，市場經濟本身就是一隻無形的手，只要限制囤積居奇，物價就不會亂漲，政府插手必然加上官府利益，只會越管越亂。國有本來是人類的一種理想，國家掌握主要經濟，形成的資本積累屬於大家，但官商合一的局面一旦出現，不僅壟斷會加劇，財富更是以幾何級數向官府和主管官員的口袋裡積聚。漢武帝時代的桑弘羊，大搞政府經濟，以國家名義聚財供以劉徹為代表的官僚集團揮霍，百姓窮困，造成人口銳減，一直作為與民爭利的惡政而為史家不齒。工商業是需要改造，但王莽和王安石並不知道應該往哪改。

金融設計沒有操作的現實基礎

王莽和王安石看到借貸資本的增值性可以促進經濟的發展，王安石甚至期冀：「不加稅而國用足。」但他們卻不知沒有相應的經濟基礎以及銀行這種機構，再好的想法也是枉然。他們以為政府是萬能的，官員可以替代銀行職員，結果是農民不僅沒有享受到國家金融支持的好處，反而給了官府貪財的機會。

再好的政策貫徹不下去也是枉然

這裡包括：誰來執行？執行的過程能否公正？誰來回饋執行情況？誰來監督執行的好壞？

> 行政有一要義，即所行之事，必須要達到目的，因此所引起的弊竇，必須減至極少。若弊竇在所不免，而目的仍不能達，就不免徒滋紛擾了。（呂思勉《中國政治史》）

王莽以皇帝之威，親自督率，然而各地實行起來全走了樣。王安石的決心極大，為此不惜犧牲反對變法的朋友而任用支持自己的小人；趙頊的支持力度也很堅定，面對滿朝文武的攻擊，他沒有干擾王安石的決策。但在實行過程中，給人民的好處徒有其名，騷擾與弊端卻被官員們越弄越大。龐大帝國找不到可以整齊劃一去設計的方案，皇權專制對上負責的定律更使改革無法與民眾貼近，王安石如果把他的改革放到一州裡，因地制宜制定政策可能會好一些，政治體制提供不了對改革全方位的支持。

王安石的改革遠不如王莽徹底，可以看出來王莽是想改造社會而王安石只是在修補。即使如此，王安石晚年心灰意冷，他堅決地辭去宰相職位，隱居南京觀望，此時他剛剛五十五歲，正是人生最應該做事的年齡。後世對他的評價也像王莽一樣眾說紛紜，清代以前的官方史學對他持否定看法，近代從梁啟超起開始肯定他變法的主張，有人甚至拿王安石的一些政策與現代社會相比較，這種比較只可一笑了之，因為一千年前的法令實施環境與今天的商品社會基本不具有可比性。我們不能以現代科技發展和民主社會的尺度來衡量中國古人的政治選擇，所謂「此一時也，彼一時也」。王安石的改革失敗了，對於北宋社會來講沒有一項新法產生效驗，除了朝廷內部新舊黨之間的相互鬥氣和傾軋。漢族建立的政治體制沒有辦法通過社會改革實現自我救贖，只能靜等周邊民族野蠻的力量蹂躪。

四、張居正最後的掙扎

王安石變法五百年後，明代政治家張居正進行了最後一次改革，力圖挽回江河日下的大明江山，結果可想而知。

張居正，字叔大，號太岳，湖北江陵人，嘉靖年間進士。少年時代就顯露出政治天賦，《明史》說他：

> 勇敢任事，豪傑自許。然沉深有城府，莫能測也。

政治家所需要的品格在他身上都具備。張居正的改革內容非常簡單，帝國早已病入膏肓，別說動手術了，就是吃點兒藥都很可能造成帝國的滅亡。所以確切地講，張居正只是整頓了一下吏治，更改了徵稅的方法而已。

其一是制定「考成法」，對官員進行督責。考成法的核心是：

尊主權，課吏職，信賞罰，一號令。

張居正讓六部給官員們建立帳本，每個官員都要制訂當年的計劃和任務，並規定辦事的期限，根據官員們承辦的情況進行獎罰和升降。張居正還強化了內部的監督系統，他讓都察院六科監督、考核六部，內閣控制六科，層層考核，不合格者立刻裁汰。政治的好壞取決於官吏們的所作所為，而在專制主義制度下，君主和中央政府對官員的約束程度就成了腐敗與廉潔的分水嶺。王朝初期的吏治好於末期，主要在於開國君主比較強勢，但人治可持續性不強，人亡自然政息。至於百姓因為沒有參與的權利，對此只能乾瞪眼，無能為力之餘發發牢騷，還有可能被誣以誹謗官府之罪。對於大明帝國來講，張居正在內部設計得再精妙，也是左手限制右手，起不到根本轉變的作用。

其二就是著名的「一條鞭法」。古代稅收主要就是兩部分：賦稅與徭役，張居正把各種名義的稅收統一成一個，徭役改成丁銀也併進去，總之，每家每戶只需交一筆銀子就行了，這就是所謂的「一條鞭」。這個名字很形象，自古官府的橫徵暴斂就像一條鞭子抽在貧苦農民的身上。商品經濟的發展使得稅役貨幣化，從此以後地銀和丁銀就成了政府徵稅的主體，官員如果需要民工勞動時就用銀子去雇工。為了配合「一條鞭法」，張居正像王安石一樣重新丈量土地。這項政策可好可壞，若實行得好，可以減少官府巧立名目的各種收費與攤派，對於納稅人也比較公平；若執行不好，在實物轉化為貨幣的過程中，老百姓再遭一次盤剝。張居正並非只顧為國家斂財，當財政狀況有所好轉後，他就上書皇帝減免以前拖欠的稅款，以適當減輕人民的負擔。

改革從張居正當政後的萬曆元年，即西元一五七三年開始，一直到他去世的萬曆十年（西元一五八二年），他一直在殫精竭慮地推動。他希望自己精心培養的學生朱翊鈞能夠將他嘔心瀝血的成果繼續實施下去，卻沒料到，正是這個學生，在他屍骨未寒之時就宣布了他的罪狀，使張家後代家破人亡。明代的政治黑暗而苟且，帝國本已無可救藥，張居正的力圖振作只是夕陽下那一抹亮麗的晚霞，「夕陽無限好，只是近黃昏。」張居正的身後與王安石一樣，他們效忠的王朝即將被女真人滅亡。

每一種選擇都體現著一個民族的性格。中國人演化出來的政治制度，是民族整體性格的反映，不僅僅是漢族，也包括和漢族融合在一起的少數民族。這是一個無法改動的體制，明明知道再往下走就是深淵，也不得不眼睜睜地看著王朝往下掉。

難道是因為這個政治體制設計得太好，改無可改？顯然不是。那麼是因為文明的早熟，而找不到任何可資借鑒的力量？抑或是中國人忍耐力太好，而不善於政治制度的設計？

從王莽開始的社會改造，到王安石的變法，再到張居正的改革，虎頭蛇尾不說，更顯示制度已經僵死。儒家復古的政治理想對現實政治，尤其是中央集權郡縣制的制度設計別說無能為力，連改進的方向都沒有。儒家學者們更關心禮儀的規範性，而漠視社會制度的合理性。道家對政治理論的貢獻也不多，主要是漢初的「無為而治」和主張文火慢燉的「治大國若烹小鮮」。這也不是什麼政治設計，而是一種統治術。法家注意到儒家理論在法制方面的缺陷，將道家權術的一面發揚光大，形成了為統治者出謀劃策的學說。

民眾被統治者與各派思想家漠視，是因為農業經濟下他們分散而很難形成力量。我們這個民族在政治制度上並非不思進取，主要是因為沒有迫切的需要。沒有極度的刺激一個人難以發揮超人的想像力，一個民族沒有滅頂之災的威脅絕對想不出更好的制度來，這不是先知先覺者的遲鈍，而是歷史發展的規律。歐洲工業文明的進展，更多來自他們自己殊死的爭鬥。孟子有段話很能說明問題：

人恆過，然後能改，困於心衡於慮而後作。……出則無敵國外患者，國恆亡。……然後知生於憂患，而死於安樂也。

意思是：沒有人天生正確，每個人都會不斷犯錯誤，犯了錯才知道要改正。心中困苦，思慮梗塞才會奮發，有所作為。對於國家來講，沒有敵國外患，自己的日子也長不了。就像中國，大一統後，失去了外部敵人的壓力，社會也就難以進步。任何事情的發生都來自憂患，安樂之中必然滅亡。

現代學者南懷瑾曾講，一流的人才領導變化，二流的人能很快適應變化，末流的人跟著變化走。這個世界無時無刻不在變化之中，運動是絕對的，而靜止則是相對的，毛澤東有句詩「坐地日行八萬里，巡天遙看一千河」，說的就是即使坐著一動不動，也要被地球帶著飛奔，想不變都不行。愚蠢的人害怕變化，生怕變化之中失去自己手裡那點兒權力和金錢，這是人類貪婪的本性決定的。王莽、元宏、李沖、王安石、張居正作為社會改革家理應受到歷史的尊重，無論他們犯有什麼樣的錯誤，改革精神是偉大的。沒有了改造自己的勇氣，人類也就變成了行屍走肉。

第4章

帝王功業
扭曲的價值觀

一、別仰視秦皇與漢武

兩千年前如果有人問嬴政與劉徹的生命重要還是普通百姓的生命重要，一定會被當成瘋子，然而今天我們知道每個人的生命都是珍貴的，也是平等的，我們需要從這個角度來審視歷史上曾經不可一世的人物。

嬴政對自己是超級滿意，連別人管他叫秦王都不滿足了，生硬地造了一個皇帝的稱呼，以表彰自己一統天下的功業。這還不夠，既然是天子，他就要把自己的功勞向上天彙報，他的所作所為要得到天地父母的嘉獎，這就是泰山封禪的來源。

泰山雖然海拔並不高，只有一千五百多公尺，但在中原範圍卻屬於高山，可以體現帝王功勳的雄偉和高大。西元前二一九年，嬴政在泰山舉行了祭祀的儀式，刻了一塊大石碑歌頌自己一番。所謂「封禪」，《史記・封禪書》有一段解釋：

> 此泰山上築土為壇以祭天，報天之功，故曰封。此泰山下小山上除地，報地之功，故曰禪。

向天報功叫作封，向地報功叫作禪。自嬴政以後這種無聊的活動一直延續了千年，為了自我吹噓而勞民傷財，成了皇權專制的一面鏡子。

我們從下列幾方面看看嬴政勞苦功高的另一面：

在嬴政滅六國的過程中一直伴隨著戰爭。早在商鞅變法中，非常重要的一條就是鼓勵老百姓立軍功，軍功爵一共分二十級，一級叫「公士」，二級叫「上造」……十九級叫「關內侯」，二十級叫「徹侯」。這些軍功爵對應著官位，取得軍功的唯一手段就是戰場殺敵，在戰爭中斬敵人一個首級就能升一級。嬴政滅六國，每次戰爭都涉及幾十萬到上百萬士兵，可以想像斬首的敵人和被斬首的秦軍有多少，為立功拿平民百姓的頭顱冒功也應不在少數。孟子講：

> 爭地以戰，殺人盈野，爭城以戰，殺人盈城。

這是史實而絕非誇張。死在統一路上的冤魂有幾百萬，這其中不乏婦女、兒童以及白髮蒼蒼的老人。孟子接著講：

> 此所謂率土地而食人肉，罪不容於死。

即使是奴隸，即使百姓的生命就是草芥不值錢，但任何一個人都是母親十月懷胎一把屎一把尿辛苦拉扯大的，他們就真的該死嗎？

為了讓自己生前和死後過得舒服，嬴政幾乎把全民財產挖空了。除了南北軍事擴張的近百萬軍隊外，他開始建造偉大工程，最有名的就是供他生前遊玩的阿房宮和死後休息的驪山。本來他是想長生不老的，還派徐福帶了無數的寶貝和童男童女前去尋找蓬萊，誰知一去不返。修驪山和阿房宮的民工大軍達到七十多萬人，北方修築長城以及戍邊的人員超過五十萬人，這期間被迫遷徙的還有近百萬人。保守估計，秦始皇時期服苦役和兵役的超過二百萬人口。而據統計，當時全國的人口加起來不過一千一百多萬人，種田的都成了孤兒寡母以及老人，他們還要供養一個龐大的帝國開支。

司馬遷在《史記·秦始皇本紀》中記載：

> 於是始皇以為咸陽人多，先王之宮殿小……先作前殿阿房，東西五百步，南北五十丈，上可以坐萬人，下可以建五丈旗。

嬴政嫌咸陽宮殿太小，於是建造阿房宮，沒來得及建完秦王朝就滅亡了。司馬遷描述了一下阿房宮前殿的規模，以當時的建築設計水準和木質結構，建造可以坐萬人的大禮堂，殿內還能豎起高五丈的旗子。這種建築輝煌得讓人頭暈，除了炫耀帝王的威嚴外沒任何實際用處。唐代詩人杜牧專門作了首賦來形容它：

> 五步一樓，十步一閣，廊腰縵回，簷牙高啄，各抱地勢，鉤心鬥角。……嗟夫，一人之心，千萬人之心也，秦愛紛奢，人亦念其家。奈何取之盡錙銖，用之如泥沙？

在運用詩人的想像力描述一番後，杜牧歎息，嬴政喜歡舒適，別人也同樣想過好日子，你愛奢侈，百姓也顧及自己的家。為何把人民的財產一分一毫都要搜刮上來，用起來卻像泥沙一樣不知愛惜？

驪山陵更是驚人地奢華，《史記‧秦始皇本紀》記載：

> 穿三泉，下銅而致槨，宮觀、百官、奇器珍怪徙臧滿之。令匠作機弩矢，有所穿近者輒射之。以水銀為百川江河大海，機相灌輸，上具天文，下具地理。以人魚膏為燭，度不滅者久之。

大意是：陵墓與地下河相通，用銅的棺槨下葬，宮殿和泥塑的百官，以及珠寶珍玩應有盡有，與地上沒有不同。還讓工匠做成地下機關，有擅自闖入者，就會箭弩穿心。用水銀做成地面江海的樣子，地宮裡天文地理全都具備。用人魚膏做蠟燭，能經久耐燒。這樣的建築在今天都是個奇蹟，而窮其華麗僅僅是為了一個死人，人民衣衫襤褸，忍飢挨餓，死在路邊無人下葬。孟姜女，僅僅希望夫妻能團圓都做不到，人民只有用淚水去哭塌這米漿灌注的長城。

秦始皇為了延續自己的家族統治，實行愚民政策，不惜毀滅整個民族的文化。

在《史記‧秦始皇本紀》中，李斯說過一段非常陰毒的話：

> 以前，諸侯之間出於競爭的需要，用厚禮招收遊學的人士，今天下已成一家，法律都一樣，百姓只需要做工和務農，學者們只需要懂得法令和規定就行了。如果讓學生們不學現在而學習古人的知識，這些人就會批評現有的政策，讓百姓迷惑。……自由的知識得以傳授，

卻不教現有法令，一旦政府有命令下達，（學者）就會各自用所學的理論評議它，到了朝廷上他口服心不服，出去在大街上議論。誇君主是為了名，標新立異是為了顯示自己比政府更高明，老師帶著學生們誹謗政府。如此不禁止，君主的威勢就會降低，下面也會結成黨羽。……不是秦國記載的歷史要全部燒掉，不是官府指定的博士官，誰也不准私藏《詩》、《書》、百家之書，都要交到官府焚毀。有敢隨便說《詩》、《書》內容的問斬，舉古代例子批評現在政治的要滅族，官吏見到不管的與當事者同罪，法令下達三十日還不燒書的，臉上刻字發配邊疆。可以留著的是醫藥、算命和農業方面的書籍，誰想學習法令，就以官吏為老師。

李斯為秦始皇制定的政策成為中國文化的分水嶺，從嬴政一直到中國最後一位皇帝溥儀的兩千餘年帝制中，學術創造力再也沒有達到春秋戰國時期諸子百家的水準。

劉徹在歷史上褒貶不一，班固說他雄才大略，才華固然是有，但他做事的風格更像個感情用事的人，隨興所至，談不上深謀遠慮。司馬光說他：

> 窮奢極欲，繁刑重斂，內侈宮室，外事四夷。信惑神怪，巡遊無度。使百姓疲敝起為盜賊，其所以異於秦始皇者無幾矣。

漢武帝有才華和貢獻，但殘暴和窮奢極欲無異於秦始皇，這是符合史實的。

我們看看劉徹的所謂雄才大略：

劉徹對匈奴用兵四十四年，可謂前無古人後無來者，加之對邊疆的征服，戰爭沒完沒了。長城作為遊牧民族與農業定居民族的分界線，從來沒有隔開過他們之間的爭鬥。遊牧民族往往逐水草而居，住帳篷，他們的生活主要依靠於放牧牛羊等家畜。沿著長城有很多集市，漢民族與遊牧民族可以互通有無，交換產品，這種和諧的局面在普通百姓之間是常見到的。

戰爭來源於貪婪，北方少數民族貴族們覬覦漢族的財富，往往越過長城，向漢族的城池發動突然襲擊。尤其是北方自然災害嚴重影響畜牧生產的時候，這種劫掠就會變得十分頻繁。漢族的反擊很困難，因為敵人的進攻大多非常突然，目的是搶劫貨物和財寶，打了就跑，等派兵過去時，對方已經返回草原了。而且敵人採用的是游擊戰術，草原上帳篷隨畜遷徙，漢族軍隊找不到進攻的方向。即使打贏一仗，也不過占領幾座帳篷，不僅很難征服對方，更沒法在草原上建立郡縣等管理機構。這是一個難解的死結，從戰國時期就已經開始，一直糾纏了中國兩千多年。

按司馬遷的說法，匈奴是夏朝的遺民，是在融合北方其他少數民族後形成的。

《史記·匈奴列傳》中說：

> 匈奴，其先夏后氏之苗裔，曰淳維。唐虞以上有山戎、獫狁、葷粥，居於北蠻，隨草畜牧而轉移。

傳說當年商湯推翻夏朝後，將夏桀流放到草原上，三年後死去，他的兒子獯鬻成了匈奴民族的始祖。近代學者王國維的考證比較靠譜，他在《鬼方昆夷獫狁考》中認為，商朝時的鬼方、昆夷、獯鬻，周朝時的獫狁和春秋時的戎狄，以及戰國時的胡人，都是匈奴的祖先，只是稱謂不同而已。

匈奴最強盛的時代是冒頓單于在位的時期，冒頓殺父自立後，連續打敗了東胡和月氏兩國，還征服了西域二十幾個國家，南下河套與山西地區，這無疑將和漢政權發生衝突。

西元前二〇一年，冒頓的四十萬大軍將劉邦圍困在山西大同附近的白登山上，這是漢匈之間最大的一次戰爭。劉邦用計解圍後採取了「和親」的政策，嫁給冒頓一個冒牌的公主，每年送些吃喝用具，總算把邊境安定下來。匈奴也只是想撈些好處，其實並不想消滅中原政權，冒頓的妻子跟他說：

> 今得漢地，而單于終非能居之也。

匈奴與漢朝都是一樣，即使占領了對方的地域，也沒法建立自己的統治，所以之後能在大體上相安無事幾十年。

漢初的和親政策雖有被迫成分，但不能說是屈辱的，這裡面還含有漢族人的小聰明：改造匈奴王室的血統，基因漢化後自然就解決問題了。偏偏劉徹不信邪，他要主動出擊，跟匈奴人戰鬥，於是費盡全國財力建立的軍事機器，向著匈奴人漂泊不定的帳篷進攻。

縱觀漢武時期的漢匈戰爭，取得的成果是滑稽的，漢軍的戰報除了斬首數百人或數千人外，就是俘虜男女老少若干、牲口幾百萬頭等。其實，只需繼續維持和親政策，另外派出幾員上將固守邊境，採取積極防禦的姿態以逸待勞就行了，劉徹的意氣用事除了勞民傷財外，是得不償失的。

在平定閩越國後，他下令毀滅原有城池，將閩越人全部遷入漢人控制區域，十室九空，數十萬人流離失所。這僅僅是一個例子。

劉徹不僅大興土木窮奢極欲，對長生不老更是樂此不疲，還到處巡遊求仙。帶著一支龐大的隨從隊伍，今天去黃帝陵祭祀，明天去泰山封禪，以顯擺自己窮兵黷武的功勞。這支隊伍比蝗蟲還可怕，所到之處老百姓的家產被搶掠一空。為一訪仙人，劉徹帶著文武百官拉長了脖頸，在蓬萊海邊翹首仰望個沒完。他不斷擴大長安的未央宮，還嫌不夠，又在未央宮西面長安城外的上林苑修建了「建章宮」，這個建章宮與阿房宮幾乎一樣華麗。《史記・孝武帝本紀》記載：

> 於是作建章宮，度為千門萬戶。前殿度高未央，其東則鳳闕，高二十餘丈；其西則唐中，數十里虎圈；其北治大池，漸台高二十餘丈，名曰泰液池，中有蓬萊、方丈、瀛洲、壺梁，象海中神山龜魚之屬。

大意是：建章宮有上千個門上萬間房，前殿比未央宮還高，東面建「鳳闕」，高二十多丈；西面叫「唐中」，圍著幾十里方圓的虎園；北面挖了個大池塘，湖中的漸台高二十多丈，取名「泰液池」，還修了蓬萊、方丈、瀛洲、壺梁四座島嶼，模仿海中的仙山，用石頭刻上龜魚之類的樣子。

在陝西淳化縣北甘泉山附近，他在嬴政「林光宮」的基礎上又修了「甘泉宮」，作為他夏季避暑的宮殿。唐代的《括地志》中還有對它的描述：

宮周十九里，宮殿樓觀略與建章相比，百官皆有邸舍。

富麗堂皇不亞於建章宮。有個叫公孫卿的方士告訴他「仙人好樓居」，於是他在建章宮造了一個高五十多丈的神明台和井幹樓，樓台之間還能通車。甘泉宮建的通天台可以一眼望見三百里外的長安。他為了求仙祭祀到處亂建的宮闕樓台更是不勝枚舉。

劉徹的茂陵號稱「中國的金字塔」，是漢代皇陵中最奢華的。為此，他把全國的名門大戶遷居於此，陵墓周圍人口迅速達到三十多萬，為了陪一個死人，全國人民不得安生。

戰爭、修陵、蓋宮殿，沒有不花錢的事，他物色了一個極會搜刮民脂民膏的財政部長桑弘羊，開始了與民爭利的國有政策，主要有下面一些名目。

算緡和告緡

算緡就是對商人、手工業者以及車船主所徵的財產稅，凡是工商業者需向政府申報財產，並交出百分之十給政府，車船主也根據車船大小、用途按一定比例交錢。告緡就是鼓勵告發不實申報者，告發者可得被告一半財產，而被告發者除財產全部沒收外還要發配邊疆。算緡已經是明搶了，而告緡更是殺人滅口。結果稍有資產的工商業者全部被告發破產，政府國庫充盈的同時，人民慘不忍睹。

鹽鐵官營和把鑄幣權收歸國有

壟斷經營使得老百姓不得不高價購買政府生產的產品，官吏更是借此敲詐和斂財。鑄幣權收歸國有更多的是讓政府在發行貨幣中多了一道盤剝而已。這還不夠，桑弘羊看賣酒賺錢，就制定了酒類由政府專賣。他還把沒收的土地租給農民耕種，農民向政府交地租，官府成了一家斂財的巨型公司。

人民交出一部分自由和收入給國家用來保護自己的財產和生命，然而在天朝體制下的皇權社會中，只有皇帝和圍繞在他身邊的官僚集團的利益受到重視，國家的概念是顛倒黑白的。此時大部分民眾破產的破產，戍邊的戍邊，服役的服役，守陵的守陵，遷徙的遷徙，朝廷已成大盜，百姓已無路可走。

漢武帝初年，經過六七十年的休養生息，人口已經達到五千萬人左右，經過他的折騰，人口下降一半，也就是說非正常死亡的人數超過兩千萬，這還不包括正常條件下人口的自然增長。早在漢宣帝時期，夏侯勝就直言不諱地指出劉徹對民眾的傷害：

……多殺士民，竭民財力，奢泰無度，天下虛耗，百姓流離，物故者半。

劉徹迷信鬼神不僅危害民眾，更是讓自己也家破人亡。巫蠱，顧名思義，巫是巫師做的法術，蠱是一種毒蟲，可以毒害別人，也可以解釋成蠱惑。總之，這是一種古老的詛咒術，希望誰早死或倒楣，就用桐木做這個人的人形模具，寫上他的名字和生辰八字，埋在被詛咒者的住處或旁邊，讓巫師念咒作法，古人認為這會起作用。

由於劉徹迷信，於是互相告發巫蠱之術就成為政治鬥爭和後宮爭寵的手段之一。第一次巫蠱之禍，皇后陳阿嬌被廢，牽連而死三百餘人。第二次巫蠱之禍綿延數年，牽連而死的人包括皇后衛子夫、太子劉據、劉徹的女兒諸邑公主和陽石公主以及三位皇孫；殺死兩位宰相公孫賀和劉屈氂，劉屈氂是劉徹的姪子；還有很多重要公卿大臣等。被誣陷的先被處死，後來劉徹回過味兒來，誣陷者和當初執行他追捕命令的人也全部處死，一個一個的家族被滅，死亡達數萬人。自己老婆和兒孫的慘死終於傷了他的心，老淚縱橫之餘，他下了〈輪台罪己詔〉反省自己給人民帶來的危害，然而一切都為時已晚。

二、天驕成吉思汗背後的血腥

成吉思汗的名字叫孛兒只斤・鐵木真，是聞名世界的大征服者，建立了人類有史以來最龐大的帝國，軍事上的功業至今尚無人能及。

蒙古民族起源於東胡，屬於鮮卑人的一支，與契丹人同源，以興安嶺為界，生活在南部的是契丹人，生活在北部現在呼倫貝爾地區的叫室韋人，室韋人就是蒙古人的祖先。蒙古高原自匈奴人西遷後，不斷被柔然、鮮卑、突厥、回紇等民族占領，在西元十二世紀的時候，蒙古高原上分布著突厥語系和蒙古語系的部落聯盟。隨著成吉思汗的橫空出世，他所屬的蒙古部落逐漸強大起來，統一其他部落後，就把這個統一後的民族命名為蒙古。

《蒙古秘史》中記載，蒼狼和白鹿奉上天之命到人間交配，生了一個兒子，叫巴塔赤罕，這個人就是鐵木真的始祖。這說明蒙古人當時的部落圖騰是狼和鹿，這也是草原上最常見的動物。當鐵木真來到人間的時候，草原上處於原始社會的末期，部落之間和氏族之間仇殺成風，劫掠財產、搶奪婦女、相互盜竊、父子兄弟相殘，幾乎無惡不作，也沒有任何道德與法律的約束。鐵木真的父親也速該是被塔塔兒部落的人毒死的。父親死後，他和母親、弟弟們全家都被逐出氏族，成了草原曠野裡的孤兒寡母。

鐵木真第一個殺死的人是敢於頂撞自己的親弟弟，甚至在弟弟求饒的時候都沒有放過他，這一年鐵木真只有十一歲。如同禽獸一樣的生存環境使得蒙古人的戰爭方式十分殘忍和野蠻，而鐵木真的童年經歷更使他習慣了血腥殺戮和強盜生涯。當丘處機不遠萬里奉詔拜謁他時，勸阻他不要濫殺無辜，一定要敬天愛民，他才恍然大悟，命左右記下來，告誡他的兒子們。此時是西元一二二〇年，已到鐵木真的晚年。蒙古人打遍天下無敵手的戰爭可以形容為：殺人、放火、搶劫、征服，其中以西征花剌子模和南征西夏最為慘烈。

花剌子模帝國是個位於中亞的文明古國，在阿姆河下游，裡海和鹹海南岸，歷史上一度很輝煌。這個國家的建立者是一個信奉伊斯蘭教的突厥家族，十二世紀末至十三世紀初達到鼎盛，國土面積包括現在的烏茲別克斯坦、土庫曼斯坦、哈薩克斯坦、吉爾吉斯斯坦、塔吉克斯坦、伊朗、伊拉克東部、阿富汗等廣袤地域。首都烏爾堅奇，舊譯玉龍傑赤，是中亞的工商業中心，經濟繁榮，人口達到百萬以上。當時的國王叫阿拉・阿德丁・摩訶末，他在位時主要待在撒馬爾罕，玉龍傑赤住著他母親和他一部分妻兒。他的手下因貪財殺死了蒙古通商使團，而他又傲慢地拒絕了鐵木真的要求，這兩點成為這場滅國之災的導火索。

西元一二一九年六月，鐵木真放下對金國和西夏的攻勢，從克魯倫河畔出發向阿爾泰山南麓的烏倫古河和額爾濟斯河發源地集結，開始進軍中亞。這是一條漫長而艱辛的道路，蒙古軍總兵力在十到十五萬人之間，還包括一些歸順的藩屬軍隊，對外號稱六十萬，秋天起向花剌子模發起了進攻。

西元一二二〇年二月，蒙古軍隊攻克不花剌城。不花剌城位於今天烏茲別克斯坦布哈拉一帶，這是一個以地毯手工業聞名的古城。雖然守城兵士大批逃跑，但仍然被全部追殺，被守城軍隊拋棄的百姓即使獻城也被屠殺。蒙古軍隊洗劫完畢，又放了一把大火，不花剌城在地圖上徹底消失。

西元一二二〇年十月，蒙古軍隊抵達了花剌子模王國的中心城市撒馬爾罕，撒馬爾罕城位於烏茲別克斯坦澤拉夫河南，是東西方文化交流中心之一，這個城市的能工巧匠在整個東方都是很出名的。除守城軍隊被斬盡殺絕外，為了搶劫蒙古等隊把投降的居民全部驅逐出城，很快就對平民展開了一場屠殺，只留了三萬工匠賞給鐵木真的兒子、妻妾和高級將領，三萬名壯丁做隨軍苦役。撒馬爾罕約百萬人口，經此浩劫所剩市民只有五萬人左右了，他們在交納了贖金後終於被釋放回城。

花剌子模的首都是玉龍傑赤，在今天土庫曼斯坦烏爾根奇，攻占這個城市讓蒙古人費了很大的勁兒。西元一二二一年四月，占領玉龍傑赤後，鐵木真的兒子朮赤下令將百姓驅逐出城，市民中的婦女、兒童淪為奴隸，近十萬工匠押解回蒙古服役，其餘的男性被分列於蒙古軍隊之間，全部死於刀箭。這還嫌不夠，蒙古軍隊又掘開阿姆河堤，把玉龍傑赤淹沒在一片汪洋之中。玉龍傑赤死在戰亂中的人口應在百萬以上。

西元一二二一年初，鐵木真帶兵進抵巴里黑城（今天的阿富汗巴爾赫省），居民本已開城投降，但蒙古人因為害怕後方留有異族人口較多的城市對其日後統治不利，而假借調查之名殺盡市民。很多城市僅是因為鐵木真的孫子或女婿戰死在那裡，於是該城居民便不分男女老幼全被虐殺，整個城市化成灰燼，甚至連家畜都不能倖免。鐵木真的命令是「不赦一人，不取一物，概夷滅之」。

蒙古人的戰爭模式是十分殘忍的，他們在攻城前，強迫當地的老百姓衝在前面，往回退就殺掉，這就使得守軍進退兩難。攻下城池後，基本上是屠城政策，平民與軍人一樣無人倖免，婦女、兒童和工匠俘虜為奴隸，這些奴隸不僅沒有人格，生命也完全操縱在主人手裡。蒙古人數次西征，凡有抵抗即屠城，共屠數百城，像巴格達這樣數十萬人口的城市被夷為平地更是家常便飯。

在經歷蒙古戰爭後的整個中亞是一片廢墟，歐洲也受到巨創。

西元一二二三年，蒙古遠征軍在哲別和速不台率領下，在迦勒迦河大戰中一次屠殺俄羅斯王公以及聯軍十二萬。如果說攻占花剌子模王國是在中國境外的屠殺，那麼消滅西夏的戰爭，就是在中國境內的種族滅絕了。

西夏又稱大夏國，是党項人建立的國家，位於寧夏、甘肅、內蒙古、新疆、青海和陝西境內，都城是興慶府，今天寧夏銀川市。開國皇帝李元昊的爺爺李繼遷是鮮卑拓跋氏之後，因有功於唐王朝而被賜李姓，李元昊繼承了他爺爺和父親的封地以及他們能征善戰的特點，趁宋朝孱弱自立為帝，在與宋軍與遼軍的戰爭中均取得了勝利，從而擺脫了宋、遼兩個王朝的羈絆。

党項人也是游牧民族，屬於羌族的一支，自古強悍能打仗，這也是李元昊僅僅憑著中國西北一小片貧瘠的土地居然就敢稱帝的原因之一。鐵木真一出草原就碰上了這根硬骨頭，也走到了人生終點。與西夏的戰爭前後進行了六次，長達二十二年，直到鐵木真病死之時才將西夏徹底平定。在最後一次征服西夏的戰役中，鐵木真誆騙夏代最後一位國王李睍投降，此時他已是病入膏肓，臨死前囑咐手下，秘不發喪，待受降之時殺盡西夏君民。

據說，在蒙古興慶府屠殺民眾幾十萬人，加上歷次的殺戮，党項人竟然全民族滅亡。西夏沒有留下關於人口的確切記載，夏崇宗年間總數大約三百萬，太少了不足以與宋、金抗衡。我們看看金的人口：北方金朝受到蒙古人的戰爭破壞更劇烈，金章宗泰和七年（西元一二〇七年）人口是五千三百六十萬人；到元太宗窩闊台六年（西元一二三四年），北方人口只剩一千零五十萬了。再看看南宋的人口：宋寧宗嘉定十六年（西元一二二三年）人口是七千六百八十萬，到元朝占領前的宋理宗景定五年（西元一二六四年）人口不足三千五百萬。四川是蒙古軍隊屠殺最劇烈的地方，僅僅成都就積屍一百四十餘萬；四川的戶口從西元一二二三年的二百五十九萬戶，下降到了一二九〇年的二十萬戶左右，人口下降超過百分之九十以上。跟千百萬個冤魂相比，一個人的所謂赫赫威名就如同糞土一樣令人不齒，熠熠星空下，歷史的良心要為無辜百姓的慘死祈禱。

人口的大量消亡只是文明破壞的一部分，蒙古軍隊不僅將城市夷為平地，還拆掉水利設施，摧毀文化建築以及工商業設施，手工業者全部淪為奴隸帶走，把生氣勃勃的綠洲變成了死亡之地——沙漠。連一向讚美鐵木真的法國歷史學家勒內·格魯塞（René Grousset, 1885-1952）在他寫的那本關於成吉思汗的傳記中也不禁慨歎：

> 這是人類歷史上最令人痛心的悲劇場面之一。

從鮮卑、突厥的開國者到建立遼國的耶律阿保機和建立金國的完顏阿骨打，以及後金的創立者努爾哈赤等無一不是鐵木真的縮小版。

遼、金、元、清以及南北朝時期的五胡亂華，每一次政權更迭都造成百分之八十以上的人口減少，草原帝國的文明程度又遠落後於中原地區，因此政權更迭不僅不能帶來文明的進步，反而是對先進文化的摧毀。這樣的悲劇在唐以後愈演愈烈，中華民族在宋朝時達到了科技和文化的高峰，曇花一現後，華夏文明在少數民族入侵的一次次打擊下，進入了一條千年難醒的噩夢，直到歐洲人出現在眼前。元代作家張養浩寫了一首散曲〈山坡羊．潼關懷古〉，道出了戰爭和政權更替對人民造成的傷害：

峰巒如聚，波濤如怒，山河表裡潼關路。望西都，意躊躇，傷心秦漢經行處，宮闕萬間都做了土。興，百姓苦；亡，百姓苦。

三、楊廣大頭症患得不輕

柏楊在評價楊廣時，用了「大頭症」這個比喻，這是個民間俗語，意思是一個極端自私的人所發作的膚淺和強烈的炫耀狂。其實這個解釋還不足以概括楊廣，大頭症還有精神恍惚、人格分裂、虐待狂以及瘋狂而不可理喻等諸多意思。楊廣一生的所作所為常常達到極端，讓歷史學家難以按正常邏輯評述。以他老爹的死為人生分界線，他前後判若兩人。楊堅死之前，楊廣禮賢下士、好學不倦、節儉樸實的為人處世感動了很多人，幾乎成為貴族子弟中的完人，賢名直追篡位前的王莽，經常把他老爸老媽感動得以為他們生了半個麒麟兒出來。可當他父母去世後，楊廣剛愎自用、聲色犬馬、奢侈無度、好大喜功，達到了整個國家無法承受的地步。

這種分裂的人格說明了無限權力對人性的戕害，要麼當奴才壓抑自己，要麼掌權後為所欲為。楊廣是個有才華的人，不僅詩詞歌賦寫得好，他帶兵南下滅陳、平定江南的叛亂，以及用兵西北都取得了勝利，在戰爭指揮上還是有一定能力的。因此他的暴虐帶有一定的隱蔽性，外表一副凜然正義的面孔，實際上與石虎、朱溫這種粗俗暴君的本質是一樣的，他這種人有演戲的天賦，欺騙性很強，對百姓的傷害更大。

楊廣希望人們稱頌他的「功業」主要有五件。

統一中國

終其一生，楊廣參加並決策過的戰爭一共有六次，第一次是奉父命進攻南朝的陳國，這是一場統一戰爭，是維護隋王朝所必須的。當時他只有二十歲，完全按照楊堅的命令行事。這場仗並不是他的決策，具體執行者有韓擒虎、賀若弼、宇文述、楊素等將領，在皇帝老爹的注目之下，他的表現中規中矩。諸如軍紀嚴明、不動陳朝的府庫財物，處事皆有分寸。之後因為江南叛亂不斷，他被派駐揚州十年，也能安撫民心。可以看到只要權力在制約下，楊廣是可以很好地完成任務的，他的能力也才能得到發揮。

西北開疆擴土

楊廣當了皇帝以後西征吐谷渾。吐谷渾本是遼東鮮卑族慕容氏的一支，西晉末年首領吐谷渾率領本部落西遷到枹罕（今甘肅臨夏）一帶。東晉十六國時期，經過擴張逐漸吞併了青海、甘肅南部、四川西北的羌人和氐人的部落，並在這一帶建立起國家，以最早首領的名字命名。楊廣於大業五年（西元六〇九年），出動大軍幾十萬西征青海，吐谷渾全民族加起來也不過十幾萬人，很快隋軍便擒殺三千多人，俘虜男女四千餘人，經過幾次攻擊，吐谷渾不得不投降了。

楊廣下令設立西海、河源、鄯善、且末四個郡縣，這裡屬於游牧民族地廣人稀的地方，不僅不適合建立郡縣，且中原的統治鞭長莫及，很難用流動的文官來管理這些剽悍的部族人。史實也證明了這點，隋末天下大亂之後，吐谷渾很快就復了國，唐代繼續延續楊堅和親的政策，恩威並用保持邊界穩定。

征服吐谷渾後，楊廣選擇了翻越祁連山進軍河西走廊的張掖，這是條海拔三千多公尺的大漠山路。楊廣喜歡炫耀，所以百官、後宮妃嬪全都跟隨，這下好了，幾十萬大軍沒戰死幾人，卻凍死了一大半，百官幾乎全部失散，可以想像這麼老遠，路途如此艱辛，維持後勤的費用就是一個無法估量的天文數字。楊廣到達張掖後，西域各國的國王和使臣因為害怕，紛紛前來朝見，滿足他的自大狂症狀，他為了顯擺自己的功勞，居然辦了一個奢華的古代博覽會。

三次東征高句麗

楊廣像嬴政和劉徹一樣是個好動的人，西元六〇七年，他剛當上皇帝沒多久，就帶著文武百官和五十萬人馬，浩浩蕩蕩到北方召見東突厥的可汗啟民。古語講，兵馬未動糧草先行。五十萬人馬僅是調動一下花的錢就不是一個小數，而此時並沒有戰爭等緊急情況，這僅僅是為了一個人莫名其妙的虛榮心。啟民可汗是他父親楊堅有意培養的親隋力量，這次隆重的招待讓楊廣的自尊心得到很大滿足，無意間他看見了站在旁邊的高句麗使節，楊廣大概還不過癮，吩咐這個使節讓高句麗王四年後到涿郡（今北京）來朝見。然而，當楊廣真的前往涿郡後，高句麗王高元卻並沒有應召而來，把自己面子看得比什麼都重要的楊廣大為光火，下令討伐高句麗，這場關係到無數人生命的戰爭起因竟然如此荒唐。

專制社會中，人民的生命財產遠沒有君王的面子重要。西元六一二年，在涿郡集中了全國一百一十三萬兵力後，楊廣御駕親征，他為了把功勞都攬到自己身上，居然命令手下將領們一切決定必須由他做出，這明顯是違背「將在外，君命有所不受」的準則。在楊廣的羈絆下，戰爭的起因荒唐，戰爭的場面更加荒唐。

前線將領攻打遼東（今遼寧遼陽），高句麗守軍三次舉白旗投降，因為將領們不敢做主，只好緊急請示，最高指示回來後，守軍又把缺口堵上，繼續頑抗，一座孤城就這樣久攻不下。當另一支軍隊進軍失敗後，隋軍只好被迫撤退，一下就損失了三十萬人。

第一次東征因為軍令倉促，為了準備這場戰爭，工匠晝夜加工，死亡過半；運糧農夫被官府催逼，成千上萬的人倒斃途中，屍體橫在路邊無人收葬。此時的百姓，已經到了起義的邊緣。第二年，楊廣繼續東征，這時候大隋朝的後院開始起火，隋朝重臣楊素的兒子楊玄感督運軍糧之時在黎陽發動兵變，迫使楊廣回軍平叛。第三年，楊廣又要第三次東征，這時翟讓率兵攻克了鄭州、商丘一帶的郡縣，瓦崗寨農民起義已經如火如荼，但楊廣一意孤行。高句麗國王想用求和避免戰爭，但因為害怕而仍然不肯朝見，不依不饒的楊廣準備第四次東征。

如此不顧及國家安危，為了面子不見棺材不落淚，非要自己跟自己過不去，這種獨裁者的行為有時候真讓普通人難以理解。其實，權力同樣是把雙刃劍，能成人也能害人，當權力擁有者不知慎用，運用到極致時，大家只能三緘其口，專制制度有時候也會把專制者變成傻子。

但這次楊廣已經沒有機會了，他從山西避暑後去涿郡的路上，遇上了始畢可汗十幾萬突厥大軍發動的突然襲擊。這位新可汗就是當年對他畢恭畢敬的啟民可汗的兒子，楊廣被團團包圍在雁門郡（今山西代縣）。此時我們可以看到作為最高統治者內心的脆弱，他整天抱著幼子哭泣，直到將領們提醒他要激勵軍心和利用嫁給啟民可汗的隋朝公主。高高在上的人往往色厲內荏，他們喜歡被人仰視，於是就被很多尋找利益的人吹捧，是一群抬轎子的人把他們架在半空。如果真的把這些人放在矛盾的風口浪尖上，他們醜態百出比任何人都厲害，因為他們並沒有普通人遇到問題時的淡然心態。更為可笑的是，楊廣剛脫險，就對重賞將士的承諾全都不認帳了，還貶斥出謀劃策的大臣，其所作所為就是個白眼狼。

修建東都洛陽和大運河

楊廣為了自己的享樂重建了一座都城，開挖了一條貫通南北的河流，為修洛陽徵調民夫二百餘萬人，又為開渠強徵民夫一百餘萬人。嬴政修阿房宮和驪山陵墓的人加起來不過七十萬，修築長城和戍邊的人五十萬，楊廣動輒就上百萬，這還不包括他的用兵。《資治通鑒》記載：

發大江以南五嶺以北奇材異石，輸之洛陽，又求海內嘉木異草、珍禽奇獸，以實園苑。

新城耗費了無數人力物力，僅用一年就建成了。有些人據此以為專制制度可以帶來某種效率，這就像用一百個人做一個人的事，當然快了。然而，勞動者為統治者個人服務可以不計成本，統治者卻不顧百姓生命財產，這不是效率而是野蠻。

楊廣開挖大運河的初衷絕不是為民興修水利，雖然日後這條人工河流起到了水路運輸動脈的功能，但他是為了「煙花三月下揚州」的方便。大運河的修建分兩段，從江南到洛陽這段是為了楊廣出遊江都，而從今天的河南到北京這一段，是為了討伐高句麗的軍事需要。沿著運河他建了四十多座皇宮，宮殿、龍舟豪華得就像天界，伺候他的美女超過十五萬人，皇帝的生活與他的事業一樣變成了鬧劇。

楊廣出遊是件極為熱鬧的事，皇家使用的龍舟就有幾千艘，不用船槳，全部由縴夫來拉。驍果是禁衛軍，負責保衛皇上的安全，他們乘坐的軍艦也有幾千艘，也不許划槳，只能軍士自己拉縴。上萬艘船浩浩蕩蕩，首尾可以銜接一百多公里，兩岸騎兵護衛，旌旗招展、鑼鼓喧天，隨從人員都在幾十萬人。地方官為了自己的升遷，拚命討好這支蝗蟲大軍，飲食供應極盡精美，老百姓的死活是不放在這批官員眼裡的。楊廣每次出遊都會使國庫空虛，他當政僅僅十幾年，百姓不僅十室十空，連飯也吃不上了，鋌而走險已經是唯一的選擇，為了自私的目的而讓人民生活在水深火熱之中，這真是比直接食人還要狠毒啊！當全國有三分之二的城池已經落入叛亂者手裡的時候，他還在不停地幹著從洛陽下江都的無聊事，勸諫官員皆被斬首。

開科舉考試之先河

就像春秋戰國的思想與文化給了秦漢以巨大的滋養，於魏晉南北朝近四百年動盪中所孕育的新思想與新科技，使統一後的隋朝在制度建設方面產生了一系列的創新，這些措施很多都由唐朝及其以後的朝代所繼承。這是歷史發展的整體效應，而並非一個人的所謂功績。隋代科舉考試的創立對中國隋唐以後的官僚體制產生了巨大影響，這種制度的形成是因為士家大族在南北朝時期因為政治鬥爭而大量被滅門，很多家族逐漸沒落，楊堅統一中國後亦不必受這種家族勢力的左右，對各州郡推薦的人才可以通過考試選擇錄用。這是一個自然而然形成的過程，最早的考試只有志行修謹和清平幹濟兩科，對品德和才幹進行考核。

楊廣詩詞歌賦的水準確實不錯，於是他熱衷於文學的考試，專門設置進士科，實際上是炫耀他自己在這方面的特長。只是後來品德和才幹的標準不好出統一的考題去衡量，也沒法用一場定勝負的方式考核，科舉就逐漸演變成以文學見長的考試了，直至明清將考試範圍固定在狹隘而僵化的八股範文上。

楊廣的進士科考試是一次胡鬧的歪打正著，其對歷史的作用恐怕他連做夢也想不到。科舉制有利於為統治階級選拔人才，也給了貧窮但有能力的人以從政的希望，統治階級通過吸收新鮮血液來保證整個集團的活力。但科舉考試對中國古代科技與文化發展卻構成了嚴重打擊，文章寫作成了進身之階，當官成了一流人才的唯一目標，一切圍繞統治階級服務。自由的思想、獨特的科技創造都失去了發展的空間和社會環境，對待中國古代的科舉考試我們需要用一分為二的觀點來看待。

楊廣是所有帝王的放大版，他太想建立豐功偉業了，急功近利到還沒做事就想聽到讚歌，這大概是統治者的通病。他對自己的能力也極其看好，既想成為受萬民景仰的千古一帝，又想享盡世間所有的榮華富貴。欲望交織在一起，太多、太貪婪，這使我們想起一個詞「自私」，最高統治者事事從自己的利益出發，是不可能得到他想要的成就的。這也是儒家哲學首先講修身的主要原因之一，統治者沒有德行是很難治理好一個國家的，要別人讚美首先需犧牲自我。郭沫若說孔子的仁就是，「犧牲自己以為大眾服務的精神」。偏偏中國的統治者們喜歡耍小聰明，總想在厚黑學裡得大便宜，小聰明會讓人得到一些暫時的利益，但放在歷史長河中就顯得十分愚蠢了。楊廣使用民力的出發點是為了自己，他的「功業」是建立在犧牲絕大多數人利益的基礎上，於是就驗證了一句歷史名言「水能載舟，亦能覆舟」，人民既可以是養育你的河流，又可以是傾覆你的洪水。

四、名將與血色殘陽

秦昭襄王嬴則統治的時間很長，他死後僅僅四年，嬴政便登上了秦王的寶座，是嬴則成就了秦國軍事霸主的地位。他在晚年進行了一場規模空前的戰爭，在人類戰爭史上創造了難以磨滅的痕跡，這就是秦趙之間的「長平之戰」。西元前二六三年，秦昭襄王四十四年，秦將王齕奉命進攻趙國，攻陷了上黨地區，拉開了秦趙之間最慘烈的一段搏殺。上黨即今天的山西長治市一帶，原本屬於韓國的地盤，韓國弱小，在秦軍不斷打擊下朝野一片恐慌，欲獻上黨郡向秦國求和。但韓國的上黨太守馮亭不願把上黨交給秦國，於是自作主張將其管轄地送給趙國。

這是一石二鳥之計，既能把趙國拖下水，又能促其與韓國一同抗秦。趙國並非不知這是個燙手的山芋，但唾手可得的巨大利益又使得趙國難以縮手。趙國自武靈王趙雍「胡服騎射」的改革後，軍事實力得到增強，尤其是騎兵部隊在戰國七雄中名列前茅，因此，不是太怕秦國的虎狼之師。趙國國內文有藺相如，武有廉頗，還有禮賢下士的平原君趙勝，並不乏人，這也是它敢於虎口拔牙的自信心來源，趙王派去接收上黨郡的人就是趙勝。秦國被激怒了，幾十萬大軍氣勢洶洶而來，上黨守軍不敵，退守長平（今山西高平市）。趙國一開始派遣廉頗率領趙軍主力馳援長平，在秦軍銳利的進攻面前，廉頗選擇了依據河流等有利地形的堅壁戰術。

畢竟秦軍是勞師遠征，這樣的消耗戰時間長了誰也受不了。一耗三年，王齕一籌莫展，范雎的反間計有用了，趙軍臨陣換將，廉頗被趙奢的兒子趙括取代。趙括是中國歷史上著名的紙上談兵的將軍，知子莫若父，連趙括的父親素來都不看好趙括，這場戰爭的勝敗似乎已經可以預見了。有著豐富戰爭經驗的趙奢說他是：

兵，死地也，而括易言之。使趙不將括，即已；若將之，破趙軍者必括也。

這段話是說趙括把戰爭這種生死攸關的事看得太容易了，如果趙國不用趙括便罷了，若讓他當將軍，趙軍肯定失敗。然而，趙王正年輕，他當然喜歡誇誇其談的人。

趙括被任命為趙軍主帥成了這場戰役的轉捩點。當趙括走馬上任的時候，秦王悄悄派去了白起做主將，而王齕為副手。白起，陝西郿縣人，戰國四大名將之一，號稱「人屠」，可見他殺人如麻。面對趙括輕率的出擊，白起誘敵深入，伺機將趙軍包圍，切斷了退路。困境中的趙括在突圍中被射殺，趙軍失去了主將，全軍投降。戰爭中最殘忍的一面開始了，面對如此眾多的俘虜，白起與將領們商量：

前秦已拔上黨，上黨民不樂為秦而歸趙。趙卒反覆，非盡殺之，恐為亂。

這是《史記．白起王翦列傳》的記載，白起的秦軍知道民心更向著趙國，害怕俘虜反水，用欺騙的辦法把趙國降卒全部活埋，致使趙國家家出殯、戶戶發喪。在這場戰役中，趙國被殺四十五萬青壯年男子，只有二百四十人看著實在太年幼，才放回趙國報信。不僅僅是趙國，秦軍總共將近六十萬人，戰役過後死亡過半，也就是說秦國也至少有三十萬人命喪黃泉。這還沒有完，長平之戰後第二年，秦軍繼續進攻趙國首都邯鄲，趙國面對亡國的危機，拚死抵抗，邯鄲城下的搏殺死傷同樣慘重。這一場大戰秦趙兩國死亡人數接近百萬，而且大多是最好的壯勞力，按當時的人口數量計算，幾乎沒有不失去兒子的母親，可以想像人民有多痛苦。

翻開白起將軍的履歷，僅他一個軍事將領殺的人就超過百萬。西元前二九三年，白起出兵攻打韓國，在洛陽龍門這個地方打敗韓魏的聯軍，斬獲首級二十四萬。西元前二七三年，在河南新鄭打敗趙魏聯軍，斬首十三萬，緊接著又和趙將賈偃交戰，淹死趙軍兩萬多人。西元前二六四年，攻打韓國的陘城，攻下了五座城池，斬首五萬。上述只包括了他征戰的一部分。在他被范雎算計，秦王賜他寶劍自盡的時候，一開始他不服：

「我何罪於天而至此哉？」良久，曰，「我固當死。長平之戰，趙卒降者數十萬人，我詐而盡坑之，是足以死。」

這個殺人不眨眼的將軍臨死前終於反省了。

最後決定秦王朝命運的就是「鉅鹿之戰」了，這是一場以少勝多的經典戰役，死傷累累之中也成就了項羽西楚霸王的威名。

王離的爺爺是赫赫有名的王翦，父親王賁也是著名戰將，他們為秦始皇嬴政統一天下立下了汗馬功勞。除韓國外，其餘五國全是王家父子倆滅的，這是一個軍事世家。王離曾跟隨蒙恬北築長城，與北方匈奴作戰，然後又組織民眾戍邊。

秦統一後，威震六國的秦軍主力分成兩部分，北邊就是對付匈奴的三十萬蒙恬部隊，南方五十萬秦軍攻打征服現今廣東、廣西等地的嶺南。南方軍的統帥是屠睢，副將是趙佗，屠睢因為濫殺無辜而被當地人殺死，嬴政又任命任囂為主將。在秦末大亂中，這支部隊因為路途遙遠而沒有回京勤王，趙佗借機自立為王，建立南越國。

蒙恬被秦二世胡亥陷害致死後，北方部隊的指揮權遂落入王離之手。當匆忙組建的章邯軍隊對起義軍不斷取得勝利時，王離也接到南下命令，向河北進軍鎮壓重新叛亂的關東六國。在趙國都城邯鄲東北部鉅鹿（今河北省平鄉縣），王離將趙王歇的部隊團團包圍，從此拉開了鉅鹿之戰的序幕。

章邯，字少榮，任秦國九卿之一的少府。本來是一個文官，主管稅收和皇室的供應，恐怕章邯自己都沒想到，他這一生最大的成就居然是在軍事上。胡亥不喜歡聽不好聽的話，以至於秦王朝遍地烽煙，無人敢報告也無人敢過問。當陳勝的周文部如入無人之境逼近首都咸陽之時，胡亥才像大夢初醒一樣問手下該怎麼辦。章邯出了個主意，這時候調兵為時已晚，不如赦免修驪山陵墓的刑徒和奴隸，臨時組成一支軍隊迎擊農民軍。從此章邯改行成了將軍。

這本來是一支沒有任何訓練的烏合之眾，好在農民軍同樣沒有軍事素養，而秦國由於長期征戰，首都衛戍部隊中尚有一批相當善戰的指揮人員跟隨章邯。周文參加起義前是個算命的，無論他本人還是農民軍指揮官的文化水準及個人能力都沒法和章邯他們相提並論，因此，章邯軍能輕易地接連戰勝周文和其他起義軍的部隊。當章邯殺死項梁後，他的秦軍已經幾乎戰無不勝了，於是向北與王離軍會合，王離攻城他負責保證後勤供應。這兩支秦軍加起來接近五十萬人，遠遠超過了前來參戰的義軍總和，這是一場實力懸殊的戰爭。

項羽，江蘇宿遷人，年輕的軍事天才。家族是楚國的貴族，他跟隨叔叔項梁在吳中（現在的江蘇省蘇州市）起事，在所有的義軍中項梁這支部隊應該是戰鬥力最強的。鉅鹿之戰爆發前，項梁剛剛戰死，不僅各路義軍處於低潮，項羽失去了叔父這座靠山，前途也相當不妙，對於項羽來說，這是個危機四伏的時刻。

趙歇急了，四處求援，大家知道不救趙國下一個就輪到自己，於是十幾路援兵紛紛來到鉅鹿，可一看秦軍人數眾多、陣勢威武，都嚇得不敢出戰，歷史把機會給了項羽。楚國也派兵增援，宋義是主將，項羽為副將，帶著大概六萬部隊出發了。走到山東曹縣這個地方，宋義逡巡不敢進，項羽憤然殺掉宋義，掌握了這支反秦武裝。項羽之所以敢這麼做，主要是楚軍大部分是項梁舊部，類似於項家私人部隊一樣，能聽從他的號令。

取得軍事指揮權後，他開始行動了。項羽派遣英布和蒲將軍帶兩萬兵馬切斷章邯把守的糧道，死死拖住章邯部隊，不讓他增援王離。自己則帶領近四萬主力渡過漳水，直撲鉅鹿，過河後命令兵士把船全部鑿沉，每人只帶三天的乾糧，表明了項羽拚死一戰的決心，這就是成語「破釜沉舟」的由來。

王離畢竟是名將之後，秦軍的戰鬥力更是毋庸置疑，這場戰役進行得異常艱苦。項羽的楚軍與王離的秦軍反復廝殺了九次，作壁上觀的各路諸侯部隊在看清形勢後，也從背後衝殺出來，秦軍終於抵擋不住了。三員主要戰將王離被俘、涉間自焚、蘇角被殺，二十餘萬部隊全軍覆沒。

消滅了王離後項羽轉回頭全力對付章邯，此時章邯以驪山刑徒為主的部隊尚有二十多萬，實力不容小覷。在對峙階段，秦王朝自毀長城的行為又發生了，趙高猜忌章邯，要殺章邯派去探聽虛實的司馬欣。章邯在秦王朝內部的處境都已進退維谷，更何況面對項羽咄咄逼人的得勝之師，他只有投降一條路了。西元前二〇七年，在長平之戰發生半個世紀後，同樣用欺騙手段坑殺降卒的事件再一次發生，只是被坑殺者變成了秦軍。

本來他們只是奴隸，如果沒有戰爭他們也要累死在修陵中，他們稀里糊塗賣命的王朝是虐待他們的罪魁禍首，然而他們卻成了這個王朝的陪葬品。這場大戰秦軍戰死和被活埋的有四十多萬人，如果算上楚軍等其他部隊的傷亡，以及攻城中死傷的無辜百姓，鉅鹿大戰陣亡的人員應該在五十萬以上。「血流漂杵」這個成語並不是誇張，而是戰爭的真實寫照。

唐代詩人曹松寫過一首詩：

> 澤國江山入戰圖，生民何計樂樵蘇。
> 憑君莫話封侯事，一將功成萬骨枯。

詩人慨歎戰爭給人民帶來的災難，出現一位名將就意味著成千上萬普通民眾的屍骨堆積如山。中國歷史上任何一個稱王稱帝的事業，都是建立在血腥屠殺的基礎上的。

五、如何看待帝王的功業

中國古人寫歷史，往往把一個部落的全部功勞記述在三皇五帝某一個人身上，民族史的框架等同於帝王的家族史，這種傾向隨著朝代的更迭而愈加明顯。梁啟超曾講：

《史記》以社會全體為史的中樞，故不失為國民的歷史。《漢書》以下則以帝室為史的中樞，自是而史乃變為帝王家譜矣。

中國的歷史文獻因為都需帝王欽定，所以拍馬屁的成分特別多，比如蔡倫造紙或畢昇發明活字印刷，史書偏偏要記功於那個時代的皇帝身上，這不僅荒謬，而且會嚴重誤導人民的思維模式。舉個例子，乾隆帝弘曆曾恬不知恥地稱自己為「十全老人」，他把自己統治時期發生的十場戰爭勝利的功勞都攬到自己身上。先不說這十場戰爭大多屬於窮兵黷武，即使有功勞也不應算在弘曆身上，因為他只是下了一道命令而已，仗並不是他打的，前線將士的智謀和血汗才是最應該被稱道的。

中國人的史學分為兩個時期，一個在辛亥革命以前，其代表是二十四史和《資治通鑒》等，這是一個以帝王為中心的史學時期，經常會把人民大眾的功勞安在帝王們身上。另一個是中華民國以後，在現代西方史學的影響下，國人重新構築自己的大眾史學，但由於歷史課本常常用來為宣傳服務，因此也沒有建立起真正獨立的大眾史學，在對帝王的評價上帶有濃厚的統治階級個人意志。因為上述原因，對帝王功業的審視很難客觀而公正。

帝王們就像歷史中的浪花，浮在水面，轟轟烈烈的戰爭和歷史事件也容易成為人們的關注點，因此很多人會為他們建立的所謂功業歡呼，認為帝王們是歷史的創造者，他們的所作所為是歷史進步的標誌。人們喜歡所謂英雄式的人物，把他們當偶像來膜拜，因為沒有親身經歷痛苦，並不在乎甚至還崇尚他們血腥與恐怖的統治方式。奧地利心理學家威爾海姆・賴希（Wilhelm Reich, 1897-1957）說：

> 人類是個充滿幻想的動物，越是覺得自己卑微無能，越是把自己等同於所謂的偉大民族和強權領袖。

我並不否認很多帝王在歷史上發揮的作用，我很想強調的是，中國人心目中的著名帝王們，他們大多非常血腥，我們因為某種誤導高估了這些人的歷史價值。一個理性的民族不應該為暴君鼓掌，更不應該成為愚民思想的犧牲品。看問題有兩種角度，一種是從大眾出發的人道主義觀點，強調平等，以己推人，關注並重視每一位民眾的生命。另一種是只顧自己所謂的功業而漠視普通百姓的痛苦，甚至把自己的快樂建立在別人的傷口上。有些帝王雖改變了歷史的進程，卻是人類的罪人。梁啟超說：

> 政治的治亂不過一時的衝動，全部文化才是人類活動的成績。

如何認識人生帶給我們不同的價值取向，如何看待帝王將相，更要本著最基本的價值觀。戰國時期，有個叫景春的人對孟子說，像公孫衍和張儀這種人應該是大丈夫了吧，他們一憤怒諸侯就害怕，他們消停不生事天下就太平。孟子不屑道：這叫什麼大丈夫？要讓自己的心住在天下最廣闊的居室裡，就是能包容這個世界，立身於最正確的位置上，按照天道而行。得志的時候與老百姓共同分享，無人理解便獨自堅持自己正確的原則。富貴不會驕奢淫逸，貧窮和卑賤也不讓自己改變操守，受到威脅和武力更不能使意志屈服，這才算大丈夫！在孟子眼裡，那些帝王功臣所謂的大丈夫是如此不堪，他在教導我們應樹立更高的價值觀，要有真正的「大丈夫」精神。

史學觀應建立在人生觀的基礎上，評述歷史如同評述人生一樣，是要有價值觀的，以帝王為中心的史觀，是讓人民成為木偶供帝王們驅使；而大眾史觀則是把平民百姓的生活、進步以及福祉當成最重要的歷史標誌，這兩種觀點是有本質區別的。我們需要對過去某些不知情的歷史產生懷疑，不要說什麼就信什麼，對事實能辯證地去看，才能促使我們的文化不斷進步。

第5章

相權與君權的博弈

胳膊擰大腿

君與臣的關係是中國歷代政治的基礎，其實君和臣的概念是相對的，上級則為君，下級就是臣。比如春秋時期諸侯國的國王在大夫面前是君，在周天子面前又是臣，並不一定皇帝才叫君。君與臣之間有一定程度的固定性，否則今天你是君我是臣，明天你變成臣我又是你的君，角色的輕易變更使得人們很難保持某種身分的持續認同，建立在不確定人際關係上的倫理道德體系更無從談起。所以自從郡縣制以後，固定上級身分只有皇帝一人，其他的官吏可上可下隨時變動，因此忠君就漸漸變成了皇帝一人獨享。

但在民間，「君」仍然被當成一種對人的普遍尊稱而一直保留下來，諸如「與君一席話，勝讀十年書」，「君子報仇，十年不晚」，等等。一個國家最重要的臣就是宰相了，在封建分封制度下，各諸侯國和大夫采邑都自行其是，秦統一六國以前的宰相權力只局限在他所在的宮廷內部，很有限。但在中央集權建立以後，各地官吏統歸皇帝和宰相任命及直接管理，皇帝與宰相之間的互動對整個國家就起到了舉足輕重的作用，因此君權與相權就成了兩千年政治生活的中心所在。

近代國學大師錢穆述及歷代君權與相權時談到相權對君權的制約功能，他在〈中國傳統政治〉一文中概括道：「要避免世襲皇帝之弊害，最好是採用虛君制，由一個副皇帝即宰相來代替皇帝負實際的職務及職責。明清兩代則由皇帝來親任宰相之職，只不負不稱職之責。宰相負一切政治上最高而綜合的職任。」錢穆的設想是好的，但這種結論不完全符合史實，因為軍隊歷來都是皇帝家族的私人部曲，所以中國的皇權從來沒有虛過，而且不斷地得到加強。

中國歷史上在封建制向郡縣制轉變的過程中，有一位主張虛君制的秦國宰相與甘願成為皇權的奴隸、主張舉國體制為一人服務的宰相李斯形成了鮮明的對比，歷史不願給失敗者太多的筆墨，因此在歷史的一隅，這位主張虛君制的人靜待後人的評判與研究，他就是嬴政的「仲父」呂不韋。

虛君制是呂不韋提出來的，其主張就是君主無為，僅是作為象徵。這種虛君制與西方的君主立憲制有異曲同工之妙，這還是在兩千多年前提出來的，令人扼腕歎息的是這個觀念未能實施。《呂氏春秋．分職》如是說：

君也者處虛。素服而無智，故能使眾智也。能執無為，故能使眾為也。

大意是說，君主處於超脫狀態才能起到監督的作用，百官也才能發揮出他們的能力，君主若事必躬親反而會造成國家的衰弱和混亂。這真是一種很好的政權設計模式，君主不必世襲，君權與相權有一個合理的分割。呂不韋在嬴政親政這一年公布《呂氏春秋》，是希望他的思想能由嬴政貫徹執行，然而事與願違，嬴政在李斯的協助下繼承了商鞅的思想，在法家治國的路線上越走越遠。

從《呂氏春秋》這本書可以看出，呂不韋對秦國未來政治制度的設計是有思考的，他是個政治家，看到僅僅採納法家主張的局限，所以兼採眾家糅合成一條「呂氏路線」，然而這種精心安排的政治綱領卻被他寄予厚望的嬴政輕易捨去，連試驗都沒有。商鞅最後的命運比呂不韋更慘，但他的政治主張卻延續了下來，並開秦政治的先河。這些表面看是個人的悲劇，背後隱藏著整個民族的心理與性格。從呂不韋罷相開始，君權與相權博弈就成了中國政治史上最糾結的一道難題，不斷被政治家修正，中央集權的政治一直沿著強化君權、削弱相權的路子闊步前行。

一、從「蕭規曹隨」到漢武內朝

西漢王朝的第一任宰相是蕭何，這是一個跟隨劉邦打天下的功臣，他最大的特長就是「鎮國家、撫百姓、不絕糧道」，因此在開國功勞的評定中他始終位居第一。當時有人不服，說我們身先士卒，冒死拚殺去攻城掠地，像曹參打仗曾身負七十多處傷，蕭何從沒上戰場，就是耍嘴皮子議論議論，憑啥他的功勞最大？劉邦告誡大家說：你們只知其一不知其二，就像打獵，最重要的是指示獵物方向的獵人，而不是追咬獵物的獵狗。

戰爭勝負最重要的保障是穩固的後方與後勤，項羽軍事能力上遠遠強過劉邦，可他背後卻是韓信和彭越的不斷襲擾，疲於奔命，本來江東是他很好的根據地，他卻死也不肯依靠，有蕭何這麼一個人幫劉邦打理後勤，項羽失敗就是必然的了。中國歷史上評價政治人才有三個標準：將才、相才和經才。將才是指軍事方面的才能，相才是治理國家、安撫百姓的政治才能，經才是研究儒家經典的學術才能。比如諸葛亮，既能治國安邦又能領兵打仗，就屬於將相之才；王陽明，理學大師又有軍事建樹，就屬於經術和將略的綜合性人才。蕭何就是典型的相才，無論是戰亂還是和平時期，他都能把國家治理得井井有條。

秦國是中央集權郡縣制的草創時期，君權與相權如何平衡，各管什麼，也沒有明確的規章條文。嬴政極其殘暴，不會容忍權力被分享，李斯是法家思想的忠實執行者，他把自己死死定位在一個出謀劃策者的位置上，而不是承擔國家治理使命的人。西漢的政治體制是在秦朝的屍體上建立起來的，既有集權又有分封，五花八門什麼招都用，中央集權的設計能抄襲就抄襲，只是廢除了法律苛酷的成分，不知道怎麼幹就什麼都不幹，無為而治。

漢初的「無為而治」體現了兩層含義：一是打著崇尚道家黃老之術的名義，實際上是在生產力大破壞之後急需與民休養生息，老百姓窮得連褲子都沒了，已經完全失去了集中國家力量繼續為統治者窮奢極欲服務的能力。劉邦剛當上皇帝找四匹顏色一樣的馬都找不到，很多當官的只能坐牛車，可見當時社會的困窘程度。二是蕭何、曹參等人雖有治理國家的才能，卻不是李斯這樣的政治改革家，他們沒有思想，也沒有成熟的政治理念，面對秦末紛紜複雜的社會現象也不知道政治制度該如何設計，反正就像個大管家一樣，讓老百姓先能活下去，不造反就萬事大吉了。個人方面先圖自保，憑著感覺小心翼翼地處理與皇帝的關係，有餘力了再為國家百姓做點兒事，根本談不上宰相與皇帝之間合理的權力分割與監督。

比如蕭何，《史記・蕭相國世家》記載：

> 為法令約束，立宗廟社稷宮室縣邑，輒奏上，可，許以從事；即不及奏上，輒以便宜施

行，上來以聞。

大意是：頒布法令約束百姓，建立宗廟社稷等國家的象徵，興修宮室和縣城等，都向劉邦彙報，批准了就辦，來不及上報的，就按當時的情況自行處理，漢王來了再報告給他。這就是劉邦與蕭何的權力狀況，從此可以看出兩方面的情況，一方面宰相在國家的政治生活中起著舉足輕重的作用，皇帝做的事都由宰相去頒布和具體落實。另一方面宰相的權力又非常有限，他是臣僚和下屬，只有建議權，甚至經常會被皇帝猜疑。蕭何曾經三次用計避免劉邦對他的疑心，第一次還是在戰爭時期，劉邦幾次派人慰問蕭何，蕭何採納鮑生的意見把自己的子弟都派上前線，才打消了劉邦的疑慮。第二次是劉邦平定陳豨謀反時，蕭何幫助呂后設計殺了韓信，劉邦雖然表面表彰蕭何，實際是害怕他也有二心，為此蕭何用召平之言，不僅拒絕封賞，還把全部家財拿出來資助軍隊，又躲過了一劫。第三次蕭何不得不故意強買強賣土地，用汙損自己名譽的方法來換取劉邦不再懷疑他刻意籠絡民心。然而他還是被劉邦下了獄，雖然最後得以釋放，但宰相在皇帝面前除了戰戰兢兢以外，已經不可能有任何政治主張了，人格上不能獨立，政治的獨立更談不上。

蕭何雖不是什麼推動歷史進步的大政治家，但他的政治水準還是很高的，除了治國才能外，他不僅發現了韓信，還在彌留之際推薦了與己不睦的曹參接任相位。他按照劉邦和自己的性格來處理君權與相權，他的這些處理模式被和他有矛盾的曹參全部繼承下來，終其一生不去改變，這就是歷史上有名的「蕭規曹隨」。

曹參雖然跟蕭何一樣都是沛縣小吏出身，但卻不是文官，他軍功卓著，《史記・曹相國世家》中記載：曹參打下來兩個諸侯國、一百二十二個縣，俘獲諸侯王二人、諸侯國丞相三人、將軍六人，還有其他官吏若干。曹參政治上的「無為」與很多官員尸位素餐的「無能」是兩個概念，這個「無為」有三層意思：首先，是約束官員擾民。中國的民間有一套自行運轉的規則，糾紛大多私下商議或請家族中德高望重之人處理，不到萬不得已一般不驚擾官府。因此，百姓日子不好過大多是賦稅、徭役、兵役等過重，影響了百姓日常的生產與生活。其次，是盡可能保持政策的連續性，一個政府朝令夕改會使得百姓無所適從。蕭何針對漢初凋敝的社會經濟出台了一系列減輕人民負擔的政策法規，秦與六國多年的戰亂加上秦末大破壞，市場與民生都需要很長時間才能慢慢恢復正常。曹參受高人指點，這是他頭腦清醒的一種主動行為，絕非被動無為。再次，回歸質樸和誠實，他任用厚道人，減少浮誇與掩飾，寧可讓人覺得自己整天醉醺醺不幹事兒，而把實際的好處留給百姓。這是一種高品格的為官之道，無為體現了無私。

好在漢初皇帝不太管具體事，不多生事的態度也體現在與宰相的關係上，從蕭何到曹參再到王陵、陳平、周勃、張蒼、申屠嘉等，均是功臣出身，個人能力都很強，因此這個時期的宰相能在很多方面具有獨立的行政權。作為文武百官之首，頒布法令、治理國家的日常事務基本都由宰相處置，這個時期是君權與相權相對平衡的時期，相權雖弱但對君權仍能保持一種相對的制約。諸侯國的存在也制約了趙高那樣的權臣出現，靠蒙蔽皇上一人就可以一手遮天的局面無法產生。在宰相的帶領下官員們參與國家事務的各項決策，這是政治體制比較清明的時期，因此也孕育了

「文景之治」。漢武帝劉徹的出現打破了這種平衡，天平開始向君權傾斜。

劉徹像嬴政一樣從小就充滿了野心，他最大的興趣就是滿足權力與征服的欲望，汲黯曾當著他的面毫不客氣地說：「陛下內多欲而外施仁義，奈何欲效唐、虞之治乎！」指出劉徹表面上仿效堯舜之治施行仁義，實際上是滿足自己好大喜功的私欲。劉徹一生在兩方面對中國歷史產生了深遠的影響，一是加強中央集權，對嬴政和李斯開創的郡縣制進行了全面的完善，也可以說中國式的中央集權郡縣制是在劉徹手裡完成的；二是開拓疆土，劉徹派兵北擊匈奴，東滅閩越，南下吞併南越國，還派使者從西北出使西域，從西南出使夜郎國和古滇國，在新疆駐兵屯田，等等。劉徹的性格張揚而蠻橫，因此當他的宰相是件很頭疼的事，他有才華，容易一意孤行，這注定了他的統治不可能延續漢初君權與相權的慣性。

漢初的宰相往往都當到去世，臨終前皇帝還會徵求宰相對選擇接替者的意見，而劉徹剛當上皇帝，宰相任命就像走馬燈一樣。第一年衛綰，第二年竇嬰，第三年許昌，破壞宰相終身制無疑加強了皇帝對宰相的支配權，這等於宣示宰相的權力來自皇權，皇帝隨時可以免去宰相的職務。元朔五年（西元前一二四年），劉徹不再任命列侯等功臣之後做宰相，從公孫弘開始任命士人擔任宰相，當了宰相再封侯。列侯無論自己還是家族都有相當的政治背景和影響力，也有自己的經濟基礎，普通士人不僅沒有背景更沒有生存的底氣，除了卑從於皇權很難有其他選擇。自此以後，宰相已經逐漸降格為執行皇帝旨意的幕僚長，很難發揮對皇權牽制和約束的作用。這還不夠，劉徹為了進一步侵奪相權，強化皇權，他開始設立內朝來與外廷對抗。

尚書隸屬於少府這個部門，與尚冠、尚衣、尚食、尚浴、尚席等同在皇帝身邊任事，合稱六尚，其實就是個替皇帝管檔案的文秘，因其在宮中主管收發文書以及保管皇家圖籍，故稱尚書。少府在秦代官制的設置中是九卿之一，掌管皇室需用的山海池澤之稅。這本是一個地位很低的職位，劉徹卻開始用它來做文章了。他任命了幾個尚書，設置了尚書台這麼一個官署，他還用宦官為中書謁者令，組成了一個皇宮內部的政治諮詢機構，稱為內朝，內朝的最高官員叫大司馬，專屬皇帝，宰相不得過問。這些官員的品級不高，又是賓客式的幕僚，這樣的職位也帶有臨時性和權宜性的特點，因此，雖有職權但很容易為皇帝控制，他們只在皇帝身邊，完全是專制皇權的附屬物。劉徹把朝廷一分為二，他的目的何在？

內朝的特點有二：一是內朝的官員都是皇帝身邊的近臣，脫離了正常官制的公卿系統，完全聽命於他；二是這些人在皇帝授意下出納詔命、掌參機要、奏聞朝事、參決政治，這些都是宰相的權力，而宰相卻過問不了這些人，這無形中加強了皇權，皇帝可以避開宰相為首的整個公卿系統而為所欲為。劉徹消滅了諸侯，鹽鐵官營又抑制了民間豪強，內朝使得宰相權力被嚴重削弱，然而歷史並沒向他設計的方向前進，他死後立刻就有了權臣霍光的一手遮天。當中央集權和皇權強大到沒有抗衡力量的時候，就會出現兩種情況，一是像劉徹一樣無人制約的權力帶來錯誤決策的災難；二是皇帝這隻老虎一旦成為病貓，擋在他身前的猴子就會成為霸王。後來的王莽埋葬西漢王朝不能不說是劉徹自己掘的墓。

二、東漢的尚書台閣

劉秀在中國歷史上一直獲得比較好的評價，曹操的兒子曹植寫了一篇〈漢二祖優劣論〉，得出的結論是劉秀比劉邦強。劉秀雖是皇族出身，但這個身分並不是他登上帝位的主要因素，在新朝末年，他的家族早已淪落為平民。他在綠林和赤眉起義中脫穎而出，逐漸削平各地諸侯，一手創建了一個嶄新的朝代。劉邦的艱難困苦他一樣也沒少吃，他哥哥劉縯被更始帝殺掉後，他也像劉邦在鴻門宴上似的命懸一線。

漢代最有作為的皇帝有三個：劉邦、劉徹、劉秀，劉秀與他們相比有幾個特點：

第一，他沒有劉邦的流氓市井習氣，曹植說劉邦「寡善人之美稱，鮮君子之風采」，而劉秀是「聰達而多識，仁智而明恕，重慎而周密，樂施而愛人」。

劉秀有君子之風。司馬光在《資治通鑒》裡說：「風化之美，未有若東漢之盛者也。」梁啟超也說：「東漢尚氣節，崇廉恥，風俗稱最美，為儒學最盛時代。」

這都是和劉秀的大力提倡分不開的，因此，東漢名士最多，朝廷雖無科舉考試的選拔，但推舉孝廉的體制也能網羅到大量有品德的人才。

第二，劉秀的野心有限，劉邦見到秦始皇歎息道：「嗟乎，大丈夫當如此也！」而劉秀的歎息是：「仕宦當作執金吾，娶妻當得陰麗華。」一比很明顯，劉秀只要有首都衛戍司令那樣的車馬氣派和陰麗華這樣的美人就心滿意足了。劉秀一開始沒有做皇帝的夢想，他是在形勢逐漸發展的情況下一步步登上皇帝寶座的。很多人覺得劉秀胸無大志，我認為這恰恰是他最大的優點，謹慎而不會自以為是。我始終覺得人生的理想一定要有，但「大志」也要有分寸，要符合時代以及自身的實際情況，並非越大越好。野心過大的帝王往往會給百姓帶來深重的災難，所以中國哲學思想裡無論是儒家還是道家都勸統治者清心寡欲，給人民以活路。

第三，劉秀與劉邦都出身低微，又歷經戰亂，不會像劉徹一樣不知百姓疾苦，所以在使用民力上非常有節制。劉秀上台後一直執行著「薄賦斂，省刑法，偃武修文，不尚邊功，與民休戚」的政策，這對人民是有好處的。

王莽篡漢給了劉秀太深的印象，因此劉秀沒有延續劉徹窮兵黷武的擴張政策，但在加強皇權的道路上卻更加變本加厲地策馬前行。東漢把尚書台辦成了一個中樞機關，凡是機密事務都交給尚書，以此制約三公。因為這個官衙在皇宮內部，所以就稱為台閣，尚書台的名字由此而來。

尚書台的組織形式是：尚書令一人，相當於皇帝秘書班子的辦公室主任，待遇並不高，只有以三公的身分任這個職務時待遇才與三公齊平。尚書僕射一人，即辦公室副主任，是尚書令的副手，尚書令不在時，可以代行處理公務。尚書左、右丞各一人，掌管和記錄各種文書以及日常事務，輔佐尚書令和尚書僕射辦事，相當於機要秘書的職位。六曹尚書，針對外廷大臣，相當於秘書辦公室下面六個處的處長，分管不同事務。另外就是負責具體事務的業務科——尚書侍郎合計三十六人，每個科六人，負責文書起草；還有尚書令史合計十八人，每個科三人，負責記錄工作。

劉秀把尚書台的權力安排得極大，既出詔令，又出政令，朝臣選舉，也由尚書台主管，這等於擁有了宰相的權力。另外，還擁有糾察、舉劾、典案百官之權，這是御史大夫的職責。秘書們直接參與國家重大政事的謀議、決策，他們的意見對朝政有著很大影響，這等於是秘書幹了大臣們的活。然而尚書們權力雖重，但職位卻很卑微，長官不僅在九卿之下，待遇也不高。正因為這樣，他們才便於皇帝控制，而作為近臣，外廷官員無法和他們競爭皇帝的寵信。

西漢末年，宰相改稱大司徒，御史大夫改稱大司空，太尉改稱大司馬，漸漸地大司馬排到宰相的前面。如果僅僅是宰相，參與不了內廷的機要，因此就有了「錄尚書事」這個職位。王莽的官職就是大司馬、錄尚書事，這是西漢末年以後的最高職務，有時大司馬也叫大將軍。如此相權已經支離破碎，決策者只能是皇帝一人和專為他設立的尚書台。劉秀以為這樣就可以避免王莽式的人物出現，尚書台便於皇帝控制自然也便於其他人控制，誰控制了尚書台自然就擁有了宰相的權力。因此，劉秀的子孫沒有從中得到利益，反而是外戚和宦官們輪流通過控制尚書台而把持朝綱。如果劉秀在地下知道這種局面，不知該作何想。

當中國人害怕某種現象發生時，往往是拚命加強自己的力量，而不是尋找外部平衡，這就造成另一種更加失衡的局面。皇帝活著的時候還好，一旦他死了，這種失衡的惡果就會慢慢出現。另一方面是中國人自卑與自傲的心理過重，自卑就想無限加強自己的權力，渴望擁有支配別人的特權或眼巴巴盼望著別人羨慕自己，比如項羽當了王一定要在家鄉人面前顯擺，劉秀看到華麗的馬車恨不得搶過來駕駛；自傲又使得自己很難相信別人，更不願意接受權力被監督與被人分享。所以中國下級的權力是從上司的指縫間漏下去的，而不是合理分割的。秦漢政治下的皇權就具有下列特點：

首先是皇權的至高無上，其他任何權力都是附屬於皇權的，只有上下的權力，沒有並行的權力，這種情況下相權對皇權的約束，是只有當皇帝不好意思開口的時候才有作用。監督皇帝的只有天，而不是人。

其次是皇權範圍的無限，宰相的權力局限在政權上，軍權和監察權都各有主管，然而皇帝老兒卻什麼都能管。皇帝們最喜歡幹的事兒之一就是把年輕女子送給屬下，讓他們家庭產生矛盾，「吃醋」這個詞就由此而來。以至於寡婦們是否要改嫁，他也要立個牌坊評論一番，皇權下沒有臣民的私生活。

還有就是軍隊的私人性，雖然對外叫漢軍，但這支軍隊卻是皇帝的私人武裝，只聽命於他一人，所以一旦皇帝說不過別人急了眼，還擁有大打出手的最後一招。縱觀兩漢四百年，在中央集權的體制下始終沒有建立起合理而又完善的政治體制，劉徹也好，劉秀也罷，他們對君權相權的調整越改越糟，這倒不是說劉邦比他們高明，只是這種政治設計的出發點錯了。

三、「杜斷房謀」與「三權分置」

漢代宰相有「蕭規曹隨」的典故，唐代宰相也有「杜斷房謀」的佳話。房玄齡與杜如晦都是打天下的功臣，一個善於謀劃，另一個善於判斷，兩個人配合起來相得益彰，為李世民立下汗馬功勞，被稱為大唐賢相。

隋唐的政治體制來源於秦漢，卻有著獨特的創建，應該說是中央集權郡縣制發展到頂峰的一個標誌。中央官制簡言之就是三省六部制。

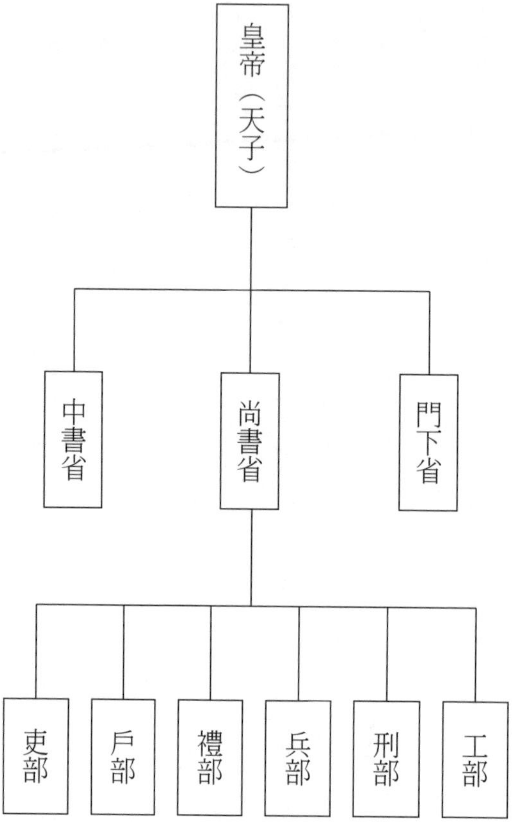

唐代把宰相的權力一分為三，設立三個機構共同執掌，這就是中書、門下、尚書三省。中書省負責制定政策，替皇帝草擬詔書和敕令；門下省負責審核複奏，如果認為中書省所擬的詔敕中有失當之處，門下省有權駁回，要求重擬；尚書省是國家最高行政機關，負責皇帝命令的頒發和執行。尚書省下設吏、戶、禮、兵、刑、工六部。吏部就像現在的人事部，負責考核、任免四品以下官員；戶部就像現在的財政部，負責財政、國庫、稅收等；禮部負責貢舉、祭祀、典禮等國家禮儀事務；兵部就像現在的國防部，負責軍事；刑部就像現在的公檢法，負責司法、審計事務；工部就像現在的建設部，負責工程建設等。各部門呈上的重要奏章，必須通過尚書省交門下省審議，門下省認可後，方准送中書省呈交皇帝批閱；中書省如認為有不妥之處，可駁回修改。

中書省的首長叫中書令，正三品，副手為中書侍郎，還有骨幹中書舍人若干。門下省的首長叫侍中，也是正三品，副手為門下侍郎，屬官有左散騎常侍和左諫議大夫等。中書令和門下侍中都是二人制的，唐代中期改為正二品。尚書省最高領導是尚書令，正二品，副手為尚書左右僕射，從二品，各部尚書為正三品，六部下設二十四司，每部四個司，負責具體的行政工作。三省首腦需要開會溝通時就在政事堂舉行，主持會議的就是首席宰相，叫「執政事筆」，輪流坐莊並不固定。這種設置削弱了個人手中的相權，卻通過集體加強了整個相權的分量，皇帝做任何事也都需要通過這一流程，說服一個人容易，說服一群人就難了。雖然隋唐時期並沒改變君權與相權孰輕孰重的對比，但集體的相權不僅制約了權臣的出現，也對濫用的君權起到了有效的抗衡作用。

在三省六部制之外還有御史台和九寺、五監等輔助政府部門。唐代的台諫制度是很完善的一套防止統治者出錯的體系，諫官屬於中書和門下兩省，散騎常侍和諫議大夫以及品級不高的補闕、拾遺等都是向皇帝勸諫的官員，中書為右，門下為左，所以就有了左諫議大夫、右諫議大夫和左拾遺、右拾遺等官職。

諫官隸屬於宰相，位於皇帝和宰相之間，由宰相任命，職責是規勸皇帝，當皇帝與宰相意見不一致時，可以起到緩衝作用，諫官向皇帝直言按道理講不應該受到處理，即使把皇帝惹毛了，丟了官也不可惜，反而獲得敢說話的好聲譽，以至於還能積累政治資本日後東山再起。御史台是監察機關，監督各級行政機構對國家政令的執行情況，同時對違反法律和紀律的官員進行糾舉和彈劾，長官叫御史大夫，副手為御史中丞，下設三個部門，即台院、殿院和察院，包括侍御史、殿中侍御史和監察御史等職。

九寺五監是政府的事務性部門，九寺來源於秦漢的九卿制。漢代九卿隸屬於宰相，管的事情既像政府的政務官，又像皇帝的家務官，保留了中央集權之前封建制的官制特點。隋唐徹底把政府的政務和皇帝的家務分開，但唐朝仍然延續九卿的設置，只是變成了閒職或沒有權力的事務性工作。九寺的長官叫卿，比如大理寺卿就是大理寺的最高領導，副手叫少卿。

五監包括：國子監，中央官學的最高學府，主管教育的機構，有點兒像中央黨校或教育部，長官為祭酒；少府監，掌管百工技巧諸務，也負責宮廷供應，長官就叫少府監；將作監，負責土木營造這些事情，隸屬工部，長官也叫將作監；軍器監，相當於兵工廠，隸屬兵部，長官叫軍器監；都水監，負責水務，有點像現在的水利部，也隸屬工部，長官為都水使者。除此之外，還有宮廷服務性質的機構，如秘書、殿中、內侍三省以及隸屬東宮太子的一類官職。

唐初名相迭出，和君主都能有良好的互動，跟這種政治制度有著很密切的關係。如果這套政治體系能和呂不韋主張的「虛君制」配合，那麼中國的歷史將會持續出現政治清明的景象。然而由於皇權與相權的失衡，任何政治體系運行的好壞與其能否延續，完全取決於皇帝本人的意願，因此「貞觀之治」的政治結構既不是國家制度的合理決定，也不是因為是國家大法而不能隨便變更，很快我們就會看到，再好的制度皆會因不符合下一任皇帝的秉性和利益而遭其拋棄。

第一個破壞三權分立的人就是武則天，相權必須為她當女皇的私欲所左右。武則天當政時期是中國歷史上任命宰相最多的時候，宰相多達七十多人，任職一年以上就算長的，有一大半被殺或被下獄、流放等，相權在酷吏政治的鐵蹄下顫抖，哪裡還有正常的政治生態！

狄仁傑這位以善於斷案而廣泛流傳於民間的清官，在他當上宰相一年多就被武承嗣勾結來俊臣誣以謀反罪下獄。來俊臣誘供說：「只要承認謀反，就可以免死。」其他人因為知道承認謀反那還了得，肯定也活不成，因此都堅決不承認，只有狄仁傑痛痛快快立刻就承認了，來俊臣沾沾自喜，以為狄仁傑輕易就上了當，收監後只等行刑，對狄仁傑的監管就有所放鬆，狄仁傑趁此機會拆下被頭書寫冤情，夾在棉衣中委託獄卒帶給家人，狄仁傑的兒子得到冤狀立刻上告。武則天知道後親自提問所謂謀反的大臣，問狄仁傑：「為什麼承認謀反？」狄仁傑說：「我若不承認謀反，早死於酷刑了。」武則天又問：「為什麼寫『謝死表』？」狄仁傑說：「不知。」武則天這才知道「謝死表」是酷吏偽造。一個清廉的宰相隨隨便便就可以性命不保，若非狄仁傑相當機智，恐怕連申冤的機會都沒有，在這樣的政治氛圍下，相權已經成為奢談。

第二個搞破壞的人就是李隆基。李隆基晚年沉溺於楊玉環的溫柔鄉中難以自拔，玄宗像他的謚號一樣，玄得讓人搞不明白他想幹什麼。既然已經不願意過問政治，那就採取「虛君制」，發揮宰相的作用，用體制來形成制約，但他不放心放權給別人，於是他就需要一個俯首帖耳的李林甫像木偶一樣擺在相位上，這樣的角色只有小人願意幹，至於幹不幹得好李隆基並不在意。李隆基完全可以換一個做法，不相信宰相，可以禪讓皇位給兒子，自己享受太上皇的清福，但李隆基卻貪戀皇帝的權位，死也不肯讓兒子登基。奸臣、宦官監軍以及軍閥藩鎮都是在李隆基當政期間逐漸氾濫的，但對李隆基來說，只要皇權在手，就可以無視這些不斷侵蝕唐王朝大廈的人，而在這些政治形態中不可能有正常的君權與相權。武則天和李隆基雖然不是庸主，但他們的為所欲為卻毀掉了隋唐初期政治制度的設計，「安史之亂」後，政治更是一片黑暗，每個人都只能圍著皇帝爭權奪利。

四、宋代勸諫文化的形成

民族精神和擴張能力發展到唐代達到最高點，從宋代開始逐漸衰落，軍事力量的不振使得趙宋王朝的外交行動沒有漢唐時期那麼張揚，在與周圍少數民族政權軍事衝突中也往往扮演失敗求和的角色，給後來人以積弱積貧的感覺。其實，軍事能力的不足並不能完全阻礙民族的進步，宋代在文化、經濟以及科學思想上都達到了頂峰，在世界範圍內也完全可以睥睨群雄。史學家陳寅恪講：「華夏民族之文化，歷數千載之演進，造極於趙宋之世。後漸衰微，終必復振。」

宋代是儒釋道三種重要思想相互影響、相互結合的時期，其哲學成就並不僅僅是程朱理學的產生，還包括道教的發展，以邵雍為代表的周易文化系列也得到很大發展。文學、繪畫、書法等藝術都達到了後世難以超越的境界。科學上四大發明中的火藥、活字印刷和指南針都是在宋時得到應用。以瓷器為代表的各種手工藝品十分精緻，工商業和自由貿易規模都相當可觀，政府也無重農抑商的限制，甚至在四川還出現了近代貨幣的雛形「交子」。王安石變法中有使用現代金融手段給農民貸款解決農業問題的條例，可惜當時沒有農業發展銀行這麼一個機構來執行，而且銀行的工作官府不可能幹好。

日本近代學者內藤湖南認為：宋是中國近代的開始階段，一千年前，產生了很多現在才有的早熟文明，然而燦爛輝煌的文化卻是中國進入暮年的標誌。在一個小農經濟為基礎的社會裡，如果只想維持自己的統治地位，那麼從皇帝到士大夫階層自然就會彌漫著得過且過的偷安情緒，失去了積極進取的精神追求，抱殘守缺的保守思想成為有宋以來三百餘年的立國方針。

趙匡胤靠發動政變上台，他只想當穩這個皇帝，別一不留神被曾經擁立過自己的哥們兒幹掉就行了，至於漢民族以後怎麼辦不是趙匡胤考慮的範疇。趙宋王朝保留了以前朝代的各種官職，又進行了改造。宋代的宰相是中書省的中書令，負責行政；單獨成立樞密院負責軍事，職權既好像漢代的太尉，又似乎是唐代的兵部；又成立三司使司負責財政，行使的實際上是戶部的職權。軍事和財政權從宰相手中剝奪，實際上加強了皇權。

唐代的官職分「散官」和「職事官」，散官只是個待遇，並沒有實際的責任和權力，做事的是職事官。自漢代以後「三公」的位置就成為虛銜，隋唐官制中正一品的太尉、司徒、司空都是榮譽官銜，沒有實權，真正的宰相是正三品的中書令、侍中還有從二品的尚書僕射，即使中書令和侍中也很少任命，往往是某部尚書加中書門下同平章事銜代理宰相職務。宋代亂七八糟的各種官職更是把人搞得暈頭轉向，每個官吏都有三個頭銜，一個是官銜用來拿俸祿，領工資的；還有一個是職銜，如大學士、學士等，是授予較高級文臣的清高頭銜，沒有實際權力；再一個是「差遣」，就是官員擔任的實際職務。

唐代對相權的防範已經夠嚴的了，到了宋代更是以張冠李戴來限制相權，中書省本來領導是中書令，但中書令只是名義，不能領導中書省，實際負責任的可能是尚書右僕射，他的官職是尚書省的副首長，受皇帝差遣兼任中書省的侍郎，在中書省發號施令代行中書令職權。其他的官員也都是這麼混亂安排，幹的活跟職務無關，全是臨時性的，隨時會被調走。宰相或有名無實，或有實無名，從威望到權力都勢必大打折扣。宋代的台諫制度也做了改革，原來由宰相任命的諫官是專門規勸皇帝的，現改成由皇帝親自任命，負責糾舉百官的御史台與諫官合流，不再諫諍皇帝，而是專門與宰相為難了。宋代的中央集權和皇權都更為加強，然而與唐代相比，除了貞觀之治以外，整個宋代的政治比唐代要清明得多，這不得不歸結於宋朝的士大夫體系。

宋代的皇帝對待文人是最好的，這可以從以下幾方面看出來：

首先，文官體制的確立，宋代政權的運轉完全依賴於通過科舉制上來的一批文官。趙匡胤與趙光義哥兒倆都是軍人出身，歷代篡權者都是首先控制了軍隊才因此掌握政權，他們對軍人的防範之心遠遠大於文人書生，在他們眼中「秀才造反，三年不成」。所以中國歷史從宋代開始朝廷的軍隊改成文人帶兵，軍隊的統帥是個文職的官員，軍事將領只有領兵權而沒有調兵權。草莽出身的岳飛，手中又握有重兵，受到猜忌是很正常的。

宋代在防範武將的同時，也對皇帝的家族和後宮加強了管理，后妃、宦官以及外戚、宗室等都受到限制，無形中加重了文臣的地位和權力。文臣的待遇在歷朝中屬於比較高的。秦代以前是分封制，大臣們有采邑和封地，不發俸祿，秦以後官員成了流官，不再受封，因此就必須支付俸祿。秦漢的俸祿以糧食為主，唐代開始發放土地、實物和貨幣，這種土地面積很小，是用來耕種的，不是一縣、一鄉包含人口的那種大面積封地。

宋代俸祿很複雜，包括正俸、祿粟（糧食）、職錢、公用錢、職田、茶湯錢、給券（差旅費）、廚料、薪炭等，還有布匹衣料甚至僕人的錢，宋朝的官員俸祿大多是銀子。拿宋明來比較，宋代做個清官養一大家子人不僅沒問題，還能擁有比較富裕的生活，但在明代海瑞這樣的清官家裡只有破爛的竹器做傢俱，帷帳和衣服也是粗布的，補了又補，只有母親生日的時候才吃上一回肉。

趙匡胤曾給子孫們定下一個規矩：不殺士大夫。明末的學者王夫之曾經寫道：

太祖勒石，鎖置殿中，使嗣君即位，入而跪讀。其戒有三：一、保全柴氏子孫；二、不殺士大夫；三、不加農田之賦。

大意是：趙匡胤把對子孫的訓示刻在石頭上，鎖在皇宮的後殿裡，誰即位就要到這個殿裡，跪在石頭前讀，這個戒令有三條，其中就有一條不得殺讀書人。

宋代也是理學興盛的時代，讀書的士大夫們崇尚氣節，慢慢地形成了一種文化氛圍就是「文死諫、武死戰」，文官最高境界是死在對君王的勸諫上，武官的榮譽是戰死沙場。舉個例子，北宋名臣范仲淹曾經有過三次對太后、皇帝和宰相的勸諫和力爭，結果都是被貶出京，第一次大家給他餞行，說他：「范君此行，極為光耀呵！」第二次人們舉杯敬他：「范君此行，愈為光耀！」第三次雖然政治形勢極為嚴峻，仍然有人來送他，並說：「范君此行，尤為光耀！」正是這種正義耿直的行為奠定了范仲淹北宋名臣的地位。

從宋代開始在士大夫中間形成了一種勸諫的文化，雖然冒犯君主就像摸老虎屁股一樣危險，輕則丟官重則喪命，但正因為是一場極度危險的遊戲，所以能得到讀書人的一片喝彩。明代海瑞曾經給嘉靖皇帝朱厚熜上了一道勸諫奏章，他為此跟妻子訣別，還買了一口棺材，等著被判死刑。這種做法搞得朱厚熜雖然暴怒但沒了脾氣，如果殺海瑞反而成全了海瑞像比干的忠義之名，自己倒落下類似商紂王的罵名。看著海瑞的奏摺朱厚熜一個勁地嘟囔：「這個人可和比干相比，但朕不是商紂王。」士大夫們用生命和鮮血鑄就了一座與君權抗衡的橋梁，讓正義的人和事不因河流的阻隔而完全斷掉。

五、明朝內閣與清朝軍機處

胡惟庸是個很有能力的人，也是中國歷史上最後一位名副其實的宰相，他的冤案成了朱元璋消滅相權的藉口。清代修的《明史》對胡惟庸記載不多，參考的都是明代官方文獻，大多不實，只知道他是安徽定遠人，元末參加紅巾軍，是跟隨朱元璋的開國功臣。他以謹慎和辦事幹練而深受朱元璋的賞識，成為明朝初年輔佐朱元璋的一位能臣。

元明清的政治乏善可陳，相權已經不復存在，胡惟庸成了千載博弈中的最後一位犧牲品。朱元璋幹掉胡惟庸後徹底廢除了宰相這個職位，他甚至給子孫下令永遠不許恢復宰相制度，此後直接向六部發號施令，將君權與相權完全集於一身。朱元璋農民出身，不怕忙，他每日要平均批閱一百五十餘件奏章，裁決四百多個案件，禁止別人染指權力，就只能把皇帝這份工作變成苦差。據說，朱元璋怕忘事，就把很多事情寫張字條掛在身上，等處理完再摘下。

翰林學士創始於唐代，因為文章寫得好而被政府授予這個職務，後來就幫助皇帝起草重要文件，於是兼做了皇帝秘書的工作。宋代成立了一個專門的翰林學士院，翰林學士都是優秀文學人士，有點兒像中國科學院院士身分，他們時不時給皇帝講解儒家經典，是皇帝身邊的清客、顧問。宋代又設置了一些館閣學士和殿學士，比如龍圖閣學士、資政殿大學士等，類似於政府的諮議或參議，屬於榮譽型顧問。

朱元璋可以不要宰相，但不能不要秘書，雖然明初的人口只有六千餘萬，但光靠一人也忙活不過來。這個秘書機構就叫「內閣」，秘書的稱呼就是皇宮內各殿閣的大學士，如武英殿大學士、文淵閣大學士等，這些大學士品級不高，只有正五品，然而他們做的事情卻是以前中書省所做的。大學士們在外延上報的每一件奏章上簽注上自己的意見，還有對該事的分析以及應對方案，甚至連皇帝對外的詔令也一併擬好，皇帝就根據這些進行批示。時間一長，大學士就從皇帝那裡分得了很大的權力，成了沒有宰相之名的宰相。大學士中由一位德高望重者擔任首席，稱為「首輔」，這個人往往被看成宰相，但從法統上講他僅僅是個秘書。

明代雖然只有皇權而沒有了相權，卻還遺留了唐宋時代的一些規矩，明代皇帝的命令只能發給六部尚書，由他們去執行，六部下屬中設有給事中這麼一個官職，雖然級別只有正七品，相當於一個縣令，但事權極大，他擁有反駁皇帝命令的權力，可以把皇帝的上諭原封退回，拒絕執行。《明史・職官志》記載：

> 六科，掌侍從、規諫、補闕、拾遺、稽查六部百司之事，凡制敕宣行，大事覆奏，小事署而頒之；有失，封還執奏。凡內外所上章疏下，分類抄出，參屬付部，駁正其違誤。

宋代雖然台諫合流，但諫官的痕跡始終沒有消泯，明代的給事中既能稽核檢查六部，又能規諫皇帝，駁回聖旨。雖然一言不合，皇帝可以下令扒下官員的褲子打屁股，但給事中的設立畢竟讓大臣有了一個對皇權說不的機會。正一品的相權沒有了，僅剩下正五品的秘書和正七品的審核來輔助和制約著皇權的實施，士大夫們在皇權的淫威下苟延殘喘。為什麼明代的知識分子喜歡談「心性」？因為已經沒有現實的東西值得他們奮發了，人往往會在沒落之中向自己的內心尋找生命的意義。

清代在明代無相權的基礎上更確立了皇帝的絕對專制，物極必反，清朝在專制走向極端的時候也就預示了專制必會走向滅亡。清代帝王之中最有政治才幹的是雍正皇帝胤禛，胤禛像朱元璋一樣勤於政務，查清史檔案資料，胤禛現存僅硃批奏摺就達三萬五千多件，總字數除以他執政十三年，平均每天批閱八千多字！當時都是使用毛筆一筆一畫寫上去的，即使用上今天的電腦，有多少人能做到在十三年中平均每天寫八千多字？懶惰的人喜歡把事情交給別人去做，最好都不來煩他，而勤快的人往往更願意大權獨攬，甚至對別人有著深刻的不信任。胤禛在朱元璋建立內閣的基礎上成立軍機處，掃清了內閣中遺留的對皇權的牽制，清代使得君臣關係演化成主人與奴才。

清代延續了明代的官制，除了加進一些滿洲八旗遺傳下來的職務外，把殿閣大學士升為正一品，雖然大學士不是宰相，但有此頭銜也就擁有了宰相的品級。軍機處的設立帶有偶然性，西元一七二九年，即雍正七年，因為要對西北用兵，皇帝怕內閣人多嘴雜洩露軍事機密，於是就在皇宮隆宗門內設立了一個臨時辦事機構——軍機處，意思是辦理緊急軍務之用。軍機處的職官有軍機大臣和軍機章京兩種，俗稱「大軍機」和「小軍機」。

軍機大臣由皇帝在大學士、尚書、侍郎等官員內遴選，有些也由軍機章京升任。軍機大臣正式的官名叫「軍機處行走」或「軍機大臣上行走」，所謂「行走者」，即入值辦事之意，不是什麼正式的官。軍機大臣沒有定額，人數完全由皇帝根據情況定。軍機章京初無定額，嘉慶年間開始定員並分派值班。軍機章京稱為「軍機司員上行走」或稱為「軍機章京上行走」。軍機處的實質也等於皇帝的秘書班子，用順手以後就成了常設機構，不僅一切機密大政都交給軍機處，內閣反而成了辦理例行事務的機構。

為什麼胤禛要用它代替內閣呢？因為軍機處的臨時性便於皇帝個人控制。軍機處在權力上雖然是執政的最高國家機關，但在形式上卻處於臨時機構的地位，就像某某領導小組，從始至終不像個正式國家機關的樣子。軍機處辦公的地方不叫衙署，只稱「值房」，顧名思義就是值班室。最高行政機關也就那麼幾間木板屋或瓦房，軍機處沒有專職的官員，軍機大臣、軍機章京都是由內閣的原官兼職，皇帝可以隨時令其離開軍機處，回本衙門。軍機大臣和軍機章京更無品級，他們的俸祿根據原官職發放，組成完全由皇帝任意安排。

由於軍機處的秘密性，更便於貫徹皇帝的個人意志。以前所有給皇帝的上奏都要通過內閣，皇帝的聖旨也是由內閣票擬皇帝硃批後，交給六部尚書執行，六部給事中還能將聖旨原封不動退回，皇帝想幹什麼在朝廷上沒有秘密可言，皇帝給地方官下旨也須通過六部。清代政府發布的最高命令稱上諭，上諭分為兩種：一種是明發上諭，一種是寄信上諭。明發上諭都是無關緊要的一些例行公事，譬如皇帝要外出巡遊某地啦，上墳、講課、救災啦等，以及中央政府官吏的任免發布和需要曉諭中外的諸事，都由內閣擬好，皇帝看過，再由內閣交到六部，這是各朝向來的慣例。寄信上諭是清代特有的，不按上述程序，而直接由皇帝的軍機處寄給受命令之人。

譬如給某省巡撫的上諭，直接寄給巡撫，旁人是看不到的；或者要交給某部尚書的，也是直接寄信給這個尚書，其他人也不知道具體內容。到後來凡是緊要的事，差不多都用寄信上諭發出了。這種上諭，由軍機處擬給皇帝看，皇帝看過以後，封起來蓋上「辦理軍機處」的大印。全國各級長官通過軍機處這個媒介同皇帝發生關係，全國一切政治都變成秘密不再公開。唐宋時代的詔敕，也就是政府發布的命令，宰相一定要蓋章，沒有宰相的章，就不成為詔書。明代雖然廢除相權，但還是在制度之下由皇帝來當宰相，宰相的職權直接由皇帝兼任。只是宰相做錯了工作須負責，皇帝工作做錯了無人監督，可以不負責。除這一區別外，明代制度還是和過去大體相似的。清代就更超越了這一限制，軍機處使清代行政都成了私下的秘密，這種專制比尚有制度可循的內閣制又大大前進了一步，達到了登峰造極的高度。秘密政治沒有不黑暗的。

軍機處的無制度性使得大臣失去了出謀劃策的責任，軍機大臣們只是承旨辦事，讓幹嘛就幹嘛，根本談不上什麼申訴權和駁回權。沒有制度的安排使得皇帝可以隨心所欲，既不必擔心旨意被駁回，軍機處人員更是牽在他手中的玩偶。軍機大臣，名義上是大臣，照制度法理講，並不是大臣，因為他是皇帝御用的，而不是政府的正式最高行政首長。內閣大學士，按照身分還可以勉強稱為國家大臣，軍機大臣則只能算是皇帝的私人秘書。

在中國古代最高權力的和平交接只有兩種方式：禪讓和世襲。因為君主的私心「禪讓制」成了一種理想而難以在現實中普遍使用。中國人熱衷於構建人與人的倫理關係，對政治制度不是沒有思考，諸子百家的思想體系中都強調民眾的重要，關心民生的好壞，然而卻想不出一個使老百姓參與政治的辦法。人類憑空想像的能力有限，只能通過古代的一些實例來設計理想社會，這也是儒家總喜歡歌頌堯舜禹的禪讓和他們對百姓的仁慈的原因。沒有辦法的辦法是讓取得統治權的人加強自身修養，使其變成好人，從而善待百姓，上級與下級各安其分，以此使民眾獲得太平生活。

中國政治中最難進步的一點就是不知道如何制裁和監督上級，而上級絕不會自動成為好人，更不會在無後果狀態中主動安分盡職。中國人的性格是聰明而精細的，小農的特點更是因循守舊，華夏文明雖產生了很多早熟的社會狀況，在中國中央集權兩千年的政治演變中，我們能看到一個很有趣的現象，就是中國人很善於在政治的技術層面上設計並完善，而無意或者故意避開制度方面的改革。

西方人是粗獷的，航海的經歷需要不斷提出挑戰，所以他們從一開始就有雅典的公民大會和羅馬的元老院，他們不怕在吵吵鬧鬧中建立人與人的關係。中國人的「三權分置」與西方人的「三權分立」是兩個截然不同的觀念，就像一個房屋的設計，中國人將內部裝修得非常華美，然而整座房子只有一根獨木支撐，西方人內部可能只是些簡單的裝飾，卻牢牢地把三根立柱支撐好。秦漢的政治制度來源於春秋戰國的思想家們，更體現了中國人的民族性格和民族心理，理解了這些，對糾纏了兩千餘年的君權、相權的設計就能找到一條模糊的線索。

第6章

非主流政治

專制下的政治醜態

中國歷史上政治清明的時間並不長，合計一下，恐怕兩千年來最多只有兩百年，也就是說只有不到十分之一的時間裡人民日子過得略好一些。有一些在中國政治史上產生巨大影響的政治形態，既不符合主流的社會意識，又給社會帶來很多負面的因素，成為皇權專制中黑暗政治的組成部分，同時受到歷代史學家的各種批判。這些政治形態中包括皇帝的母親以及母親的家族對帝國的統治，皇帝身邊的太監以及寵臣、酷吏把持朝綱，割據一隅的藩鎮軍閥擁兵自重不服從中央管制，奸臣當道、官場尸位素餐、腐敗橫行。

在上述情形下，統治者們橫徵暴斂、自私自利，給人民帶來了深重的災難。這些政治形態下的權力都是寄生於皇權而存在的。歷朝歷代除了開國皇帝或者少數世襲的皇帝有管理國家的興趣，大部分繼位者要麼年幼、要麼喜歡別的，因此權力中心常常處於真空狀態。其他事情空著就空著了，國家最高權力卻一日都空不得，這意味著整個民族公共秩序的停擺，就像低窪地一樣，一旦沒水其他水源就會填進去，因此，與皇帝最接近的人就開始分享這部分權力。

歷史上有一種觀點認為，各朝代滅亡的主要原因如下：漢亡於外戚，唐滅於藩鎮，宋敗於外族，明亡於宦官。這雖有一定道理，但歸根結底朝代的滅亡還是要皇帝自己和以他為首的整個官僚集團去負責任。從某種程度上說，上述史實也說明外戚、宦官和藩鎮等在某個歷史時期產生過重大影響，甚至是造成朝代興替的主要原因之一。

一、母后政治

從秦朝建立中央集權的統一帝國以來，皇帝的母親就成為左右政壇的一支重要力量，雖然大多數女人既沒有政治野心，也沒有政治能力，但一旦掌握權力就會產生重要影響。

我國有三大著名女強人，都是從皇帝的妻子做到了皇帝的母親，然後掌握皇權很多年的人。第一個是西漢開國皇帝劉邦的老婆、漢惠帝劉盈的媽媽呂雉；第二個是唐高宗李治的妻子，中國唯一的女皇帝武則天；第三個則是清末的慈禧太后。

呂后干政

呂雉嫁給劉邦很有戲劇性，《史記・高祖本紀》中記載，呂雉的父親帶著全家移民到劉邦所在的沛縣，因為和縣長關係好，於是縣裡面的人都來祝賀，劉邦當時是下面的一個亭長，自然要來，但他不老實，明明窮得沒錢給賀禮，卻偏偏嘴上喊「賀錢萬」，呂公以為是個富豪來了，急忙出來迎接。喝酒過程中，他大咧咧地坐在上位，對其他客人也不尊重，蕭何了解他，看不過去說：「這傢伙老是說大話，很少成事。」但呂公反而喜歡上了他，以相面為藉口，不顧妻子的反對執意把女兒嫁給了他。

一個人是否富貴，偶然性起了很大作用。呂雉日後的地位是她爸慧眼看出來的，劉邦一副流氓相反而贏得美人家裡的青睞。呂雉跟著劉邦從平民生活再到出生入死地闖了過來，因此史書說她性格剛毅。呂雉種過地，跟著劉邦擔驚受怕過，還在兵荒馬亂之中被俘虜，項羽曾用她做人質要脅劉邦，這些經歷無疑培養了她的堅強與耐心。她在戰爭年代跟著劉邦經歷過患難，在劉邦登基後，為鞏固西漢政權，果斷殺掉韓信和彭越，政治上也幫了劉邦不少忙，但呂雉的地位卻並不穩固，貴為皇后的日子很不好過，主要的威脅來自劉邦另一個老婆戚夫人。

《史記・呂太后本紀》上記載，戚夫人很得劉邦的寵幸，平常一直把她帶在身邊，呂雉則是留守空房。這個還不算什麼，呂雉生的兒子劉盈很柔弱，劉邦不喜歡，而劉邦認為戚夫人生的劉如意很像自己，且戚夫人也很會用眼淚戰術，所以劉邦屢屢想改立太子。中國的宮廷規則是母以子貴，太子占據的是法統地位，素來為大臣和諸侯國保護。劉邦的大臣周昌為人耿直，劉邦在朝廷上與大臣們商議廢除太子之事，周昌堅決反對，加之他口吃，結果把劉邦說樂了，若非如此，太子之位幾乎不保，呂雉在旁邊偷聽後，竟以皇后之尊跪謝周昌，可以想像此時此刻呂雉的惶恐。她曾經想盡一切辦法來保護劉盈，派哥哥呂澤求教於智多星張良，張良給她出了個主意，讓她去請劉邦都請不到的商山四皓，即四位隱居在商山的秦朝博士，讓他們時刻跟隨太子。

《史記・留侯世家》記載，劉邦臨死前，決意更換太子，張良、叔孫通誰也勸不動。一次劉邦讓太子陪著飲酒，正好看到四位鬚髮皆白的老先生站在劉盈身後，劉邦感到很奇怪，就問姓名，這四位老者就說我們叫東園公、甪里先生、綺里季、夏黃公，劉邦大吃一驚，說道：「我請你們出山好些年，你們不理我，怎麼跟著我兒子了？」四人道：「您輕視儒生，隨便亂罵，我們不願受此侮辱，所以不肯出山。聽說太子很仁孝，待人恭敬友善，天下的人都想為他所用，我們就來了。」劉邦以為太子羽翼已經豐滿，更換皇位繼承人恐生亂子自毀長城，果然就打消了改立太子的主意。劉邦最後對戚夫人說：「呂后真是你的主子了。」可見呂雉的地位曾多麼危險。

漢惠帝劉盈確實不像他的父母，人很好但性格太懦弱，加上年少無知，即位時只有十六歲，所以皇權向母親傾斜在所難免。呂雉以太后身分臨朝稱制是在劉盈死後，劉盈的兒子年幼，只好一切由太后做主，於是呂雉成為中國歷史上第一位行使皇帝職權的女人。

「雉」是一種野雞，呂后的名字既粗俗也很平民化，她沒有受過什麼教育，並不是一個有政治抱負的人，她走向政治中心純粹是丈夫與兒子都是皇帝的原因。她算不上政治家，只是跟著劉邦在艱難歲月中養成了果敢的做事風格，也能洞悉人情世故。但她能嚴格地遵守劉邦的遺言，在事關國家大局的宰相人選上從蕭何、曹參再到王陵、陳平，都是追隨劉邦的功臣，皆有治國之才，這就保證了漢初政治局面的穩定。在面對匈奴冒頓單于侮辱性的書信時，不僅沒有火冒三丈，反而能心平氣和地去處理，避免了一場無謂的戰爭，有政治家的胸襟。

呂后為人詬病的有三件事：

一個是殺功臣韓信與彭越。韓信與彭越都是劉邦忌憚之人，即使她不動手，劉邦也容不下他們，當劉邦出征在外，宮裡流傳他們要造反的消息時，當機立斷並非是種殘忍。

二是虐殺戚夫人，害死劉邦的幾個兒子。劉邦在世時，戚夫人屢次想取而代之，給呂雉造成巨大的恐懼，這種個人恩怨使得貴族集團互相殘殺。好在這種屠殺的範圍很小，老百姓休養生息的政策一直沒有破壞。

三是破壞了和劉邦生前的約定，大封呂氏諸王。這是一種向著娘家人的私心，也是一種維護自己安全感的心理行為。這種做法必然加劇皇族劉氏和大臣們與呂氏家族之間的矛盾，表面看起來自己的力量加強了，但從長遠看，在政治上無疑是愚蠢的，因為呂雉的權力也依賴於劉氏家族，其做法無異於給自己家族的滅亡埋下導火線。

其實呂后還是有一定清醒度的，臨死前她叮囑自己的姪子呂祿、呂產說：「高祖平定天下後，與大臣們約定，只分封劉氏為王，如果有其他人稱王，大家就共同攻打他，今天你們封了王，大臣們心裡都不平衡，我死以後，皇帝年幼不懂事，大臣們恐怕要生出什麼亂子，你們待在兵營裡不要出來，也不必給我送喪，千萬不要為人所制。」可惜她的姪子們遠沒有她的政治謀略，很快就上了當，整個呂氏家族被滅。

縱觀呂雉一生，政治上延續的是劉邦的政策，治國依靠的也是打天下的功臣們，還能巧妙化解邊界的戰爭，總體還是值得肯定的。司馬遷評價呂雉：

> 高后稱制，政不出房戶，天下晏然。刑罰罕用，罪人是希。

這樣的統治好過很多男性，雖然呂后做過不少惡事，但卻沒有惡政，這已經難能可貴了。

武則天

第二位女主武則天更加有名，她就是中國歷史上唯一登上皇帝位子的女人。呂雉由民間走向宮廷，武則天則基本上是在宮廷內部度過一生的。她十四歲的時候，唐太宗李世民聽說她長得漂亮，於是召她入宮。十四歲僅僅是生命的開始，她的父親武士彠與李淵是有交情的，在山西行軍的時候經常在他家休息。李世民時期，武士彠官做到工部尚書、荊州都督，封應國公，已經不小了。可以說，武氏是官宦人家出身，是錦衣玉食的大小姐。雖然十二歲時父親去世，但她很快就入了宮。傳說她小的時候，一代術數大師袁天罡看到扮成男孩的武則天，大為驚歎，說她：「龍瞳鳳頸，極貴驗也！」又說：「可惜是個男孩兒，若為女孩兒，當作天子！」

武則天的經歷也頗有戲劇性。李世民死後，根據當時的法規，未生產的嬪妃皆勒令出家為尼，她是李世民的小老婆，這簡直宣判了她宮廷生活的死刑。幸運的是，美貌的武則天吸引了李世民的兒子李治，新皇帝不顧倫理約束硬讓她還俗，封為自己的妃子，給了她重新進入宮廷中心的機會。如果說呂雉是有政治頭腦的女人，那麼武則天可以算中國歷史上僅有的女政治家了，她不僅通文史而且智謀過人。李治身體不好影響正常辦公，給了武則天施展才華的機會，因此，丈夫還在世，她就已經擁有很大一部分皇權了。

武則天在歷史上統治時間很長，爭議也很大。因為武則天是個女人，其統治飽受爭議。習慣於男權統治的漢人深受男尊女卑的觀念影響，無法接受一個女人在男人上面發號施令。從生理結構來講，男人長得比較高大，孔武有力，做事情能力普遍比女人強，這是事實，但並不是所有男人都比女人強，才華橫溢超過男人的女人也不乏其人，像李清照和武則天，她們的能力都超過其丈夫。因此古代許多人以不合倫理綱常攻擊武則天。說透了，武則天再怎麼折騰，在唐代統治階層看來她都是李家的媳婦和皇帝的母親，雖改換大唐國號為大周，但傳位給她兒子又會回到李唐天下，這叫萬變不離其宗。武則天雖然令人恐懼，但她的權力依然寄生在李氏家族中而無法自立。

武則天的心狠手辣備受爭議。一方面，她對待競爭對手、李治的其他妃嬪極為狠毒，甚至為了權力不惜害死親生兒女；另一方面，她任用酷吏，大開告密之門，為了對付政敵和異己，殺人手段十分殘忍。

她運用各種手段害死王皇后和蕭淑妃，這是宮廷鬥爭的一部分。後宮爭寵互相殘殺的例子很多，其實根子還在皇帝自己，李治懦弱，受武氏擺布，換了李世民就做不到了。至於她親手掐死剛出生的女兒嫁禍王皇后，更是殘酷的政治傾軋泯滅人性的表現。《舊唐書》記載說王皇后與母親柳氏悄悄地求助於巫術，請道士等人背後用法術和咒語對付武則天，才使得李治大怒，產生廢掉皇后的想法。關於毒死太子，李弘因為心眼好，看到兩個被幽禁的姐姐，替她們說情，武則天不高興以至於下毒手。這個說法需要推敲，武則天有政治家的氣度，李弘是她親生兒子，李治還活著，政治上並沒有直接的權力衝突，況且李弘自幼體弱多病，留下他監國期間，他還把政事多交給大臣。有句諺語「虎毒不食子」，作為一個母親，沒有足夠的動機，不大可能害死自己的子女。

酷吏（下面我們還要專門講）從來都是統治者的政治棋子，我們可以想到武則天作為一個女人，想取得最高權力會遇到多麼大的阻力。李治剛死，李勣的孫子徐敬業以匡扶李氏皇室為名就在揚州起兵造反；在她一步步走向權力頂峰的路上，李氏皇室和唐朝開國功臣關隴貴族集團以及其他重臣們幾乎都會站在她的對立面。她清楚，沒有足夠的恐怖手段，是沒人陪她玩兒的。

徐敬業起兵是武則天扶持酷吏的一個開端，在武則天稱帝前後，是酷吏活動的猖獗期，也是武則天為了登上帝位誅鋤異己的時期。天授二年（西元六九一年），武周政權剛剛穩定，武則天就很快以各種罪名殺掉周興、索元禮等人。在治國中，她任用婁師德、狄仁傑，提拔姚崇、宋璟等賢臣，可以看出她是把酷吏當成政治手段的。武則天把專制體制下的恐怖統治發揮到了極致，所謂的罪犯完全是她主觀認定有可能對她政權產生威脅的人，至於證據就是這幫酷吏去羅織了。中國歷史上以酷吏聞名的，在武則天一朝有來俊臣、周興、索元禮、丘神勣、傅游藝一幫人，如果編排名冊，來俊臣和周興都可以競爭中國歷史第一酷吏的頭銜了，可以想像武則天為做女皇，死在她權力道路上的冤魂難以勝數。

武則天的政治才華是毋庸置疑的。司馬光在《資治通鑑》中評論道：

> 太后雖濫以祿位收天下人心，然不稱職者，尋亦黜之，或加刑誅。挾刑賞之柄以駕御天下，政由己出，明察善斷，故當時英賢亦竟為之用。

大意是：她能知人善任，用刑罰和獎賞駕馭群臣，勤於政事，對各項事務都非常清醒，判斷也很準確，有能力的人都願意為她所用。以至於罵她最狠的宋儒們仍然欣賞她的用人之道，在這方面她有兩點值得肯定：一是完善科舉制，大力提拔出身寒微的士子，打擊保守的門閥貴族體制；二是她有知人之明，能發現人才，合理使用人才。

如同評價一個政治人物，主要看他的內政、外交與軍事能力。武則天還是妃子時就給李治提出了〈建言十二事〉，裡面就有詳細的施政綱領，包括「勸農桑，薄賦役」等，後來又頒發了〈兆人本業記〉，對農業生產非常重視，另外她也極其關注地方吏治和土地兼併等與經濟息息相關的問題。在武則天時期，農業、商業、手工業增長迅速，經濟取得了長足的進步，可以說沒有武則天的政治基礎，就不會有開元盛世的出現。邊疆歷來是外交與軍事的重點，她的政策是溫和接納多民族文化融合，不主動挑起糾紛，但該反擊時就不手軟，軍事上在邊界設立軍鎮和屯田解決軍糧，在這方面沒有重大失誤。武則天喜歡文史，重視科舉考試，這無疑推動了社會文化的發展。武則天是個複雜的政治人物，評價要客觀，不應該像《新唐書》那樣以善惡來評述，也不必肯定功績時而不考慮她施行的惡政。

慈禧太后

三大女主最後一位就是近代的慈禧太后了，姓葉赫那拉氏，滿族鑲黃旗人，父親惠徵是安徽的道員，就是副省級城市的市長。她十七歲入宮給咸豐帝奕詝當小老婆，肚子爭氣生下了咸豐帝唯一的兒子載淳，咸豐死後，慈禧以皇帝母親的身分與慈安太后平起平坐。慈禧的爭議更大，主要是因為她的統治是在清末，面對西方工業文明衝擊，整個大清帝國已經迷失了方向，帝國大廈所表現出的腐敗、保守、陳舊、荒謬、軟弱無力、野蠻、貧困、戰亂、喪權辱國等各種壞現象，使得中國人無法原諒那個時代的統治者。

在人們心目中，慈禧太后成為昏庸、腐朽的代表，這是有失偏頗的。整個中華民族在近代史的失落並不是某個人造成的，而是制度的失敗，是整個民族特性所造成的，僅僅批判一個人，讓她成為替罪羊，這種觀點不僅無益反而有害。德國人沒有把發動第二次世界大戰的責任都推到希特勒（Adolf Hitler, 1889-1945）一人身上，他們會反省民族的缺點，為什麼德國民族會出現希特勒這樣的獨裁者，為什麼德國人會被這樣一個人的宣傳搞昏了頭，每個人都有責任不讓歷史重演。中國人歷史上並不乏這樣的思想，比如，「天下興亡，匹夫有責」。但我們總喜歡推卸責任，我們人民非常好，民族很優秀，只是個別統治者，像慈禧這種陰險的女人，因為她的自私使得我們被動挨打。於是責任都推到別人身上，壞事別人承擔，我們像吃了鴉片一樣沉醉在幻夢裡，像毒癮發作一般高喊著「刀槍不入」。

西元一八六一年，逃難中的咸豐帝病死，慈禧剛開始進入政壇面對的便是英法聯軍占領下的北京，東南半壁江山是太平天國與湘軍的鏖戰，朝內八個顧命大臣成為她政治上的對手。她沒有經歷過呂雉的顛沛流離，也沒有武則天繼承「貞觀之治」的福分，她是在內憂外患之中登上皇權操縱者的寶座的。平心而論，慈禧是有政治天賦的，這從她乾淨俐落地幹掉肅順等人可以看出來；「洋務運動」是在她主政時期一批大臣們搞起來的，不可能沒有她的支持；「戊戌變法」一開始她也採取支持的態度，直到變法急功近利，威脅到了她的權力時，她才考慮鎮壓；如果僅僅是因為她思想頑固不化，她就不會同意西元一九〇五年的「立憲運動」。

慈禧也是個文化不高的婦女，權力欲是她的出發點，她不可能站在民族國家甚至世界的高度來考慮問題，而此時的大清帝國恰恰是需要有足夠思想高度和視野的統治者來挽救整個民族的危局，這個歷史使命是她不可能完成的。她這種局限性也使得整個民族向深淵不斷滑落，為了個人享樂挪用海軍軍費修頤和園，間接造成中日甲午海戰的失敗；為了保守派和自己的私利，不顧國家命運，鎮壓「戊戌變法」，阻礙政治革新；利用民眾盲目排外和迷信心理，支持荒唐的「義和團」運動，引出八國聯軍占領北京，自取其辱，國家陷入空前危難之中。她把大清國當成自己的私產，在瘋狂賣國中拚命延續自己的統治。

從這三個著名女人的經歷，我們可以看出，母后政治的兩個特點：

首先，它把維持自己的統治當成第一要務，把對國家民族的責任感放在其次，加之女人謹慎小心的本能，不會主動推動社會向前發展。

其次，擾民的行為不多，這些女性是在與男權的爭奪中脫穎而出的，都有一定的政治才能，不會像一些男性皇帝那麼荒唐，因此政治上也不會太黑暗。

二、外戚政治

外戚是指皇帝的母親或妻子的家族，外戚左右朝政是和母后政治聯繫在一起的。皇帝年幼，母親代替他握有朝政大權，但並不是所有女人都有呂雉和武則天那樣的政治才幹，她們往往依賴於自己的娘家人，於是皇帝的外公、舅舅和表哥等就成為皇權的實際擁有者。外戚參政從呂雉分封諸呂為王開始，漢文帝劉恆的老婆竇漪房雖出身寒微，但是崇尚黃老之術，政治上極大地影響了景帝和武帝初期，她的姪子竇嬰官至宰相、大將軍，這就造成了一個甩不掉的外戚干政的傳統。漢武帝劉徹鑒於此，居然採取了立太子殺掉其母親的極端做法，但卻絲毫沒有限制外戚家族的掌權，西漢就是滅亡在外戚王莽手中的。

王政君，魏郡元城（今河北邯鄲）人，為官宦人家出身，父親王禁唯一的本事就是妻妾眾多能生孩子，所以她的娘家是一個大家族。她年輕的時候，王禁把她許配人家，她沒過門這人就死掉，一連兩次，她爸毛了，找人算命，得到大貴的暗示，於是才想起來培養她，之後想方設法把她送入了皇宮。她成為漢元帝劉奭的皇后純屬偶然，她其實並不得劉奭的寵愛，僅僅是懷上了劉驁，母以子貴，成了掌有實權的皇太后。

漢成帝劉驁是中國歷史上有名的酒色皇帝，「楚腰纖細掌中輕」，能作掌上舞的趙飛燕就是他的皇后。其實，劉驁也並非一無是處，班固在《漢書》上記載自己姑姑（劉驁另一個妃子）對劉驁的評述：

> 成帝善修容儀，升車正立，不內顧，不疾言，不親指，臨朝淵嘿，尊嚴若神，可謂穆穆天子之容者矣！博覽古今，容受直辭。公卿稱職，奏議可述。遭世承平，上下和睦。

劉驁不僅儀容舉止都很有尊嚴，甚至讀書不少，能接受大臣們的直言，朝廷也比較和睦。這不免有些溢美，然而金玉其外敗絮其中，生活上的淫樂過度，和政治上的昏庸無能使得他完全依賴外戚家族的支撐，這就為王氏家族日後做大打下基礎。王家第一個掌握朝政的人是王政君的哥哥王鳳，之後「大司馬、大將軍、領尚書事」（類似宰相）的最重要官職幾乎被王家壟斷了，擁有政治野心和政治理想的王莽出現後，徹底改變了外戚家族依附於皇權只圖驕奢淫逸、作威作福的狀況。劉驁雖然好色，卻生不出一個兒子來，只好選他弟弟的兒子劉欣即位，一時間出現了四個皇太后，王政君太皇太后，成帝的遺孀趙飛燕趙太后，劉欣的奶奶傅太后，劉欣的媽媽丁太后，這就不可避免地造成了外戚家族之間的鬥爭。但王政君占據的正宗法統地位是其他太后難以逾越的，加之漢哀帝劉欣不僅沒有什麼政治能力，還短命早死，虛歲二十五就向閻王爺報到了，當政僅僅六年。劉欣一死，傅太后和丁太后兩家自然失勢，趙飛燕出身卑微，沒有家族勢力，王莽重新掌權後很快就逼迫她自盡了，王政君的長壽繼續維護著王莽一步步取代劉氏家族的皇權。至於以後的漢平帝劉衎已經完全被王莽左右，十五歲就病死了，「王莽代漢」也就成為必然的趨勢。

外戚控制朝廷最突出的時候是在東漢，這也是巧合，東漢的皇帝大多命不長，縱欲的結果就是二三十歲即一命嗚呼，所以新皇帝登基時還都乳臭未乾，以至於形成了一個獨特的現象，年紀輕輕的皇家寡婦們不斷臨朝聽政。《後漢書》記載：

東京皇統屢絕，權歸女主，外立者四帝，臨朝者六后，莫不定策帷帟，委事父兄，貪孩童以久其政，抑明賢以專其威。

大意是：東漢皇帝經常沒有子嗣，大權旁落太后，從皇族裡找的繼承人有四個，有六個太后直接臨朝聽政，這些女人都在幕後制定政策，把國家大事委託父兄，為了自己的權欲反而喜歡立年幼的皇帝而壓制賢臣。

強有力的皇帝最喜歡做的事就是加強自己手中的權力，盡可能削弱大臣們的控制，這種中央集權的強化往往適得其反。《後漢書》中說道：

光武皇帝慍數世之失權，忿強臣之竊命，矯枉過直，政不任下，雖置三公，事歸台閣。

光武皇帝就是東漢的開國皇帝劉秀，他想矯正西漢末年臣強主弱的局面，政事不依賴大臣，雖然仍然設置司徒（宰相）、太尉、司空（御史大夫）等職務，但是真正掌權的是品秩不高的尚書台。

中國皇權問題的關鍵是在世襲制度上，不改變這一根本，拚命在集權上做文章，只是在皇帝有政治興趣和政治能力時管用，一群「頑主」式的皇帝給他巨大權力等於政權的自殺。尚書台雖然便於皇帝控制，但也便於外戚和宦官們控制，劉秀的子孫很快就驗證了這點，在外廷約束不夠的情況下，東漢政治形成了太監與外戚的輪流專權。

東漢最有名的外戚四大家族是「馬、竇、鄧、梁」，馬是東漢明帝劉莊的皇后，劉秀開國功臣馬援的女兒，雖然馬家功高顯赫，但馬太后為人很謙虛，不願封賞家人，所以馬家並無很大勢力。漢章帝的皇后竇氏，祖先是大名鼎鼎的竇融，她的母親是東海恭王劉強的女兒沘陽公主。竇氏一門本來就是貴族之家，從竇太后開始就握有朝廷的實權了。她的哥哥竇憲是有名的軍事家，曾北擊匈奴，消滅了北單于統治的匈奴帝國，徹底平定了北部邊患。匈奴人被迫長途遷徙到歐洲，也就是現在的匈牙利，造成了西羅馬帝國的滅亡。蒙古草原因為匈奴人遷走了，東邊的鮮卑人趁機控制了漠北，壓迫南匈奴等民族進入漢族居住區，這些成為日後「五胡亂華」的源頭。當然竇憲是不可能想到歷史上這些變化的，他同時是一個飛揚跋扈的政治野心家，劣跡斑斑令人不敢恭維。

《後漢書》中記載，竇憲不僅強占公主家的田地，而且看到竇太后喜歡齊殤王的兒子都鄉侯劉暢，居然派刺客刺殺劉暢，還嫁禍劉暢的弟弟。公主和劉暢都是劉氏皇族，連皇家的人都敢欺負，竇氏家族的驕橫可想而知。《後漢書・竇憲傳》中對竇憲的評價是：為人性格急躁，心眼很小，一點怨恨也要報復。當他平定匈奴名氣大振的時候，在朝廷中任人唯親，耿夔、任尚、鄧疊、郭璜都是他的心腹、爪牙。班固、傅毅給他寫文章，刺史、守令等地方官都是出自他家安排。尚書僕射郅壽和樂恢不順著他的意思就被逼自殺，於是朝廷被他的權勢震懾，都像牆頭草一樣順著他。

他的弟弟們更是惡貫滿盈，竇篤的官職是特進，保舉的官吏見他都要行三公禮，竇景是執金吾（首都衛戍區司令），竇瑰是光祿勳（中央辦公廳主任兼中央警衛團團長），一家子權勢熏天，京城傾動。竇景最壞，他的家奴仗勢欺人、為非作歹，侵凌老百姓，強搶民財，篡改罪行釋放犯人，霸占婦女，一時間商販們不敢做生意，像避開強盜一樣躲著他們，官府因為害怕也不敢舉報他們。

這是大多數外戚當政後的局面。漢和帝劉肇依靠太監鄭眾等人發動政變，消滅了竇氏家族的勢力，竇憲開東漢外戚專權的先河，而鄭眾又是東漢宦官干政的起點。竇氏家族在東漢末年又出了位太后竇妙，她就是漢桓帝劉志的皇后，但她在與宦官的鬥爭中優柔寡斷，很快就失敗了，她的父親竇武連同親信都被殺，她本人也被遷往南宮雲台幽禁。

漢和帝的皇后鄧綏也是名門之後，是東漢開國功臣鄧禹的孫女，鄧綏先後立過兩個皇帝，掌握朝政近二十年。鄧家吸取竇家覆亡的經驗，在行事上謹慎得多，劉肇活著時，鄧綏一直不讓娘家人入居高位，直到劉肇死後才封她哥哥鄧騭為車騎將軍、儀同三司。鄧家當政時期，崇尚節儉，不事奢華，能通過減免稅賦、賑濟災民、平反冤案以及給流民分公田等方式減緩社會矛盾。政治上，鄧綏兼用外戚、宦官、大臣，緩和上層統治集團之間的權力之爭。這些措施並沒保住鄧家的長久富貴，鄧綏死後，安帝就夥同太監罷黜了鄧氏家族，鄧騭父子等人被迫自殺。

梁妠，漢順帝劉保的皇后，也是東漢開國功臣梁統的後代，她的哥哥梁冀比竇憲還要驕橫，僅僅因為八歲的小皇帝劉纘說了句「此跋扈將軍也」，就把劉纘毒死，另立劉志做皇帝。梁冀年輕時就是個紈褲子弟，生活上窮奢極欲，走上仕途後「暴恣，多非法」，人家當官是維護法律，他當官是幹違法勾當，做事是專橫霸道，他這一輩子應該沒幹什麼好事。

如果說竇憲作為優秀的軍事家輸在了人品上，使得後人對他的評價很低，那麼梁冀除了會陰謀詭計外，品德更是一無是處。鄧家和梁家都當權三十年之久，形成了圍繞在家族周圍的龐大權力集團，士大夫在和外戚的鬥爭中往往處於劣勢，其原因是外戚們更靠近皇權。外戚當官的途徑是家族血統而不是靠讀書或者道德，因此他們大多屬於花花公子，不僅沒有政治能力，也缺乏對民情的體諒。小皇帝長於深宮中，除了天天侍候他的太監外找不到別人，外廷的大臣離得很遠，見不著面自然沒有感情基礎，因此他只能信任身邊的奴僕們。漢桓帝劉志把太監唐衡拉到廁所裡討論除掉梁冀的事，如果不是極親密之人，萬一洩露消息自己的命都不保。所以我們看到，殺掉一批飛揚跋扈的外戚，又來了一群窮凶極惡的宦官，相對有自我約束力的士大夫們始終處於弱勢。

楊堅以皇帝外祖父的身分，接受禪讓取代北周政權是外戚最後的輝煌，外戚政治隨著科舉制的建立，以及後代皇室對外戚們的防範而退出歷史舞台。通過考核選拔官吏而不是由貴族子弟壟斷官位，是對外戚的巨大限制，從此以文章見長的士大夫官僚集團開始左右官場，沒有進士資歷的官員是很有自卑感的。明清兩代都有未成年小皇帝登基的事，太后不得不干涉朝政，但都沒有東漢那麼囂張的外戚豪強產生。

三、宦官政治

宦官是中國歷史上獨特的產物。從周代起，貴族們閹割掉一些地位低賤男性的生殖器，把他們充作僕人使用，不必擔心自己的妻妾與他們偷情。自宋代後，宦官專為皇室所用。到明代，這種制度達到鼎盛，明末太監的人數超過十萬，可以想像皇家的奢侈程度。這是殘忍而野蠻的一種現象，卻居然在中國保持了三千年，隨著清帝國的滅亡而終結。

太監身世大多極為可憐，如果家裡有吃有喝，不可能任人奴役，更不可能把自己閹割掉，況且在儒家思想中，「不孝有三，無後為大」，這是種不符合社會主流意識的行為。太監們的出身都很卑微，他們目不識丁最為社會輕視，加之身體殘疾無家無業，這就造成了宦官獨特的心理：自卑、仇視社會、性情變態、沒有文化素養和道德底線，一旦掌權就會顯露出乖戾和殘忍來。太監的日常工作是侍候人，端茶倒水，迎來送往，阿諛奉承的功夫不錯，太監並不熟悉外廷政治。其實，皇帝只會把太監們當成家奴，並不會尊重太監，太監自己也沒有人生理想和獨立意識，依附於皇帝家族。宦官中間不乏好人，有些宦官還為歷史做出了重大貢獻，比如，蔡倫造紙、鄭和下西洋、馮保支持張居正改革，等等。

宦官專權是中國歷史上最黑暗的政治形態之一，這可以從歷代的權宦史中看出來。秦朝的趙高曾作為中國史上宦官亂政最典型的代表，但他是不是太監很有爭議。司馬遷鄙視這個人，沒有給他列傳，趙高的故事載於其他傳記裡，很多記載模糊不清。東漢為了對付外戚，皇帝往往依賴身邊的宦官搞政變，太監立功後，反客為主，很是囂張。偏偏東漢的皇帝們既昏庸又短命，劉宏甚至把宦官當成自己的父母，這是中國歷史上第一個宦官時代。

唐朝在「安史之亂」以後是太監們鬧得最凶的時代，甚至到了逼迫皇帝退位甚至殺死皇帝另立新君的程度，如宦官俱文珍，夥同太子李純硬把半身不遂的唐順宗李誦逼得讓了位，李純即位後又被宦官王守澄派人悶死，謊稱服食金丹中毒而亡。唐敬宗李湛也是被太監殺死，史稱「甘露之變」的事件中，宦官仇士良劫持唐文宗李涵，殺死密謀消滅宦官集團的朝廷大臣李訓和鄭注等一千多人，皇宮內血流成河。導致這種局面的原因有三點：

第一，李氏皇族總認為太監們是家奴，不僅跟自己很親密，而且連家都沒有，只不過是依附在自己身上的蝨子，最多吸點血，沒有大礙，不去多作防備。

第二，藩鎮割據導致軍事將領們經常不把朝廷放在眼裡，於是宦官監軍制度就形成了。這是一個極壞的制度，軍事統帥身邊有一個隨時可以要自己命的人監視著，這仗可怎麼打。《孫子兵法》中講：「將能而君不禦者勝。」為了應付瞬息萬變的戰場形勢要「將在外，君命有所不受」才行，明朝末代君主崇禎帝朱由檢誤信宦官之言，殺掉忠心耿耿的袁崇煥自毀長城的例子就說明這個制度的荒唐。最早的著名監軍太監應該是邊令誠，唐玄宗李隆基執政後期在邊塞設置九個節度使，讓他們長期統兵守關，邊令誠就曾很長時間在安西四鎮節度使的身邊充當監軍。「安史之亂」的時候，高仙芝和封常清統率軍隊在潼關一帶阻擊安祿山的部隊，邊令誠一再索賄不成，惱羞成怒，密告李隆基：「常清以賊搖眾，而仙芝棄陝地數百里，又盜減軍士糧賜。」結果造成兩位大將冤死，高仙芝臨死前說：「我因為被敵人打敗或逃跑，判我死刑也就罷了，說我偷糧食，天地良心這完全是誣告。」

第三，宦官們漸漸取得京城衛戍部隊的軍權，這是他們能參與皇帝廢立的主要因素。最初太監們只是染指禁軍，也就是保衛宮廷的中央警衛部隊，肅宗李亨時代的李輔國和程元振都曾「專掌禁兵」。到了唐德宗李适，把左、右神策軍也就是相當於首都衛戍區司令和首都軍區司令都交由太監，這是個致命的決定，從此皇帝也掌握在太監們的手裡了。柏楊說的第二個宦官時代由此產生。

明代皇權強化到無以復加的程度，外戚又被抑制，宦官的作用就被突出出來。

其實朱元璋明令太監不許干政，但到他兒子朱棣那裡就沒用了，太監不僅受到重用，還在政府各個部門中充當特務。宋代因為重視文人大臣們的作用，使得宦官橫行不起來，元代、清代少數民族不用宦官，太監亂政就不會出現，根子還在於制度的設計，因為太監的權力本來是皇帝自己的權力，只是皇帝自己懶得幹了，又怕別人攫取，交給家奴更放心。

有兩個著名的例子。一個是明朝中葉明武宗朱厚照的管事太監劉瑾。朱厚照是明代最荒誕不經的一位皇帝，十五歲登基，愛好聲色，淫遊無度，根本不上朝理政，不願住在皇宮，在北京皇城西北修了座別宮，起名「豹房」。作為自己的尋歡作樂之處。朱厚照的荒唐事能舉出一大堆。劉瑾是從小侍奉他長大的老奴，此時做到太監裡最高的職位——司禮監掌印太監。

司禮監太監是二十四衙門的首席，他主要的工作是：第一，傳宣諭旨，侍候皇帝批答奏章；第二，總管其他宦官的一應事務；第三，出任一些重要的官職，比如特務頭子東廠提督、禁衛軍首領南京守備等。

在明朝，官員們向皇帝上書彙報事情，要先送內閣，內閣類似於皇帝的秘書班子，所有給皇帝的奏摺由內閣大學士等輔臣先寫出初步的處理意見來，叫作「票擬」，再交給皇帝批閱。皇帝用紅色的毛筆在奏章上寫出批示意見，叫作「批紅」。明代的皇帝除了朱元璋和朱棣外沒有勤於政事的，他們常常讓自己寵信的司禮監太監代筆，時間一長就給太監的胡作非為提供了可能性。另外，司禮監的太監還有一個其他部門無法比擬的特權：傳達皇帝旨意；有時由秉筆太監記錄下皇帝的話，然後讓內閣起草對外發布的詔書，或者由太監口頭傳達給有關大臣。這種制度設計就給宦官帶來了篡改聖旨的機會，也使得司禮監擁有了宰相的某些功能和權力。

起初，劉瑾並不敢專權，遇事向朱厚照請示，這時的皇帝只是個十四五歲的少年，還處於青春期貪玩的年齡，據《明史紀事本末》記載：

但每有請示，武宗輒叱曰：「吾安用爾為？而一煩朕！」自是不復奏，事無大小，任意裁斷，悉傳旨行之，上多不之知也。

劉瑾挨罵以後不再惹皇帝，漸漸獨斷專行起來。劉瑾並非荒誕之人，他自己雖然不太識字，但他把大臣們的奏章帶回家以後，和妹夫以及信得過的親信們商量，通過內閣大學士的審核頒發。劉瑾並沒有依賴宮中的太監，反而更相信大臣，這就為日後太監們趁機攻擊他埋下了伏筆。

令人驚訝的是，劉瑾在短暫的當權期間居然還實行了很多政治改革，劉瑾變法包括了八十五條內容，這真是一件趣事，所以我們看古人真的不要人云亦云，而應以史實為依據客觀公正地評判。劉瑾壞在一個貪字上，絕對的權力本身就會導致絕對的腐敗，更何況落在一個只有今生今世而沒有子孫後代的太監身上。劉瑾索賄受賄不僅來者不拒而且胃口越來越大，官位和司法都成了劉瑾換錢的商品，他不僅自己貪，他的手下太監群體貪污，稅監、礦監四處橫行，嚴重破壞了國家財政體系，這方面的例子不勝枚舉。有一段時間他突然變成了清官，是因為一個親信「忽悠」他，說外面的官員都打著他的名義剝削百姓，上交給他的錢只有盤剝額的十分之一，可百姓卻把這筆帳算到他的頭上。劉瑾覺得不合算，於是拒收賄賂。這說明他文化層次很低，行為準則是划不划得來，根本沒有道德的約束。因此，他很快又故態復萌，斂財更加瘋狂。

清代趙翼在《廿二史札記》中記載，劉瑾抄出的家產黃金二百五十萬兩、白銀五千萬兩，其他珍寶細軟不計其數。照常人的邏輯真的不太容易理解要那麼多錢幹什麼，劉瑾平常的生活都在皇宮中，再有錢也是奴才，他往哪花去？我們可以想像金銀對他只是一種耀武揚威的心理滿足，內心中越自卑、人格越低下，就越拚命用金錢來放大自己手中的權力。其實，作為「立皇帝」的劉瑾，只是站在朱厚照前面狐假虎威的那隻狐狸，朱厚照一句不經意的醉話就要了劉瑾的老命，可見皇權是一切惡政的根源。

史書中總是用最壞的辭彙來形容弄權的太監，而故意忽視背後那隻真正負有責任的「老虎」

，中國士大夫們的「犬儒主義」使得他們只敢對著狐狸狂吠，而在一隻病態的老虎面前低眉順眼，這樣的「氣節」真是不有也罷。

明代集惡政之大成的太監是魏忠賢。魏忠賢結過婚，甚至還有一個女兒，他是日子過不下去了才把自己閹割，入宮當了太監。劉瑾是看著朱厚照長大的，而魏忠賢是在朱由校登基後才接近皇帝乳母客氏，一步步爬上司禮監太監寶座上的。

明朝的習俗，太監和宮女之間可以結為名義上的夫妻，雖不能生兒育女，倒也能慰藉心靈的寂寞，客氏與魏忠賢就是這麼一對。本來客氏與另一個太監魏朝要好，魏忠賢第三者插足，把客氏挖到手，他倆又合謀把客氏這位「前夫」打發出皇宮，途中又將其害死。此後一發不可收拾，在一系列的爭權奪利中魏忠賢平步青雲，直至封為九千歲。

其實朱由校人並不壞，只是投錯了胎，如果當木匠恐怕不亞於魯班的成就，可惜偏偏要讓他當皇帝。據記載，朱由校在庭院裡模仿建造了一座乾清宮模型，惟妙惟肖，巧奪天工。於是就有了魏忠賢一去找朱由校，朱由校就和他祖先朱厚照一樣喝道：

朕已悉矣！汝輩好為之。

他恨不得別人都別來煩他，魏忠賢就成了擋在他前面的那隻狐狸。魏忠賢最著名的事情就是和「東林黨人」的鬥爭，他大肆迫害反對他的清流官員，因此在文人士大夫眼中，他的名聲最臭。令人可笑的是，在他權力的頂峰，全國各地到處立他的「生祠」，祠堂是中國人供奉和祭祀祖先的家廟，活著時就建廟紀念這種馬屁拍得既荒唐又滑稽。

當時的明王朝在朱由校的爺爺萬曆皇帝朱翊鈞幾十年的罷工中早已千瘡百孔，關外虎視眈眈的女真人努爾哈赤已經在瀋陽建立了後金政權。魏忠賢就像趙高一樣根本不顧及國家與民族的安危，為了個人利益繼續腐蝕霉爛中的大明江山。不過無論劉瑾也好，魏忠賢也罷，他們的政治生命都很脆弱，始終不能像唐代太監那麼囂張，根本點還在於他們雖然控制了「東廠」這種特務機關，但軍權始終不在他們手上。

宦官專權必須有兩個條件：一是皇帝本人年幼無力行使權力或長大後不喜歡政治主動放棄行使權力；二是宦官本人在皇帝身邊多年，跟皇帝本人有非常親近的感情。宦官依附性最強，身分和心態都注定他們只會拿著權力作威作福，不可能成為有政治眼光和政治遠見的人。即使權傾朝野，宦官始終不可能出現像外戚王莽或楊堅那樣的政治家。心理不健全的人是不可能產生超越權力和金錢的追求的，也許他們偶爾能掌控一下皇室，但他們永遠掌控不了自己的欲望。

四、酷吏政治

酷吏是專制君主的工具，在中國歷史上，酷吏興盛的時期是漢武帝劉徹和唐武則天時期。劉徹一改他祖輩們與民休養生息「無為而治」的政策，用各種辦法拚命聚斂財富來滿足自己的揮霍和沒完沒了的戰爭需要；同時為加強皇權與中央集權，必然與權貴勳戚、豪強地主以及普通民眾各個階層的人發生衝突。劉徹是個極其專橫霸道的人，他為個人私欲不惜犧牲任何人的生命與財產，因此，為達到目的，他對百姓採取嚴刑峻法，對官吏殘酷殺戮。司馬遷說：「法令滋章，盜賊多有。」

專制政體往往只為滿足統治者好大喜功的心理，決策往往獨斷專行，又因這種判斷局限於很小的圈子，因此十分不科學。能提出修改意見的下屬們，命運操於上司之手，為了保官大多只知迎合不敢提反對意見，這使得統治者的勤政反而成了苛政與虐民。武則天有當女皇帝的特殊需求，她利用酷吏主要目的是掃清她的潛在敵手和政治上的反對者。其實，我們可以看到，專制統治者身邊都會有所謂不徇情枉法的冷酷執法官員，或者幕後從事特務與專案工作的人，他們是統治者駕馭臣民的工具。朱元璋在他的時代，他甚至連酷吏都不相信，大搞特務機關，使之成為他直接的眼線和完全聽命於他一人的工具。

漢武帝時代比較著名的酷吏是張湯。張湯的父親是縣丞，相當於縣裡邊公檢法的一把手。可能是遺傳的緣故，張湯天生就是個辦案能手。傳說他小的時候，父親讓他看家，老鼠把家裡的肉偷吃了，父親一怒之下揍了他一頓，憋了一肚子火的小傢伙要把犯了罪的老鼠緝拿歸案，他想盡辦法挖開鼠洞，老鼠和那塊肉人證物證俱在，於是他模仿父親審案的樣子，先對老鼠進行公訴，審問記錄、判決書、拷問過程一樣不缺簡直就像一個熟練的法官，定案後將老鼠處死分屍。他父親偷偷看到，驚訝得嘴都合不上了，從此開始有意識地培養他學習斷案的文書。

人們對酷吏的理解常常陷入誤區，比如張湯是個不貪財的人，死後只有皇帝賞賜和自己俸祿收入不足五百金，這個金指的是銅鑄的錢，不是現在的黃金。下葬時用牛車拉著棺材，連套棺材的外槨也沒有。包括司馬遷對所謂酷吏都有一種矛盾態度，認為他們有些人雖然執法嚴厲但為官清廉，這要看如何理解「清廉」二字了。張湯雖不貪財，但他在做小官時，極力討好權貴，劉徹母親的弟弟田勝犯了法，他盡力為之開脫，從此攀上了外戚田蚡等皇家勢力。這樣的清廉有意義嗎？他是以表面的清廉為手段謀取更大的利益。

《史記・酷吏列傳》記載：

> 所治即上意所欲罪，予監史深禍者；即上意所欲釋，與監史輕平者。所治即豪，必舞文巧詆；即下戶羸弱，時口言，雖文致法，上財察。於是往往釋湯所言。

張湯完全是揣摩著皇帝的意思審案，皇上想加罪的，他就交給刻薄的官吏去審；皇上想不深究的，他就發給執法公平一些的官吏。對待皇上必須除掉的豪強，一定舞文弄墨巧加詆毀；為了顯示皇帝很大度，故意找一些普通百姓沒有什麼勢力的案子，他就口頭彙報，按律應當判刑，他就讓皇帝明察，劉徹往往寬恕這些人。這哪裡是公正執法，法律完全成為為劉徹一人服務的工具，故意同情弱者完全是討皇帝歡心，給自己沽名釣譽。中國古代社會的黑暗現實，讓人們對酷吏的清廉抱有幻想，以為他們的執法如山是同情百姓。其實從李悝的《法經》開始，法律就淪為統治者奴役人民的工具，注定了不可能為平民百姓服務，執法者甚至可以為了一己好惡毫無顧忌地曲解法律，因此寄希望於所謂清官酷吏，無異於緣木求魚。只有法律面前人人平等，法律才能為民眾服務。

張湯最有名的案子是陳皇后的巫蠱案。劉徹移情別戀衛子夫，他的表姐陳阿嬌雖貴為皇后卻一直受到冷落，情急之下，她讓一個女巫詛咒衛子夫。事發後劉徹大怒，命張湯審理。這本來屬皇帝家事，可大可小，但張湯揣摩劉徹的意思之後，表現得十分冷酷，殺死皇后身邊三百多人，這位著名的阿嬌被廢除皇后地位，禁錮長門宮。之後，張湯又幫助劉徹處理了淮南王、衡山王、江都王幾件皇室的謀反案件，窮追到底，株連甚廣。他為了朝廷的「鹽鐵專營」，利用法律為劉徹剷除富商大賈，他的所作所為深得劉徹賞識，平步青雲直到御史大夫，權力一度超過宰相。張湯仰皇帝鼻息的做法搞得民不聊生，民眾騷動不止，地方政府財庫空虛，奸吏趁機魚肉百姓，不得已他又拚命加大法律治罪的程度，惡性循環。從公卿官吏到老百姓都恨他，只有劉徹喜歡他，他甚至享受到皇帝親自探病的殊榮。在皇權的社會裡，他只需要擺平皇帝一人就可以作威作福，根本不需要顧及其他人。

武則天時代的酷吏最具有代表性。令人聞名如見鬼的酷吏就是大名鼎鼎的來俊臣。來俊臣是京兆萬年（今陝西西安市）人，以告密起家。《新唐書・來俊臣傳》記載，來俊臣有兩個父親，都是賭徒，他親生的父親把他母親輸給了後來的養父，來俊臣的母親是懷著孕到了養父家，所以他也就跟了後來這個父親的姓。長大後他當強盜犯了法，本來要判死刑，算他命大，時來運轉，趕上了武則天開獎勵告密之先河。他也膽大，直接就敢誣告琅琊王謀反，觸動了武則天的神經，不僅赦免了他的死罪，還提拔他做了官。這無疑是個無賴的成長經歷，可以想像，來俊臣沒受過什麼好的教育，如果說張湯還保持著一些官宦人家操守的話，來俊臣就是一個徹頭徹尾的小人。

請君入甕很形象地表現了武則天時期酷吏橫行的場景。當時在朝廷中，與來俊臣齊名的還有一個酷吏周興，他整天控告、誣陷別人，一不留神不知誰告了他的密，說他要謀反，武則天批給來俊臣調查。來俊臣明白，所謂調查不過就是女皇已經討厭這個周興了，需借他之手除掉這隻狗，同為酷吏，他們可以狼狽為奸，但絕不會成為朋友，更不會兔死狐悲。來俊臣琢磨周興懂整人這一套，不下狠藥是不能讓這隻大狗俯首帖耳自動投降的。於是來俊臣在家裡請周興喝酒，周興當然不知內幕，欣然赴宴，酒至半酣，來俊臣對周興說：「平日辦案總有些人死不認罪，怎麼辦？」周興以為來俊臣向他取經呢，就說：「把囚犯裝進大甕裡，四面用炭火燒，要什麼他一定會說什麼。」來俊臣就讓家人搬了個大甕來，說：「我奉旨查你謀反，就請老兄進甕吧。」當酷吏面對自己曾經使用過的手段時，他也不得不招。這段極富戲劇性的故事說明了酷吏手段的殘忍和泯滅人性。來俊臣審案，不管輕重，上來就往囚犯鼻孔裡灌醋，還發明了「枷」的十種刑罰：

一、定百脈；二、喘不得；三、突地吼；四、著即承；五、失魂膽；六、實同反；七、反是實；八、死豬愁；九、求即死；十、求破家。

可以想像，在求生不得求死不能的極度摧殘中，還有誰能扛得住死不認罪。來俊臣成天誣告大臣，被他滅族的有上千家，誰跟他有仇都被他害死，他還到處搶人家的妻妾，可謂惡貫滿盈。

滑稽的是，來俊臣夥同另一酷吏萬國俊寫了一本《羅織經》，大言不慚地把如何羅織罪名、誣陷別人、製造冤獄總結成經典，這恐怕只有中國的帝制文化才能產生這麼令人毛骨悚然的著作。這本書主要針對人性的弱點來分析，其中說道：受別人害常常是不能明察人情，因為於心不忍，惹禍上身……人心大多虛偽狡詐，不能看他的表面；世上人情很淡，善良的人不會建立功業，相信別人不如相信自己，防備別人不要存僥倖心理。

下面就是他的一些具體做法：

> 人皆可罪，罪人須定其人。……憐不可存，憐人者無證其忠。友宜重懲，援友者惟其害。……死之能受，痛之難忍，刑人取其不堪。士不耐辱，人患株親，罰人伐其不甘。

酷吏的眼中，所有人都可以定罪，只要想定他的罪他就有罪。不能有憐憫之心，可憐別人就不能證明忠於皇上了，朋友更要嚴懲，幫助朋友就會招來禍害。一般人死能忍受，痛苦卻難忍，用刑一定要讓犯人不堪忍受。士大夫受不了侮辱，普通人害怕株連親屬，懲罰犯人一定要針對他的痛處。這是一部赤裸裸的整人宣言，是酷吏心聲的坦白，這本書可以說代表了專制統治最黑暗的一面。柏楊在《中國人史綱》中說：

> 法律的好壞，不在「法條」的本身，而在「訴訟法」的執行。不在如何處罰犯罪，而在如何確定犯罪。唐王朝的法律，是中國各王朝法律中最完善的一種，但因中國古政治思想缺乏人權觀念，所以中國始終不能產生證據主義的訴訟法……於是酷吏的酷刑就代替訴訟法，

法官在偵查報告時，不追求事實，只追求口供。

來俊臣並非見人就害，他非常懂得皇帝本人的需要，酷吏僅僅是皇帝身邊一條咬人的狗。來俊臣揣摩的是武則天的心理，女皇希望辦成什麼樣他就辦成什麼樣，至於這個人是誰、罪行是什麼都不重要，重要的是武則天的臉色，所謂犯人的生死都掌握在女皇臉上表現出來的一陰一陽中。難怪武則天會問姚崇：「怎麼周興、來俊臣死後就沒人謀反了？」這也是明知故問，她心裡清楚得很，「狡兔死，走狗烹」，反對力量已俯首帖耳，留著走狗的話，誰知有一天會不會變成瘋狗咬傷自己。

明代的廠衛制度是特務統治的代表，朱元璋把用來屠殺大臣的「酷吏」變成了一個特務機構，就是只聽命於皇帝一人的「錦衣衛親軍都指揮使司」，簡稱錦衣衛。這種特務統治並非朱元璋獨創，漢武帝劉徹的司隸校尉這個官衙就執行了監察的特務職能，包括唐代的內衛也有這個功能。朱元璋大造冤獄，隨便捕人、殺人、羅織罪名，可以運用任何偵緝手段的特務機關在明代就有了正式的名分。其實，任何事情都是一把雙刃劍，可以殺人也可以害己，特務組織擁有特權，政府機構很難加以制約，於是朱元璋在翦除功臣後，又把錦衣衛裁撤了。可是他的兒孫們卻對這一黑暗統治方式情有獨鍾，朱棣恢復了錦衣衛，又讓太監設立東廠互相監視。甚至只有東廠還不夠，明憲宗朱見深寵信的宦官汪直再設西廠，明武宗朱厚照的大太監劉瑾為加強手中權力又設內廠。這些舉措使得除皇帝外人人自危，為專制者濫殺無辜提供方便。

五、軍閥政治

軍閥政治比較突出的時期是三國、南北朝、唐朝藩鎮割據以及五代十國等戰亂年代，這些時代往往是中央集權式微或者國家分裂，各地軍閥擁兵自重。軍閥統治的特點是：戰爭不斷，人民生命財產缺乏保障。

在東漢末年的大混戰中，曹操寫了一首詩，很好地說明了當時的社會狀況：

> 鎧甲生蟣虱，萬姓以死亡；白骨露於野，千里無雞鳴。生民百遺一，念之斷人腸。

這是一幅淒慘的景象，其實，無論統治者多麼糟糕，只要不造成人民大面積的餓死事件，老百姓的日子總比戰爭年代要好一些。軍閥們往往出身於行伍，絕大多數文化不高，在打打殺殺中討生活，他們相信的是暴力，手下官吏大多是軍人，善於搶劫殺人卻不會治國安民。

南北朝時期，匈奴、鮮卑、羯、氐、羌五個民族先後在北方建立很多個小朝廷，史稱「五胡亂華」。這個時期的政治帶有濃厚的軍閥色彩。我們以後趙皇帝石虎為例，他的統治代表了那一時期軍閥統治的特徵。

石虎（羯族，山西上黨武鄉人）是後趙開國君主石勒的姪子。西元三三三年，石勒病死，石虎因為能征慣戰一直受到石勒的重用，加上叔姪關係，石勒更將太子石弘和國家大權託付於他，誰知他是狼子野心，第二年就將石弘殺死，自稱天王。石虎一輩子幹的事就兩件，殺人與荒淫無度。《晉書》記載，他攻打城池無論男女老少一律殺光，父子之間更是像野獸一樣互相殘殺。

石虎登基後，封他的兒子石邃為太子，石邃遺傳了其父的變態基因，他把自己美麗的小老婆們打扮得花枝招展，然後命人砍下她們的頭，洗乾淨血跡，把頭放入盤中，和自己手下的人一起傳閱欣賞，之後把她們的肉煮熟品嘗。當他看到父親喜歡他的另外兩個兄弟石宣和石韜時，心生妒意，計劃弒父篡位，沒想到密謀洩露，石虎震怒之下，把石邃一家和黨羽全部殺死。這次僅僅是開頭。他冊封次子石宣為太子，石宣再度嫉恨另一個兄弟石韜，把石韜刺爛雙眼、砍掉手足、破肚而死，更準備繼續在石韜的葬禮上幹掉石虎，殺父登基。事情敗露後，石虎怒不可遏，石虎把自己的兒子用鐵環穿透兩頰鎖著，拉上柴堆，拔掉頭髮和舌頭，砍掉手腳，剜去眼睛，用火燒死。石宣的妻妾兒女也全部處斬，太子宮的人員都被車裂，衛士十餘萬人流放。

父子之間尚且如此，遑論他人？石虎在首都鄴城郊外有一個狩獵場，占據了黃河以北的大片良田，派人監督，百姓惹著皇家狩獵場裡的野獸叫「犯獸」，要判死刑。官員以此為名趁機欺壓百姓。石虎荒淫無度，他命令手下挨家挨戶搜尋美女，不從就處死她們的父親和丈夫，一次就徵集三萬餘人。他居然搞了一支女子千騎儀仗隊，這些美女們著裝獨特，成天吹吹打打跟著他招搖過市。他除了私生活的巨大花銷外，人民還要為他窮兵黷武的戰爭埋單。為了攻打東晉，在全國徵調兵役：每五個士兵要拿出一輛車、兩頭牛、米穀，還有絹若干，不交者格殺勿論。無數的百姓不得不把自己的子女賣掉供石虎揮霍，無人賣時，就全家集體上吊，道路兩側懸掛的屍體都能銜接起來。石虎死後，整個國家就陷入一片血雨腥風之中，僅首都鄴城被屠殺的人口就超過二十萬，他那些美女們不是餓死，就是被別人吃掉。

五代十國時期有一個從黃巢農民軍投降唐王朝的軍閥朱溫，他建立的梁國成為又一個軍閥統治的典型。朱溫（安徽省碭山縣人）雖然出身於教書先生之家，可他本人卻沒有一點兒知識分子氣息，史書說他：

> 不事生業，以雄勇自負，里人多厭之。

說白了，他就是個打架鬥毆、擾亂鄉里的流氓。西元八七七年，參軍進入黃巢的部隊，他是個聰明人，毛澤東曾評價他很狡猾，在農民軍中很快就因屢立戰功而升為大將。朱溫降唐並不完全是他的首鼠兩端，朱溫在與唐王朝河中節度使王重榮的對峙中，由於兵少戰敗，屢次向黃巢求援，軍情都被扣壓，總是傳不到深宮中的黃巢手裡，他因為恐懼而投降了唐軍。黃巢當了皇帝理政安民沒學會，鑽進深宮玩女人、派太監當監軍這些荒唐事倒是一學就會。

唐朝末年，當黃巢農民戰爭硝煙散去的時候，唐王朝已經名存實亡了。各方節度使擁兵自重，根本不在乎中央的權威，其中以宣武節度使朱溫、河東節度使李克用、鳳翔節度使李茂貞、盧龍節度使劉仁恭、鎮海節度使錢鏐、淮南節度副大使楊行密等人勢力最大。在相互混戰中，朱溫成為當時最大的軍閥。朱溫的特點與石虎有些相像，也是生性殘暴、殺人如草芥，其荒淫無恥不亞於石虎。

朱溫主要的事蹟如下：

挾制唐皇室，靠殘殺登上帝位。利用大臣與宦官之間的矛盾，進京勤王，先殺盡太監，後殺光大臣，皇帝成為他手中的傀儡。他先指使手下殺掉唐昭宗李曄，又假惺惺地為李曄發喪，殺其手下滅口，之後立李曄十三歲的兒子李柷即位，史稱唐廢帝。西元九〇七年，大唐帝國終於走完了它二百八十九年的歷程，在朱溫導演的「禪讓」中亡了國。

多疑嗜殺。朱溫對待士兵極其嚴酷，他規定士兵必須與將領和陣地共存亡，如果生還就全部殺掉，名為「跋隊斬」，對待士人和戰俘更是濫殺成性。

荒淫程度禽獸不如。不知是什麼心理，他專門喜歡和兒媳們上床，有次留宿在屬下張全義家，把張全義的妻女、兒媳全部姦淫。作為皇帝或軍閥他不缺少美女，偏偏喜歡亂倫和強姦，他的兒子們毫無羞恥地以讓老爸「爬灰」來爭寵。終於他的報應到了，他被自己的兒子刺死，後梁王朝只存在了十幾年就滅亡了。

軍閥採取的是徹底的愚民政策，在他們的管轄區，人民完全成了他們予取予求的工具，不僅生產破壞，商業因戰亂而凋零，社會文化和教育更無從談起。一提「軍閥政治」，人們很容易以為是指現代史的北洋軍閥時期，我給它賦予了更廣的含義，把歷史上擁兵自重、割據一方，並以軍隊控制政權、自成派系的軍人或軍人集團的統治統稱為軍閥政治。兵匪一家，軍閥隊伍與農民運動是近親，行為準則和思想感情具有某種相似性。以唐代藩鎮統治的河朔四鎮為例，經過上百年的割據，軍閥們把這裡幾乎變成了蠻荒之地。

六、奸臣政治

皇權專制的逐步加強，使得官位的升遷完全取決於對皇帝本人的俯首帖耳，而不是能否明辨是非，這在上下級官吏之間也如此。於是產生了一種所謂官場哲學，如何揣摩上司心理，如何行賄受賄，總之，原則就是放棄做人的尊嚴不擇手段往上爬。

這就為官場培育了一種奸臣政治的土壤，奴顏婢膝能帶來權力和財富，堅持真理不僅個人得不到任何好處，還很快就被官場清洗出局，甚至因此而喪命。中國歷史上著名的奸臣很多，我在唐宋明清四朝中各找一例來說明。

第一個就是唐代被稱為口蜜腹劍的小人宰相李林甫。李林甫有一段著名的「馬料」理論。據《新唐書・李林甫傳》記載，有一天，李林甫跟手下說：

> 明主在上，群臣將順不暇，亦何所論？君等獨不見立仗馬乎，終日無聲，而飫三品芻豆；一鳴，則黜之矣。後雖欲不鳴，得乎？

這段話的大概意思是：皇上是明主，群臣順著皇帝的意思還來不及呢，還發表什麼議論？你們沒見過站立的儀仗馬，整天沒聲音，吃著三品的馬料，一叫喚就被罷免。以後想不叫喚都沒機會了。

在這種毫無責任與使命感且極端自私自利的理論指導下，有能力和正直的大臣紛紛受到打壓，諂媚鑽營的小人占據要津，整個官場全成了馬屁精，從而導致了「諫諍路絕」。

李隆基並不是一個昏君，晚年這隻老虎打盹了，他像變了一個人似的厭倦政治，沉浸在霓裳羽衣曲中不願自拔。有時候皇帝也挺可憐的，他沒有選擇，愛幹不愛幹都必須幹，所以李隆基只想逃避這份責任。李林甫小字哥奴，是唐宗室的成員，雖然不學無術，說話淺薄，卻是個音樂天才。這位先生當官喜歡結交太監和皇帝的妃嬪，於是李隆基喜怒哀樂的第一手資料就被他掌握，《新唐書》說李林甫有兩個特點：「善刺上意」和「善養君欲」。人老了更喜歡逢迎，加之李林甫像皇上肚子裡的蛔蟲一樣總能說到心裡去，搔癢搔得正好。這就使得李林甫逐漸取得李隆基的信任甚至依賴，一步步爬上宰相的高位。「奸臣」並非無能的代名詞，相反的是，大多數奸臣往往很精明強幹，只是把他們的才能用在做壞事上。奸臣面對主子時往往溫順得像隻貓，可轉過臉就變成一隻凶惡的老虎。

「口蜜腹劍」這個成語就來自李林甫，他首先是嘴上說一套，背地裡做另一套。有一次李隆基想起一個被李林甫排擠到外地的官員嚴挺之，詢問他嚴挺之的情況，李林甫就找到嚴的弟弟假裝很關心的樣子，讓嚴挺之寫一道稱病的奏章，說這樣就能回京見到皇上，嚴家很感激地照辦，實際上李林甫是假借嚴挺之有病，讓李隆基放棄起用他。這樣的事例在他身上太多了。

李林甫嫉賢妒能排斥異己。看到李隆基很欣賞兵部侍郎盧絢，李林甫第二天就把盧絢貶到華州當刺史去了。有個諫官向皇上提建議，也立刻就被貶到地方去做縣令了。滿朝文武皆被一人左右，看他的臉色行事。他參與太子的廢立，甚至陰謀危害太子。李林甫的所作所為，造成天寶年間政治的日趨腐敗。

李林甫還是「安史之亂」的罪魁禍首，他向李隆基提出重用少數民族武將的建議，讓安祿山、史思明等人長期擔任節度使掌握兵權，終於釀成「安史之亂」。李林甫生活極其糜爛，甚至「溺於聲妓，姬侍盈房」。大唐由盛轉衰，李林甫要負很大的責任。他還是有自知之明的，知道自己害人眾多，整天擔驚受怕被刺客暗殺，不僅把房門牆壁加厚，晚上還屢次更換臥室。

宋代最大的奸臣應該是謀害岳飛的秦檜，但其中爭議很大，秦檜也有代人受過的嫌疑，所以我選擇了蔡京。「男怕入錯行，女怕嫁錯郎」，北宋亡國之君趙佶就是個沒選對職業的皇帝，他本是個書法、繪畫都十分優秀的藝術家，偏偏蹚政治的渾水，以至於把個大宋江山搞沒了，自己也淒慘地死在苦寒之地——黑龍江省阿城市（當時的金國首都會寧府）一間風雪能直接吹進土炕的房屋裡。蔡京在熙寧年間考中了狀元，是個不折不扣的才子，北宋書法四大家「蘇、黃、米、蔡」之一的「蔡」原本是指蔡京。正因為他有這樣的才華，才能取得同樣是才子的趙佶的信任，然而蔡京卻是一個典型的小人。北宋王安石變法把大臣分成新舊兩黨，蔡京初入官場的時候正是王安石掌權，他自然成為新黨。宋神宗趙頊死後，他的母親太皇太后高氏親政，貶黜新黨，蔡京又成了司馬光的得力助手。之後他就在新黨、舊黨之間來回投機，除了討好皇帝外沒看他做什麼改革的事兒。北宋雖然亡於金國的進攻，但掏空自己的是蔡京主持的「花石綱」。

北宋的首都東京汴梁（現在的河南省開封市）是座建在黃河灘塗之地的城市，趙佶下令在城外堆土成山，修建供他自己遊玩的山水園林，起名壽山「艮嶽」。蔡京知道趙佶喜歡奇花異石，為了討好皇帝，於西元一一〇五年在蘇州設立蘇杭應奉局，指使黨羽朱勔在江浙四處搜集珍奇物品和太湖石等，運往東京修園林，這些運送花石的船沿著京杭大運河，每十船編為一綱，舳艫相接，絡繹不絕，這就是《水滸傳》裡提到的「花石綱」。老百姓家裡的花石，不知何時就會被官兵貼上御前用物強行徵走，主人還必須小心看護被搶的東西，否則就很可能被判死刑。

除了少數富家外，中產及以下的人家都因為「花石綱」而破產，人民賣兒賣女，直接就引發了方臘起義。元代詩人郝經寫道：「萬歲山來窮九州，汴堤猶有萬人愁。中原自古多亡國，亡宋誰知是石頭？」蔡京搜刮貪污了一輩子，被貶官流放後居然餓死在貧病交加之中，真是應了《紅樓夢》裡那一句：「機關算盡太聰明，反誤了卿卿性命。」

明代奸臣最著名的就是嚴嵩了。嚴嵩也是科班進士出身，書法、文章寫得都好，他早年稱病辭職，隱居鈐山讀書十年，這是需要耐得住寂寞的。這段平靜而清貧的生活給他帶來了清譽，如他詩中的寫照：

> 地僻柴門堪繫馬，家貧蕉葉可供書。
> 鶯花對酒三春暮，風雅聞音百代餘。

可以看出他那時還是有著很高雅的士大夫情懷。嚴嵩一生歷經的兩位皇帝朱厚照和朱厚熜，一個是成天在外面胡作非為的活寶，一個是悶在皇宮中連面都不露，跟著江湖道士苦煉仙丹，還時不時向玉皇大帝彙報試驗成果的「長生不老狂」。

嚴嵩躲了朱厚照十年，他不願再過高尚的苦日子了，他要用自己的人格和尊嚴去換取權力與財富。「青詞」是朱厚熜給玉皇大帝寫的頌詞，是地上的皇帝給天上的皇帝拍馬屁，寫好後舉行一個齋醮祭祀活動，把「青詞」對天燒掉，玉皇大帝就可以看見了。凡是給朱厚熜起草「青詞」，符合他心意的大臣，都得到提升和重用。嚴嵩也是這方面的高手，由此起家，再加上他有個寶貝兒子嚴世蕃，不知為何只有嚴世蕃能明白嘉靖帝朱厚熜語焉不詳、含糊其詞的旨意，於是他平步青雲，排斥異己、把持朝綱、貪污腐化二十年。

就像歷代奸臣一樣，嚴嵩的工作不是治理國家，而是研究皇帝。皇帝剛要吐痰，他就會立刻把痰盂放在皇帝眼前，皇帝對一個女子動了淫心，眼神一轉，他就已經把這位美女脫光了放在龍床上。在皇帝面前，他再聰明也要表現得很窩囊，永遠不提真正對國家社稷有價值的意見，只提讓皇帝感興趣的建議，還要小心翼翼地把聚光燈對準皇帝。官場沒有道德與良知，更沒有政治見解的爭論，只有相互利用和傾軋，這就是深諳其道的嚴嵩的所作所為。

嚴嵩也不是不會被人抓住把柄，他貪污太多，紙包不住火經常露餡，但他總能通過向皇帝告饒、哭泣而逢凶化吉，因為皇帝內心裡其實並不在乎手下們魚肉百姓，他只會計較你在他面前是不是一副奴才樣。專制社會成熟政客的基本素養是：絕不說一句讓上司不高興的話，一個字都不說。嚴嵩以陰謀對待反對者，他自己也是被別人的陰謀拉下馬，大學士徐階收買道士，先以迷信的方式離間嚴嵩和朱厚熜。

嚴嵩的軟肋在他驕奢淫逸的兒子嚴世蕃身上。據說，《金瓶梅》這部小說的主人公西門慶就以嚴世蕃為藍本。當時御史們彈劾嚴世蕃，說他謀害楊繼盛和沈煉。徐階問御史們，你們是想讓他活還是讓他死？御史們說，當然讓他死了。徐階說，你們這麼告他，用不了多久皇上就會把他放出來，因為楊繼盛和沈煉都是皇帝定的罪，這等於是在指責皇帝做錯了事，你們要指斥他賄賂謀反、與日本倭寇私通等證據。嚴世蕃聽到這篇彈劾書內容的時候，歎道，這回是活不了了。嚴世蕃一倒，嚴嵩跟著被罷官抄家，八十多歲回到江西，與蔡京一樣餓死。

清代的奸臣沒有超過貪污犯和珅的。清代是皇權專制最厲害的時期，政治雖然黑暗，但大臣弄權的事例不多，官員揣摩帝意的同時，主要工作轉向貪污納賄。和珅（滿洲正紅旗人，姓鈕祜祿氏）可以說是個孤兒，雖然父親常保是福建副都統，但父母早亡，他與弟弟相依為命。他不僅長相英俊，而且很有才華，更善於逢迎皇帝。他的運氣也實在太好，二十二歲做了皇帝的三等侍衛，二十三歲進入皇帝儀仗隊，從此得到清高宗乾隆的賞識，一路提拔，二十五歲就當上了滿洲正藍旗副都統，二十六歲成為一品大員。他的職務多得令人發暈，也不知道他自己記不記得住那麼多職責，他的徇私舞弊和受賄也曾被抓住過把柄，可絲毫不影響他的寵臣地位。

清代是來自關外的政權，統治者與居民的主體民族不同，其本族人口稀少，使得皇帝們有種危機感，所以與明代相比，都還能勤於政務，行為沒有明朝皇帝那麼荒誕。但在制度的設計上，它比明代還要黑暗，錢穆認為清朝是真正意義上的皇帝專制。「文字獄」這個與秦朝「焚書坑儒」同樣滅絕人性的制度，幾乎把中國文化摧毀。讀書人要麼同流合污做貪官，要麼在古書堆裡考據這本書那本書。「清風不識字，何必亂翻書」一句詩就能發棺戮屍、滿門抄斬甚至株連九族。在「萬馬齊喑究可哀」的社會現實裡，只有一種人可以活下去，那就是奴才，你只要哄好自己的主子，轉回頭就可以當別人的主子，層層奴顏與媚骨，這就是乾隆時期的現狀。

喜好附庸風雅，實際是個酒肉之徒的乾隆最熱愛的事兒就是下江南，因為江南的山水、煙雨和美女都吸引著他。乾隆的下江南與他爺爺康熙完全不同，玄燁很簡樸，南下的目的在於水利和考察，而乾隆帶領的隨從上萬人，如同一支蝗蟲大軍，所過之處一片狼藉，為了接駕，從地方政府到百姓往往負債累累。乾隆又好窮兵黷武，軍事腐敗卻還沾沾自喜，為此耗費得國庫空虛。其實在和珅出道時，乾隆已經把國家搞窮了。和珅被賜死時流傳了一首民歌：「和珅跌倒，嘉慶吃飽」，可見他貪污的財產數額之巨。清史記載，和珅抄家的財產加起來超過白銀九億兩，每年國庫的總收入才八千萬兩左右，他一人的錢就等於十幾年的全民財政總值。這僅僅是一個和珅，以他為首的清朝官場徹底抽空了社會的財富，導致國家積貧積弱。

上述可以看出，奸臣並非沒有才能，我相信他們天生並非都是壞蛋，好的制度會使壞人做好事，壞的制度能使好人變成惡棍。也許我不該替他們惋惜，但中國人始終沒找到一個合理的政治體系卻是真實的。

第7章

士精神
中華民族的脊梁

《葉隱聞書》是江戶時代佐賀藩所傳誦的武士道修養書。它的意義在於，在人家看不見的地方為主君「捨身奉公」。真正信奉武士道的武士崇尚正直、堅毅、簡樸、膽識、禮節、誠信、忠誠等種種美德。

西方的騎士精神也是歐洲文明的特點之一，榮譽高於生命不僅是騎士們時刻牢記的座右銘，更是歐洲戰場上所有英勇無畏氣概的直接精神力量。除了勇敢，慷慨、謙遜、注重禮節和儀表風度都是這種精神的體現，這些也直接促進了歐洲溫文爾雅的社會風氣，以及人道主義的傳統。

中華民族的精神力量在哪裡？崇尚權勢和拜金主義只是在近代向西方學習的過程中迷失自我的一種現象。翻開中國的古書，能流傳下來的是這樣的詩歌：

燕丹善養士，志在報強嬴。招集百夫良，歲暮得荊卿。君子死知己，提劍出燕京。素驥鳴廣陌，慷慨送我行。雄髮指危冠，猛氣沖長纓。飲餞易水上，四座列群英。漸離擊悲筑，宋意唱高聲。蕭蕭哀風逝，澹澹寒波生。商音更流涕，羽奏壯士驚。心知去不歸，且有後世名。登車何時顧，飛蓋入秦庭。凌厲越萬里，逶迤過千城。圖窮事自至，豪主正怔營。惜哉劍術疏，奇功遂不成。其人雖已沒，千載有餘情。

這是東晉時期的大詩人陶淵明歌詠荊軻的詩，字裡行間都是對荊軻的景仰和嚮往。荊軻面對的是虎狼之心的秦王嬴政，他以一己之力，力圖挽狂瀾於既倒的視死如歸精神成了一種不屈的象徵，這就是在中國源遠流長的「士精神」。

一、何謂「士」

周代貴族階層分為天子、諸侯、卿大夫和士四個等級，天子分封諸侯，諸侯又分封卿大夫，而士則沒有實際封地，多為卿大夫的家臣。但士一開始並不是作為社會一個階層而存在的。據夏、商、周時代的史料，所謂「士」即上古掌刑獄之官。在夏、商二代已經有士，原來可能是指與氏族部落首領和顯貴同族的武士，因古代學在官府，只有士以上的貴胄子弟才有文化知識，故士又成了有一定知識和技能之人的稱呼。比如商朝的伊尹，年輕的時候是個建築工人，後來被商湯看中，成為了商的宰相。他在商代早期政治中起著舉足輕重的作用，成為士們的一個楷模。而在周王朝中，「士」是武官，「大夫」是文官，春秋末年以後，「士」逐漸成為統治階級中知識分子的統稱。

《說文解字》：「士，事也。」

《白虎通・爵》：「通古今，辨然不，謂之士。」

《漢書・食貨志》稱：「學以居位曰士。」

這些都表示士是能做事、有文化的意思。

戰國時的「士」，有著書立說的學士，如孟子、莊子；有為知己者死的勇士，如聶政、荊軻；有懂陰陽曆算的方士，如鬼谷子、鄒衍；有為人出謀劃策的策士，如蘇秦、張儀等。

春秋戰國是士縱橫天下的黃金時代，產生了把士當成門客專門收養的現象，齊國的孟嘗君、魏國的信陵君、趙國的平原君、楚國的春申君，就是豢養門客最著名的四個政治人物。他們動輒收養數千人，而且這些人都不是吃上飯就滿足的省油燈，馮諼做孟嘗君的食客時不斷地唱：

> 長鋏歸來兮，食無魚。長鋏歸來兮，出無車。長鋏歸來兮，無以為家。

連家都要孟嘗君養，可以想像這個公共大食堂辦得有多大。不僅如此，按道理講，士們吃人家的嘴軟、拿人家的手短，應該是主人的奴才才對，可是這些士卻很高傲。

《史記・孟嘗君列傳》記載：孟嘗君有數千食客，不分貴賤待遇與他完全平等。一次吃晚飯，有個人擋住了燭光，其中一位客人看不清孟嘗君的碗，於是懷疑招待他的是次等飯菜，一怒之下不吃了，轉身要走。孟嘗君只好把自己的碗拿給他看。證明客人的懷疑錯誤後，這位先生臉掛不住了，當即自殺謝罪。士因為能與主人平等而大多歸附孟嘗君，孟嘗君也不挑三揀四，一律善待，誰都認為孟嘗君對自己好。

當然，這種平等相待基於士本身的價值，他們「一怒而諸侯懼，安居而天下息」。總之，養士出於國君與國君之間、大夫與大夫之間、國君與大夫之間爭鬥和競爭的需要。

魏文侯是禮賢下士的典範。《呂氏春秋・期賢》記載：

> 魏文侯過段干木之閭而軾之，其僕曰：「君胡為軾？」曰：「此非段干木之閭歟？段干

木蓋賢者也，吾安敢不軾？且吾聞段干木未嘗肯以己易寡人也，吾安敢驕之？段干木光乎德，寡人光乎地；段干木富乎義，寡人富乎財。」其僕曰：「然則君何不相之？」於是君請相之，段干木不肯受。

大意是：魏國的國君魏文侯坐車路過一位賢士段干木的家，魏文侯扶著馬車前面的橫梁（軾），施以注目禮，面容很莊重。他的僕人不解：「您是國君，怎麼給他行注目禮？」魏文侯說：「這難道不是段干木的家嗎？段干木是賢明的人，我怎麼敢怠慢呢？而且我聽說段干木至今不肯跟我互通有無，我更不敢驕傲了。段干木有仁義和道德，我有土地和財富。」他的僕人說：「您為什麼不請他做宰相呢？」魏文侯真的去邀請他，段干木拒絕了。魏文侯有權勢和財富，但段干木有道德和知識，魏文侯不但不恃權、恃富鄙視一個窮知識分子，相反，路過段干木的家門都要如此恭敬。以此說來，魏文侯是一位難得的政治家。

在中國歷史上，也許只有這段時期，道德與知識在金錢與權力面前才有它真正的地位。有些君主為了獲得智謀，對士人免去君臣之禮而行賓主之禮。如秦王對范雎，「敬執賓主之禮」；梁王對鄒衍更是在城門外迎接，「適梁，惠王郊迎，執賓主之禮」；魏公子信陵君屈身拜請侯嬴、毛公、薛公也是人所熟知的禮賢下士的典型。有些君主拜名士為師，屈執弟子之禮。在謀略和知識面前，君臣的關係降到次要地位，因為朝代的更替和國家的興衰取決於政策、謀略之得失，而政策、謀略主要出於士的貢獻。《論衡・效力篇》：

六國之時，賢才之臣，入楚楚重，出齊齊輕，為趙趙完，畔魏魏傷。

這說明在千乘大國之間，人力、物力和軍力相仿的情況下，智能在競爭中具有決定性的作用，在這種氛圍下，有些名士憑藉其知識、道德敢於公開藐視君主。

中國古代「士」的分類和包括的含義大致如下：大的類別上分為文士和武士等，文士或武士的稱呼又可以劃分為幾十種，下面簡列幾種來說明：如有德才而隱居不願做官的人常稱為逸士、處士、隱士或居士；足智多謀的人稱為知士或智士；有遠大志向的人稱為志士；操行高潔的人稱為修士；勇敢而行俠仗義的人稱為俠士、豪士、義士或壯士；通曉古今、能言善辯之人，賢能博學的學者稱為學士、碩士、博士等（現代人的學位就是從這來的）；門第低微而貧苦的讀書人稱為寒士；身穿鎧甲的兵士稱為甲士；德才兼備的人，有才華的人稱為才士、秀士或材士；經營工商業之士稱為商賈之士，等等。

總而言之，士分布在社會各個階層和角落，上可以為卿相，下可以為士、布衣。士的社會地位與職業千差萬別，在差別中又有共通的東西，即知識、智慧、道德和勇敢。這些東西是無形的，但在社會活動中又無所不在，無處不需。士正是憑藉這些無形的東西優游於社會各個角落，這個階層成為上流社會與下層社會交流、轉換的中間地帶，因此它的影響無所不在。

郡縣制中央集權的建立徹底改變了士的作用，君主不再注重於外部的鬥爭，而是拚命加強對一家一姓政權的鞏固，士們不再具有施展才能的廣闊空間。從一家一姓的立場考慮，有才能的士為我所用尚可，一旦不能為我所用就變成了對政權的威脅，甚至需要除掉。這種只能為一家一姓服務的狹隘空間為培養奴性提供了合適的土壤。因此從秦漢開始，士的內涵發生了變化，這個時期主要活動的是名士和方士，名士注重內心道德的修養，方士則把希望寄託在成仙上。到了魏晉時期由於九品中正制的影響，士的稱謂被一些家族所把持，成為進身之階，漸漸形成士族勢力，士的含義已經完全扭曲。

應該說產生於隋唐的科舉考試再一次改變了士的內涵和外延，士或士人一詞逐漸成為一般讀書人的泛稱，在皇權和普通百姓之間有一個「士大夫」階層，他們構成了社會的精英群體。他們的思想建立在儒釋道三家融合的哲學基礎上，他們與皇權保持著一定的距離甚至制約著皇權，他們雖被迫附庸卻仍然保持獨立的人格。「士大夫」不同於上班族，他們大多有自己的家庭產業，俗話說有房子有地，當不了官可以生存無憂，經濟的獨立是他們可以保持思想和精神獨立的前提。另外「士大夫」們都是琴棋書畫的愛好者，不當官也有寄託，即使當了官，一下班躲進書齋讀書寫字忙得不亦樂乎，不會像現代人一樣空閒時間都用來尋歡作樂。「士大夫」能做事的時候努力為國家出力，沒機會的時候絕不孤獨寂寞，甚至把寄情山水之間當作美妙的精神修養。錢穆曾講：

> 中國文化有與並世其他民族、其他社會絕對相異之一點，即為中國社會有士之一流品，而其他社會無之。

在中國歷史上士與「士精神」構成了中國文化的主流之一，是中華民族的脊梁，以前把他們當成地主階級或統治階級的代表加以批判，乃至於完全否定他們對歷史的影響和貢獻是有偏頗的，述及歷史不能不談到這種現象。

二、士精神的起源

伯夷、叔齊的故事記載於《史記》之中，故事情節非常簡單，大致是一個叫「孤竹」的小國（或者一個具有國家雛形的部落）。孤竹國君有兩個兒子伯夷和叔齊，伯夷是哥哥，叔齊是弟弟。大概是喜歡小兒子的緣故，父親立叔齊為繼承人。國君死後叔齊不肯在哥哥之先當國君，故讓位於伯夷，伯夷說這是父命，於是只好用逃走來躲避，叔齊還是不肯當君主，所以也跟著伯夷逃走。

他們聽說西伯姬昌善養老人，於是跑到今天陝西一帶古稱西岐的周部落土地上生活。周文王死了，武王即位後立刻發兵攻打商朝，他們倆得知消息跑到武王的馬前勸阻說：「父親剛死不去埋葬，立刻就打仗，這是孝道嗎？作為商朝的臣子去殺紂王，是仁義的行為嗎？」武王左右護衛想殺了他們，姜太公趕緊勸止，說：「這是義人。」於是扶起他們揚長而去。

等到武王伐紂成功，他們覺得吃周朝的糧食是恥辱，於是隱居到洛陽東北的首陽山，以採野菜為生，營養不足，餓死前寫了一首歌：

登彼西山兮，采其薇矣。以暴易暴兮，不知其非矣。神農、虞、夏忽焉沒兮，我安適歸矣？於嗟徂兮，命之衰矣！

他們感歎以暴易暴的悲哀，古時候祥和的氛圍一去不返。

儒家非常推崇伯夷和叔齊，孔子是這樣看待他們倆的：

《論語‧公冶長第五》：子曰：「伯夷、叔齊不念舊惡，怨是用希。」

《論語‧述而第七》：（子貢）入，曰：「伯夷、叔齊何人也？」曰：「古之賢人也。」曰：「怨乎？」曰：「求仁而得仁，又何怨？」

《論語‧微子第十八》：子曰：「不降其志，不辱其身，伯夷叔齊與？」

伯夷叔齊互相讓國是仁的行為，其實這裡隱隱體現了孔子的一種政治理想，孔子不可能不知道世襲君主的缺陷就是兒子很可能遠遜於老子，那麼像堯、舜一樣的禪讓制不失為一種完美的權力轉移模式。只是孔子把大量的注意力放在自我道德的修行上，對政治制度的設計顯得很淡漠。確實，從遠古的經驗中只有一種禪讓制的參考模式，沒有給孔子提供其他擴大想像力的素材。因此能「讓國」除了在個人行為上是仁的表現外，在政治上的仁更是孔子所讚譽的。

不食周粟以至於餓死首陽山是義的表現，這是一種不屈的人格，無論面對什麼樣的環境，能不降低自己的志向，能不低眉折腰地侮辱自己以求生存，這是義士的行為，是孔子讚歎的。這種人生價值觀成為後來有獨立人格的知識分子的內在要求，陶淵明的「不為五斗米折腰」更是打造了一個獨特的精神家園。

不管是否合理，一個人都能心理很平衡地遵從父命，讓出本屬於自己的東西，體現了孝的本質含義。孔子曾給士下了個定義：「士志於道。」就是有理想的人才配稱為士。

三、孔曰成仁，孟曰取義

士的傳統精神在傳承中逐漸演化成一種士大夫的風骨，一直以來體現在中華人的身上。宋人張載這樣評價：「為天地立心，為生民立命，為往聖繼絕學，為萬世開太平。」後人還有人總結道：西漢的淳樸，東漢的清高，唐人闊達，而宋人則成其為嚴肅。這成為中國知識分子自勉的精神境界。歷史上士大夫的作用主要在三方面：

首先是不屈不撓的民族認同感。這方面最典型的例子便是文天祥了。

文天祥，字宋瑞，又字履善，江西省吉安市人。原名雲孫，字天祥，選中貢生後就以天祥為名。他是個美男子，高大偉岸，秀美而帥氣。《宋史》講他：

體貌豐偉，美皙如玉，秀眉而長目，顧盼燁然。

童年的時候，因為歐陽修、楊邦乂、胡銓等人的謚號都有「忠」字，令文天祥十分仰慕。「

諡號」是在一個人死後朝廷公議對他一生的總體評價，比如曾國藩死後諡號為「文正」，林則徐死後諡號是「文忠」。這是中國人獨有的，從周代開始一直延續到晚清。諡號制度能使在乎自己名譽的君主和大臣們非常注意平時的所作所為。

文天祥二十歲時考中狀元，考官王應麟向皇帝報告說：

是卷古宜若龜鑒，忠肝如鐵石，臣敢為得人賀。

這段話的意思是：誇讚他的考卷如古人刻在龜甲上的文字可以流傳千古，忠肝義膽表現出堅強如鐵石的精神，我為您能得到這樣的人才賀喜。

二十歲的文天祥已經才華橫溢。其實文天祥並非完人，年輕時更是個花花公子，《宋史》說：

天祥性豪華，平生自奉甚厚，聲伎滿前。……至是，痛自貶損，盡以家貲為軍費。每與賓佐語及時事，輒流涕，撫几言曰：樂人之樂者憂人之憂，食人之食者死人之事。

這是說，他平時很奢侈，經常吃喝玩樂，只有到了國恨家仇之時方才投身到抵抗蒙古人的事業中來。他覺悟後一直痛悔反省自己，把家財全部充作軍費，而且並不隱瞞遮掩，與別人談起來難過得直流淚。他拍著桌子說：「從別人處得到快樂的一定要替人分憂，吃人家的一定要為人出死力。」

他也是像郭解一樣在自我譴責中成長起來的。一個人走向覺悟的第一步就是深刻認識到自己的不足，將以往失敗的原因歸於自己，沒有這個起點，人生境界是不可能提高的。

文天祥人生的精彩是在被元軍逮捕後，他曾服毒和絕食自殺，但都沒有成功，在厓山期間他寫下了千古名篇〈過零丁洋〉，敵人看後都為之動容。忽必烈讓元將把文天祥送到北京來是想勸降他的，並派降元的南宋丞相留夢炎，甚至宋恭帝趙㬎來勸降，想告訴他：你的主子都投降了，你還抵抗什麼。沒想到這位文天祥還真敬酒不吃吃罰酒，搞得勸降者都快快而去。忽必烈火了，下令武力對付文天祥，雙手捆綁，戴上木枷，入獄十幾天後，獄卒才給他鬆了手枷，又過了半月，才給他褪下了腳枷。

在元朝丞相孛羅進行公開的法庭審問中，文天祥大義凜然，孛羅沒占到任何便宜。這些直接針對文天祥本人的誘惑和傷害我想還比較好忍受，真正的考驗在對他家人的折磨，這是對他精神上最大的打擊。在獄中，他收到了女兒柳娘的來信，得知妻子和兩個女兒都在宮中為奴，過著囚徒般的生活。這是朝廷在暗示：只要投降，家人即可團聚。他在回信中說道：

> 收柳女信，痛割腸胃。人誰無妻兒骨肉之情？但今日事到這裡，於義當死，乃是命也。奈何？奈何……可令柳女、環女做好人，爹爹管不得。淚下哽咽哽咽。

讀到這裡不由人不對文天祥充滿敬意，尤其當過父母的人更知道累及兒女和家人的心痛。中國的文人即使在獄中也不會斷了寫作，這真是一種獨特的精神追求，比如方苞的〈獄中雜記〉、譚嗣同的〈獄中詩〉，好像到了獄中還特有靈感。這是一種士大夫風骨的生活體現，越苦越堅韌。文天祥恰在此時寫出了不少詩篇，《指南後錄》第三卷、〈正氣歌〉等氣壯山河的不朽名作都是在獄中寫出的。

忽必烈像是和文天祥較勁一樣，文天祥入獄三年終於讓忽必烈絕望了，不能為他所用就殺掉吧。最後的時刻忽必烈仍然給了文天祥高官顯位和死亡的兩種選擇，即使被押解到刑場，監斬官還在問：「丞相還有什麼話要說？回奏還能免死。」文天祥喝道：「死就死，還有什麼可說的？」他問監斬官：「哪邊是南方？」有人給他指了指方向，文天祥向南方跪拜，生命的最後一句話是：「吾事畢矣」——我的事情完結了，於是引頸從容就義。死後在他的帶中發現了一首詩：

孔曰成仁，孟曰取義，唯其義盡，所以仁至。讀聖賢書，所學何事？而今而後，庶幾無愧。

他要實現孔孟捨生而取仁義的人生之路。他無愧於民族，更無愧於自己。據說文天祥被押解進京的路上，遇到一位高僧，曾傳給他大光明法，士精神和佛教的教誨在文天祥身上融會成完美的統一。

士大夫作用的第二點是連接皇權與普通民眾，這個以讀書人自居，以齊家治國平天下為己任的階層，對民眾起領導作用，對專制起制約功能。

士大夫作用的第三點是社會改革的先知先覺者，這種精神突出在近代。譚嗣同，字復生，又號壯飛，湖南瀏陽縣人。年幼喪母，少年時就博覽群書志向遠大，不僅文章寫得好，而且有俠義心腸，甚至善於劍術。應該說譚嗣同文武雙全，儒生與俠客兼而有之。他是為戊戌變法而犧牲的，在變法失敗後對維新派的捕殺中，譚嗣同視死如歸。

他對梁啟超說的一段話很能表現他的精神世界：

> 昔欲救皇上既無可救，今欲救先生（指康有為）亦無可救，吾已無事可辦，惟待死期耳。雖然，天下事知其不可而為之，足下試入日本使館，謁伊藤氏，請致電上海領事而救先生焉。

他在變法失敗後念念不忘的是救光緒帝和康有為。梁啟超等苦勸他去日本暫避，他拒絕了，以程嬰和公孫杵臼的士精神來相勉：「不有行者，無以圖將來；不有死者，無以酬聖主。今南海之生死未可卜，程嬰、杵臼，月照、西鄉，吾與足下分任之。」

在最後時刻，他仍與大刀王五等民間俠士謀求救光緒帝，不成後被捕。在被逮捕的前一天，日本的志士數人苦勸譚嗣同東渡，甚至想強迫他走，譚說：

> 各國變法，無不從流血而成。今中國未聞有因變法而流血者，此國之所以不昌也。有之，請自嗣同始！

他想用自己的鮮血為國家富強開闢道路。在獄中，他題了一首著名的詩在牆壁上：

望門投止思張儉，忍死須臾待杜根。

我自橫刀向天笑，去留肝膽兩崑崙。

菜市口就義之日，觀者上萬，譚嗣同慷慨神氣絲毫不變。

中華民族源遠流長，歷經數千年，而且創造了輝煌燦爛的東方文明，他的脊梁在哪裡，是什麼撐起了這個文化的骨架？我認為上述故事中的「士精神」是很重要的組成部分，就像研究日本人不能不研究「武士道」，研究歐洲人不能拋開「騎士風度」，研究中國人就一定要研究「士精神」。

用梁啟超在〈譚嗣同傳〉結尾所講的作為中國「士精神」的詮釋：

故孔子言不憂不惑不懼，佛言大無畏，蓋即仁即智即勇焉。通乎此者，則游行自在，可以出生，可以入死，可以仁，可以救眾生。

中國真正的士是孔子說的沒有憂愁、沒有迷惑，也沒有恐懼，就像佛說的無所畏懼一樣，是仁慈、智慧、勇敢都具備。若能通達這些，精神遨遊於天地之間，可以出生入死，也可以仁義，更可以普度眾生。

四、忍辱負重的典範

司馬遷在《史記・趙世家》中記載了這麼一個故事：春秋時期晉國有一個很有實力的大夫趙盾，他的父親就是跟隨晉文公重耳出亡的趙衰。晉靈公時期，趙盾一直專掌國政。一天，他上朝到國君的宮殿，看見晉靈公因為熊掌沒有煮熟就把廚子殺掉，屍體抬出來正好被趙盾碰見。趙盾平常待人很仁愛，靈公也知道趙盾的為人，害怕他因此而廢掉自己，於是想一不做二不休就下令衛兵乾脆殺掉趙盾。當年曾因飢餓而被趙盾救過的一個衛士反戈幫助趙盾逃跑，趙盾還未跑出國境，而趙盾家族的趙穿已經殺掉靈公另立晉成公了。趙盾又返回了國都，繼續執政，但卻遺留了一個致命的政治問題，靈公雖不是他親手所害，但他既沒有離開國境，趙穿又是跟他有關係的人，國君被殺他有洗不去的嫌疑，至少說不清楚。另外靈公死後，他回來主政卻不替國君報仇，殺人者是否受他主使更加令人懷疑，總之，他為他的政敵攻擊他留下了口實。事實也正是如此。

趙盾被政敵屠岸賈所忌恨，《史記》沒講為什麼，其實不用冤冤相報，身居高位本身就是仇恨的來源。晉景公三年（西元前五九七年）趙盾剛剛病死，屠岸賈就發難了，他首先抓住了殺掉靈公的人，之後對眾人說：「趙盾雖然對殺人這件事不知情，但事情是由他而起，他是殺人的首領，做臣的殺君主，子孫卻還在朝為官，用什麼來懲處這種犯罪？請殺掉他們全家。」

當時在朝的一位大臣韓厥反對，說：「靈公遇害，趙盾並不在都城，我們之前的君主認為他無罪，所以沒有殺他。今天你們要殺掉他的後人，是違背以前君主的意思而胡亂殺人。胡亂殺人就是作亂，做臣子的搞這麼大的事而不報告君主，這是目無君上。」屠岸賈不聽，韓厥又立刻跑去通知趙盾的兒子趙朔，讓他趕緊跑。趙朔也不聽，說道：「你一定不會讓趙氏的子孫斷絕，我死了也沒什麼怨恨的了。」韓厥只好承諾。

趙朔之所以如此選擇是因為他的老婆是晉成公的姐姐，屠岸賈再凶也不敢殺到王室頭上，而他的老婆已有身孕。果然屠岸賈與被他煽動的諸將包圍了趙氏的封地「下宮」，把趙朔以及他的叔叔趙同、趙括、趙嬰齊等人全家統統殺光。中國人滅族的傳統起於何時不太清楚，儒家思想之中強調家族和睦與團結是有深刻的社會淵源的，因為個人行為往往會由整個家族承擔後果。

王室成員的身分保護了趙家最後一個成員趙武，他母親懷著身孕躲進了王宮，在宮中產下一個男嬰。屠岸賈當然聽到了風聲，於是派人在趙朔夫人的宮中搜索，大概是天意吧，孩子被母親放在胯下，在此時此刻竟然沒有哭鬧。然而一個嬰兒遲早是會落入屠岸賈手中的，人類的精神恰在此時閃光了。趙朔有一個朋友叫程嬰，還有一個門客叫公孫杵臼，公孫杵臼找到程嬰說：「趙朔都死了你怎麼還活著。」程嬰說：「趙朔的老婆有身孕，我等她生完孩子，如果是男孩我就悄悄養著，如果是女孩我再死不遲。」古人有為知己者死的傳統，這是士精神的一種體現，但程嬰所要做的不是死士而是忍士了。當屠岸賈錯過殺嬰兒的一剎那，程嬰找公孫杵臼商量：「一次沒找到還會有第二次，怎麼辦？」公孫杵臼對程嬰說：「死和撫養孤兒長大為趙氏接續宗族哪個難？」程嬰說：「當然撫養嬰兒長大接續宗族更難。」公孫杵臼說：「你是趙朔的朋友，他對你更好，難的事你就做吧，我做容易的，我先死。」於是一個搭救趙氏孤兒的計劃產生了。

他們找到了一個嬰兒，後來的京劇《趙氏孤兒》中為了突出程嬰的形象把這個嬰兒說成是他的兒子，當然這符合道德但卻不符合史實，因為天底下沒有那麼巧的事，而且程嬰的夫人在傷痛之餘，是否能隱瞞好這個秘密也未可知。用一條命換另一條命是否值得我們不去討論，這個注定被犧牲掉的嬰兒是怎麼搞來的，史書也沒有做進一步的交代，以程嬰與公孫杵臼的性格偷和搶似乎都不太可能，為了避免後遺症他們必須讓嬰兒的家庭閉嘴。在如此間不容髮的時間裡，要迅速而且不留痕跡地找到一個剛剛出生的男嬰，除了花錢買棄嬰似乎找不到其他途徑，在那個時代應該有那麼一個人口買賣市場，人的生命也是有等級和價格的，這個市場貴族不會光顧，因此程嬰和公孫杵臼完全可以隱瞞身分而不會驚動官府。

戲劇性的一幕開始了，他們把別人的嬰兒穿上了趙氏標誌的服裝，於是公孫杵臼和程嬰帶著這個嬰兒假裝躲於山中，程嬰慌慌張張地跑出來跟找尋趙氏孤兒的諸將說：「我不願再撫養趙氏孤兒啦，誰給我錢我就告訴他趙氏孤兒在哪。」我相信此時的程嬰是極端痛苦的，他知道他要忍受的是什麼，有時候一個人死真的是一件很容易的事，而且還能受人尊敬。結果事情按照他們的設計在運行，公孫杵臼逼真似的大罵程嬰小人，賣主求榮，然後替假孤兒求情，於是他與假孤兒同赴黃泉。真的孤兒保住了，程嬰悄然帶到山中撫養。

中國式的平反昭雪往往有三種情況：一是前君已死，後君為緩和各種矛盾顯示寬大；二是國家和君主本人遇有較大災難時的自我反思；三是當事人不斷申訴，而統治者的權力結構發生了變化。一晃十五年過去了，趙氏孤兒的出頭之日是發生在第二種情況下，晉景公病了，很重，占卜後得到有冤屈和遭遇不好的事情作祟，韓厥趁機談起趙氏，並用天意和哀憫來打動景公。景公問：「趙氏還有後代嗎？」韓厥說出了趙氏孤兒的秘密，於是景公與韓厥計劃重新冊立趙氏家族。為趙氏平反的障礙還剩兩個，一是參與攻殺下宮的諸將，二是主謀屠岸賈。諸將是牆頭草，只要曉以利害，不追究他們的責任，又有國君撐腰，自然就轉向趙氏，於是有趣的一幕出現了，他們又幫著趙武和程嬰滅掉了屠岸賈一家。趙家又重新開始了大夫的生活，當趙武行完成年人禮儀後，程嬰徹底完成了當年與公孫杵臼的約定，他可以去死了。

死，在某種時候對某些人已成為一種奢求，如何生沒法選擇，但如何死本人卻有著一定程度的支配權。可以想像在保護趙武的二十年裡，程嬰面臨的是舉國上下的不齒。他一方面戰戰兢兢地撫養著孤兒，一方面忍受著必須自汙的處境，他不僅不能死，而且還必須兌現對公孫杵臼的承諾和對趙朔的朋友道義，這兩個人已經作古，清冷月光下他只有捫心自問。

當趙武成人、趙家恢復家業，程嬰完成任務後，可以想像到他那一塊石頭落地的輕鬆，他終於沒有辜負以死相報的囑託。因此面對趙武的哭泣，他有兩種選擇，一是苦盡甘來、安享晚年，二是以死明志去追尋地下的難友。這個時候其實已經沒了選擇，因為程嬰對生命的理解早已超越了生死，他還需向晉國人證明一點，他不是怕死而苟活著。如果說伯夷、叔齊代表了一種對信仰的執著追求，那麼程嬰和公孫杵臼就體現了中國傳統「士精神」中忍辱負重的一面。

五、士爲知己者死

司馬遷在〈報任安書〉中說：

人固有一死，或重於泰山，或輕於鴻毛，用之所趨異也。

死亡並不可怕，有的人因為死而長生，絕大多數人因為苟活而永遠地死去。莊子的「一生死、齊彭殤」與「方生方死，方死方生」並不僅僅是哲學概念，它更是一種生命的領悟甚至實踐。《史記》中有一類迴腸蕩氣的故事，他們不是歷史事件的創造者但卻是歷史精神的創造者，司馬遷往往更鍾情於這類士人。他們沒有顯赫的家世和家業，也沒有著作等身，更沒有一官半職；他們是一群浪子，一群思想意識與眾不同的人。我們下面就講兩個視死如歸的刺客故事。

聶政因為殺人避仇，帶著母親和姐姐躲到齊國，做屠夫養家。史書中沒講，但能感覺到聶政是讀書人，或受過相當的教育，後面便可以看出來。濮陽有個叫嚴仲子的人，貴族出身，曾為韓哀侯做事，與韓國宰相俠累產生了矛盾，嚴仲子害怕被殺，於是就逃走了，四處遊歷尋找可以替他報仇殺掉俠累的人。在齊國他聽說了勇士聶政，隱居在屠夫之中，即使在社會底層，聶政的勇敢仍能讓齊人感覺得到。嚴仲子開始上門拜訪了，都是中國人那一套，先喝酒，再找生日、節日等機會送禮。但剛要送一份厚禮的時候碰了釘子，這份厚禮是黃金百鎰，聶政很吃驚，因為禮物太貴重了，不願接受，兩人有一段精彩的對話。

聶政感謝說：「我很榮幸有老母，家裡雖然貧窮，做客外地，當狗屠以養家早晚也夠了，不敢收您的禮物。」嚴仲子摒退其他人，直接就說：「我是有仇人，而被迫在諸侯間流浪，在齊國聽說了您的仗義，所以送給百金，我是想結交你，沒有什麼奢求。」聶政說：「我之所以降低志向，侮辱自己的身體，隱居市井之間做個狗屠，只是因為要奉養老母。老母在，我就不敢答應別人什麼事兒。」聶政終於沒有接受這份禮物。嚴仲子送的錢買十個肉鋪都綽綽有餘，由此可見聶政的清醒和對金錢的態度。

過了很長一段時間，聶政的母親去世，姐姐也已經出嫁，辦理完喪事後，聶政去找嚴仲子了。司馬遷在〈報任安書〉中說過這麼一句話：「士為知己者用、女為悅己者容」，這是作為士的基本要求，聶政的思想基礎也恰恰如此。這種故事我看到一半總會歎息，因為這裡邊最大的問題就在於什麼樣的人是知己，你可以為他所用。嚴仲子是聶政的合格知己嗎？以我的標準看顯然不夠，他找聶政並不是尋找朋友，而是尋找能為自己報仇的殺手，何況他與聶政並沒有共同的愛好和思想基礎，他們更沒有共同的事業。這算什麼知己呢？黃金百鎰是來買賣命的錢，並不是聶政困窘中無私的幫助。至於聶政認為嚴仲子是官僚而自己是市井之人，紆尊降貴來結交就感激涕零，那已經是自甘下人而帶有奴性的思想了。另外，因某人對你好就可以為他去剝奪別人的生命，這從道義和法理上都講不通。當然，我們不能以今天的思維來揣測古人。

刺殺的過程是悲壯的，聶政為了不連累到嚴仲子，隻身行刺，視死如歸，死前還毀掉自己容貌，以免被人認出。是他姐姐犧牲了性命讓他名垂青史，我的評價是他姐姐的犧牲更有價值，當然聶政的壯烈感染了所有後世的士人，姑且把這一類人叫死士或者烈士吧。

荊軻喜歡讀書擊劍，他曾經想學張儀、蘇秦等縱橫家的辦法來輔佐衛國，可惜衛君沒有興趣，於是荊軻就放棄了遊說這條路，而把時間更多地用於論劍上。他碰上過兩個論劍的夥伴，相處得都不太愉快，一個是蓋聶，說話時對他怒目而視；另一個是魯句踐，與荊軻爭道，怒而叱之。荊軻採用的都是一個辦法，溜走。最後，荊軻來到了使他成名也使他丟命的燕國，剛到燕國的一段日子裡他的日常生活就像一個酒鬼，交往的朋友從社會地位上看檔次也很低，狗屠和擊筑的高漸離。他們每天和他喝酒，喝高興了，微醺或半醉之間，荊軻就在大庭廣眾下唱起歌來，高漸離擊筑相和，活似兩千多年前的卡拉ＯＫ。唱著唱著他們又哭起來，旁若無人，估計大街上大家都把他們當怪物參觀呢。

但這只是荊軻的表象或者說業餘生活的一部分。荊軻平常深沉好讀書，走到哪裡會儘快與當地賢明、豪傑、長者相結交，與人交往是事業的重要組成部分，只有認識有了一定地位的人，才能有話語權和被推薦的機會，也才能得到有用而又直接的信息。所以荊軻是聰明而有心計的，也正因為他的志向不是市井之輩和蠅營狗苟的小吏們所能理解的，所以才會有酒後放歌之舉，形同一千年後的李白。之後，他在燕國認識了一個關鍵性的人物，處士田光。田光是燕國介於統治集團和江湖社會之間的一個重要人物，他看出荊軻不是一般人，因此一直尊重、善待荊軻，這是田光作為江湖處士的獨到眼光。

燕國以及齊、楚、韓、魏、趙等國家，在秦國的持續打擊下已經惶惶不可終日，如何阻止秦國前進的步伐，也就是能否保住自己的國家，是六國貴族們絞盡腦汁的課題。太子丹也不例外，他和嬴政小時候在趙國一起玩兒過，長大後又被質押在秦國，然而嬴政並沒有念舊而善待他。他深知這位秦王的脾氣和秉性，於是幹掉「老同學」的計劃就一直在丹的腦海中環繞。他為燕國的命運請教過他的師傅鞠武，鞠武的觀點無非是連橫合縱的那一套「陳穀子」，蘇秦當年若玩兒成功了，也就沒有秦國什麼事了，這條路並不通。後來，太子丹跟荊軻談到對天下大事的分析時，他的思路是非常清晰的，他說：

今秦有貪利之心，而欲不可足也。非盡天下之地，臣海內之王者，其意不厭。今秦已虜韓王，盡納其地。又舉兵南伐楚，北臨趙；王翦將數十萬之眾距漳、鄴，而李信出太原、雲中。趙不能支秦，必入臣，入臣則禍至燕。燕小弱，數困於兵，今計舉國不足以當秦。諸侯服秦，莫敢合從。丹之私計愚，以為誠得天下之勇士使於秦，窺以重利；秦王貪，其勢必得所願矣。誠得劫秦王，使悉反諸侯侵地，若曹沫之與齊桓公，則大善矣；則不可，因而刺殺之。彼秦大將擅兵於外而內有亂，則君臣相疑，以其間諸侯得合從，其破秦必矣。

大意是：如今秦國貪婪，欲望不可滿足，非要占盡天下的土地，讓所有人對他稱臣。如今秦國已經俘虜了韓王，韓國已經滅亡，又發兵楚國和趙國。王翦帶著數十萬軍隊到達漳、鄴一帶，而另一員戰將李信從太原、雲中出兵，趙國一定抵擋不住會成為秦國之臣，趙國一旦臣服，燕國就有禍害了。燕國又小又弱，多次遭受兵災，全國加在一起也無法抵抗秦國。各諸侯國怕秦國，沒人敢合縱對付它。我私下裡想，如果能得到一位勇士出使秦國，帶著重大的利益，秦王很貪，一定有機會接近秦王，如果真能趁機劫持他，脅迫他把侵占諸侯的土地都還回來，就像當年曹沫針對齊桓公那樣，就太好了，他要不同意就殺掉他。秦國的軍隊都在外面，宮廷內部發生變亂，君臣就會互相猜疑，那時諸侯之間再合縱共同對付秦國就一定能擊敗它了。

太子丹不顧鞠武的勸阻，敢於冒風險私藏樊於期，身上帶有江湖色彩和俠義精神。鞠武看出太子丹對政治辦法不感興趣，便推薦了田光，鞠武心裡應該很清楚田光的作用，於是借助江湖手段解決政治問題的大幕徐徐拉開。

在荊軻故事中出現了一系列「士精神」的典範，使得這個故事帶有濃厚的浪漫主義色彩，讀起來像部小說。

第一個為荊軻刺秦王而死的人是田光，太子丹找到他時禮儀極盡恭敬，兩人其實沒談幾句，田光只是說我老了，推薦了荊軻。當荊軻答應了田光的請求後，田光自殺了，他是這個事件中死的第一人。他為什麼自殺？大概有三點：首先，他深知此事的凶險和重大，太子丹這樣的人都忍不住囑咐一句：「國之大事也，願先生勿洩也！」這件事情一旦發動，所有身處其中的人都很難逃避被猜忌的命運，自封其口讓太子丹永遠感激懷念他。其次，他雖然善待荊軻，但與荊軻並無交情，也無利害往來，說白了荊軻不欠他什麼，他推薦荊軻幹的是不要命的事兒，他只有自己先不要命了才能把荊軻激發出來。再次，人生價值，生命的意義在於犧牲，「士精神」的內在價值就是不可苟活。

第二個死的人是樊於期，荊軻自己找上門去了。

他說：「秦王對將軍太過分了，父母和整個宗族都被殺，而且還懸賞您的頭，怎麼辦？」

樊於期流淚了仰天長歎說：「我一想起這事兒，就痛入骨髓，可也沒其他辦法。」

荊軻說：「我有一句話既可以解燕國之患，又可以報將軍之仇，不知當講不當講？」荊軻故意賣個關子。

樊於期正在痛苦之中，身子前傾立刻就問：「什麼辦法？」

荊軻說：「我想得到將軍的首級獻給秦王，秦王一定高興見我，那時我左手抓住他的袖子，右手直刺其胸，將軍的仇報了，燕國的恥也雪了。將軍願意嗎？」

每每史書讀到這兒的時候，我就想到人與人之間可以信任到什麼程度，荊軻是個陌生人，雖然氣質不錯甚至於和樊於期一見如故，但能把自己的頭交給對方，無論如何難以理解。其實，樊於期不是相信荊軻或者相信一種外界的態勢，他是相信人類，相信叫人的這種靈長類動物，相信天地冥冥之間的一種正氣。因此這第二個死的人更壯烈。

第三個是荊軻自己。咄咄逼人的秦軍已經把軍號吹到了燕國的邊界，太子丹和荊軻的時間都已所剩無幾。燕國有個勇士叫秦舞陽，十二歲就殺過人，好勇鬥狠沒人敢惹，太子丹求來給荊軻當助手。從後來的事件經過看，荊軻書讀得很多，心理素質超強，但劍術可惜了，這從他面對蓋聶和魯句踐的對決中就能看出來。應該說荊軻有自知之明，所以他想請個劍客跟他一起去，但太子丹已經等不及了，太子丹以為能殺人就是勇敢，這個致命的失誤使得歷史很遺憾地沒有被改寫。送別場面異常悲壯，太子丹和知情者皆穿白色孝服相送，到了易水河畔，高漸離擊筑，荊軻唱歌：

風蕭蕭兮易水寒，壯士一去兮不復還。

先是徵聲，大家都傷感得垂淚，緊接著是羽聲慷慨，大家圓睜怒目，頭髮衝冠。荊軻坐上車頭也不回地走了，因為他不必回頭，也沒頭可回了。

西元前二二〇年前後的秦國，像一個巨大的怪物橫亙在中國的西部，在六國人的眼中它凶殘、野蠻、文化修養很差。就像李斯在〈諫逐客書〉中所說：

夫擊甕叩缶、彈箏搏髀而歌呼嗚嗚、快耳目者，真秦之聲也。

秦國人的音樂是敲瓦盆、拍大腿、嗚嗚喊著，有點像圍著篝火的原始先民，至於桑閑、韶虞、武象、高山流水這種音樂根本就不是秦人能欣賞得了的。

就像古希臘在伯羅奔尼撒戰爭中，獨裁而野蠻的斯巴達人戰勝了民主而優雅的雅典一樣，秦國的勝利對中國文化是一場災難，這種災難更因帝國的統一和「焚書坑儒」的政策而無限放大。諸如古埃及、古羅馬的毀滅，人類的悲劇是先進的文明一次次被野蠻湮沒。

可以想像，當心懷叵測的荊軻一行來到咸陽這個大怪物的肚子裡時，該是如何驚恐。走進秦宮的一段堪稱戲劇中的情節高潮，善於殺人的秦舞陽一步步走進秦王宮殿時，巨大的威嚴壓得他透不過氣來，他腿軟了，身子已經不聽意識的指揮了。台階下站立的秦國衛士們看著秦舞陽走不動路會感覺奇怪，奇怪過後立刻就要產生懷疑，而致命的是他手裡拿著唯一的武器——那把見血封喉的徐夫人匕首。荊軻笑了，他要讓秦王和他的衛士們放鬆，因為旁邊的大鍋正燒著開水，可以沒有任何理由就能把他們全扔進去，更何況秦舞陽腿在發抖。

我始終在想，這是一種什麼樣的精神力量在支撐，荊軻靠什麼而無畏？無畏有三種情況：第一種是無知者無畏，就像嬰兒過馬路根本不知道害怕車撞；第二種是看穿了所以無畏，看淡了人生的生死，以至於生又何歡死又何懼，但那是隱士風度，連做事成敗都已無所謂的無畏；第三種是能夠認真做事而不畏生死，這就需要極強的心理素質了。

荊軻就屬於最後一種，他的無畏來源於他對生命意義的追求而不是放棄。當荊軻轉回身來拿秦舞陽手裡的地圖時，能想像到秦舞陽無助的眼神和荊軻堅定的目光，荊軻知道只有靠自己了。他不會埋怨太子丹太著急致使他沒能等到他想等的人，他也不會痛恨秦舞陽，因為他根本就沒指望過他，英雄從來都是孤獨的。「圖窮匕見」後的場面是驚心動魄的，當大事不成時荊軻又笑了，這是他在恐怖的秦國宮殿上的第二次笑，然後說了最後一段話：

事所以不成者，以欲生劫之，必得約契以報太子也。

大意是：事情沒有成功的原因是他想劫持活著的秦王，來實現太子丹的第一種設想。荊軻的刺秦行動是想按照最好的方式進行以達到最佳的效果，天不遂願，無怨無悔，英勇的荊軻感動了無數人。

我們不要瞧不起秦舞陽，真的，換了我們自己連咸陽都未必敢去，說別人容易，自己做做看。他是這件事中死的第四人，雖然史書沒再提他，但可以想像他不會有生的任何機會。第五個死的是燕太子丹，他被自己父親殺死獻給秦國以圖緩解秦軍的攻勢，但燕國的滅亡已不可避免。

事情還沒有完，第六個慷慨赴死的人正改名換姓藏在宋子家裡做苦工。高漸離因為擊筑的音樂水準而逐漸被待以上賓，也有了接近嬴政的機會，他把鉛灌注在琴筑裡，在一次音樂會的召見中用筑襲擊嬴政，可惜又沒擊中，高漸離用前仆後繼的壯烈為這個故事畫上了一個圓滿的句號。

魯句踐聽說了荊軻刺秦王的故事後感慨荊軻劍術不精，同時也歎惜自己沒能和荊軻成為知己。司馬遷用這個做結尾是感歎如果荊軻的身邊是魯句踐而不是秦舞陽結果又會如何？但歷史就是歷史，不管世人多麼遺憾。

六、俠義之士

在《史記・游俠列傳》之中有朱家和郭解的故事，他們是武俠小說中俠士一類的人。當人民困苦無助時，這些人成為政府公共職能不健全的補充，他們是用自己的人性來彌補的。

朱家是孔子的老鄉，大約與漢高祖劉邦同時，因行俠仗義聞名於山東及關東一帶。一聽大俠人們就想到鮮衣怒馬、出手闊綽，好像身上有著永遠花不完的錢，其實那只是電影。朱家的生活非常簡樸，他衣食都很樸素，出門只乘一牛車。他救濟起別人來卻很慷慨，平時專好打抱不平，替人家排憂解難十分認真，往往不避個人安危，因此人們都樂意與他交往。

朱家最著名的故事就是救助項羽手下大將季布。楚漢相爭的時候，項羽手下的大將季布，曾經多次圍困漢王劉邦。劉邦恨季布恨得牙癢癢，取得天下後，便懸賞重金買季布的人頭。布告上說，誰膽敢藏匿季布，罪及三族，所謂三族是指父族、母族、妻族。季布先是躲藏在河南濮陽縣姓周的人家中，由於官兵追捕得很緊，他聽從周氏的計策只好投奔朱家。他先喬裝打扮剃髮為奴，周氏再用拉棺木的牛車把他運出河南，故意拉到朱家的家裡出賣。朱家對車中所拉的季布已心知肚明，但還是假裝把他買了下來，藏在家中。後來朱家通過遊說夏侯嬰，花了很大的價錢才使得劉邦赦免了季布，季布後來甚至官至郎中和太守。更為難得的是幫了季布這麼大忙的朱家，從此以後再不見季布，救人已經難能可貴了，救人後絕不圖報這是另一類俠義精神的體現。

郭解的老家在愚公移山故事發生的地方，郭解的父親因為行俠仗義被劉徹的爺爺劉恆處死，可見他有俠士的血統。史書說他長得短小精悍，貌不驚人，性格卻沉靜勇敢，不喝酒。他在年輕時走過一段彎路，其實再偉大的人物也是逐步修正自己而不斷覺悟的。郭解曾經心狠手辣，恣意殺人，還幹些作奸犯科、鑄錢掘塚等違法的勾當。但在那時他就很仗義，肯捨命助人報仇。後來，郭解一改以前的所作所為，對人以德報怨，幫助別人絕不求回報，甚至救了別人的性命也不居功自顯。因此，他在當地聲望頗高。朱家與郭解行俠的方式是不同的，朱家更多是在法律的框架內，而郭解的家庭與人生經歷使他游走在法律邊緣，這也為他的被殺埋下伏筆。

郭解的幾件好人好事：

第一個故事，公正不偏袒。郭解曾有一個外甥，在與人喝酒時，仗勢欺人，強行灌別人酒，被對方一怒之下殺死。郭解的姐姐不滿他不替外甥報仇，故意陳屍街頭想借此羞辱郭解。郭解探知凶手逃跑處，於是凶手不得已自己回來將實情告訴了郭解，郭解不僅沒有加罪於他，還說，是我的孩兒做得不對，而把他放走了。隨後，他又埋葬了外甥。筆者認為，強行灌酒固然不對，但仍屬於人民內部矛盾，殺人就是違反刑法了，不能同等看待，但古人的法律觀不是這樣。

第二個故事，謙虛而絕不欺負人。郭解平時受人尊敬，出門時大家都回避，有一次卻遇見一個人跨坐在路旁，很不禮貌地看著他。跟隨他的門人看見了很生氣，想殺了那個人。郭解說：「在家鄉得不到尊重，是我的修行不夠呀，怎麼能怪罪這個人。」暗地裡，他叮囑尉吏說：「這人我很看重，到踐更時放過他。」踐更在當時是一種徭役，每月一次。踐更數次，都沒有人找他。那人很覺奇怪，一問，才知是郭解替他解脫。於是他袒胸露腹地前去謝罪。

第三個故事，悄悄助人而不居功。洛陽有互相結仇的人，當地的賢達與豪強們都多次勸說，始終化解不開。郭解聽說後，夜裡跑到兩邊的仇家調解，使他們終於聽從了他的勸解。郭解說：「我聽說洛陽諸公在這裡調解你都沒有聽，幸而現在你聽了我的話。但在洛陽地面上，因為我而化解，我從別人的地方奪走了賢人的名聲。等我走以後，你們讓本地的豪傑居中主持。」於是，他連夜離開了這個地方，不讓任何人知道。

郭解處世恭敬、為人節儉，在本縣辦事從不乘車，到鄰郡為人請求事，也從不為難人家。因此，大家都願意為他所用，逃命、流亡的人也都紛紛依附郭解，他還深得本地青少年的愛戴，附近的人家經常把大車送到郭解家，以備投奔郭解的人使用。

漢武帝年間，朝廷遷徙豪富於茂陵（劉徹的陵墓，在今陝西興平縣東北），以便控制。郭解家貧，本不應上榜，但也在遷徙之列。大將軍衛青為郭解向漢武帝求情，劉徹說：「郭解身為布衣，能使大將軍替他說話，可見他並不貧窮。」其實江湖社會中的郭解在朝廷眼裡更為危險，朝廷不可能不提防他。臨行之日，前來送行的人眾多，可見郭解在當地的影響之大。他到了茂陵後，陝西一帶的社會賢達和豪傑無論知道還是不知道他的人聽說他到來，都紛紛前來與他結交。

在中央集權下郭解這種人沒有生存的空間，漢武帝雖然自己建築的公共職能有缺陷，但他絕不能容忍別人來彌補，公法不可能與私法並存。這又是一類俠客型士人，因為百姓困苦而上訴無門，他們的力量給了下層民眾以幻想，因此深為民間所喜愛。最令人感歎的是這兩個幫人幫到底的大俠客居然都窮得叮噹響，看來能不能幫助別人絕不在金錢上。

少年時代我最喜歡的書是《三俠五義》、《水滸傳》、《兒女英雄傳》等武俠小說，最令人神往的人是俠士而絕非道學先生。心醉於他們對底層人打抱不平的同情心，崇尚他們過人的武功和膽識，共鳴於他們孤獨與漂泊的心境。老百姓無法決定自己的命運，面臨侮辱與迫害時又實在太無奈，因此寄希望於縹緲無望的民間俠義力量，這是俠客如此受歡迎的根本原因。俠士的所作所為也融入「士精神」中，成為其中重要的組成部分。

第8章

農民運動

被詛咒的歷史怪圈

中國從黃帝時代開始進入了農業社會，一家一戶的生產方式以及自給自足的農業經濟一直延續到清末。我們的人口組成主要是農民，中央集權的帝國建立以後，「重農抑商」作為一種國策始終沒有改變。從秦朝以後，改朝換代的肇事者就變成了農民暴亂。中國歷史的政治現實是一個龐大的官僚組織管理了一個分散的農民集團，一旦面對統治階層的橫徵暴斂而無法維持自己的最低生存要求時，農民集團的武裝暴動就會發生。其實，中國的民間始終有一個江湖社會，游離於統治階級之外而和普通百姓息息相關，亂世之中江湖社會中的人物往往會成為農民軍的重要參與者甚至領導人。

起義是個正面稱呼，在長達兩千餘年的正史中，除了《史記》較為客觀地把陳涉放在「世家」的地位外，其他對農民運動皆持否定立場，不僅定義為叛亂或犯上作亂，還把起義軍以盜、賊、匪相稱。這是不公允的，如沒有被逼到上天無路入地無門的境地，誰也不會提著腦袋打打殺殺的，官逼民反是一條鐵的定律。

明朝末年，官員馬懋才給崇禎皇帝的〈備陳大饑疏〉中講到陝西的旱情：

我的家鄉延安府，去年一年沒下雨，草木都枯焦，更別說糧食了。到了八九月間餘糧吃沒了，就到山間採食蓬草，草粒像糟糠的皮，味道苦而且澀，吃這東西只能延續生命不死。到十月份連草籽都沒了，只能啃樹皮，榆樹皮還算好的，就雜以別的樹皮一起吃，這只是延緩死亡而已。到了年底樹皮也吃光了，只能挖掘山中的石塊吃，石頭又冷又腥，吃不了多少就飽了，過不了幾日腹脹下墜而死。老百姓不甘於吃石塊而死，於是就聚集起來搶劫有積蓄的富裕人家。官府辦事人員被上級命令所束縛，不得不繼續嚴厲催討賦稅，僅存的黎民百姓，只有逃亡一條路，從此處逃到彼處，又從另一處逃到此處，逃的結果只能做強盜，這就是強盜遍布陝西的根本原因。

幾千年農民暴亂的原因都跑不出馬懋才所講的情況，因此底層人民的反抗是很令人哀憫的。

中國歷史上第一次農民運動是秦末陳勝、吳廣的大澤鄉起義。秦二世元年（西元前二〇九年），作為被徵發的新兵陳勝和吳廣一行九百餘人，遇大雨不能按期到達目的地漁陽（北京密雲一帶），按照秦朝法律逾期要全部斬首，剛入伍就犯了法的陳勝和吳廣被逼無奈下，不得已在蘄縣大澤鄉（安徽宿州市附近）殺死押解的軍官發動兵變。其實，少量的叛亂分子既無武器裝備，又沒有受過正規軍事訓練，遇大軍圍剿很快就會被鎮壓下去，農民運動之所以能像星星之火一樣可以燎原主要還在於「天下苦秦久矣」的社會原因。

大家全都巴不得把秦朝埋葬。任何一個朝代的滅亡都是從內部的腐爛開始，逐漸蔓延到社會的各個角落，農民的叛亂只是壓垮這個王朝的最後一根稻草。

以後著名的農民運動包括西漢末年的綠林、赤眉起義，東漢末年張角兄弟的黃巾起義，隋末的瓦崗寨起義，唐末的黃巢起義，北宋末年寫成小說《水滸傳》廣泛流傳的宋江起義，元末的紅巾軍起義，明末的李自成起義，清末的太平天國起義，等等。幾乎每個朝代都有一個農民運動伴隨著它的滅亡，當王朝積累的矛盾足夠多，而它自身又無法調節這些矛盾時，通過農民暴亂產生的社會生產大破壞，釋放所有的積怨，終點又回到起點，新的王朝重新開始。

真正讓人不解和遺憾的是，每次這種大破壞不僅不能帶來新思想的產生與社會政治體系的改變，更不能使社會生產力有所前進，民眾經歷一輪巨大痛苦與災難的結果，除了重新起步什麼也沒有得到。於是中央集權的王朝政治成了一個爛泥潭，只有循環往復而極少進步。通過分析壓垮王朝的稻草，或許我們能看出些這種現象的端倪來。

一、中國歷史發展的動力在哪裡

農民運動是推翻腐朽王朝的主要力量，但事實證明這種運動沒有帶來社會的進步，中國的鄉村結構、思想意識以及經濟基礎並沒有發生改變。不能不說，我們經歷了漢唐兩次大的輝煌後，整個社會在倒退，政治制度也越來越黑暗。農民運動改變的是統治集團而不是統治方式，除了極大地破壞了生產力以外，不可能有新的生產方式產生。只要農業經濟下的中央集權政治模式不改變，中國歷史的發展就是空談。

西漢對秦朝建立的中央集權體制進行了完善，社會改革的動力沒有消失，漢武帝劉徹利用他爺爺和父親留下來的家底發起了對社會的改造，這種改革的慣性直到王莽改革失敗後才消失。王莽的變法造成社會巨大的混亂，他自己也身首異處，嚇壞了統治者們，自東漢後，對社會問題因循苟且成為主流，統治階級再不會沒事找事去追求符合道德的理想社會。

「井田制」消失後，土地成為私有財產，可以隨意買賣，這就不可避免地造成了豪強對土地的兼併。土地的自由流轉對於土地資源的再利用是有好處的，但是一旦土地過分地掌握在少數家族手裡時，不僅造成很多農民的貧困，遇到饑荒生計都會成問題。政府與豪強休戚相關，但政府卻並不希望土地過於集中，因為稅收是基於土地和人口而來，大量自耕農是財政的重要保證。

中國式的中央集權在初期是有相當活力的，南北朝時期北魏鮮卑人的政權進行針對土地的改革則是在經濟層面上的自我調整。北魏實行了「均田制」，把鮮卑人劫掠的政府所屬土地分配給農民，男子十五歲以上每人露田四十畝、桑田二十畝，婦女減半；不宜種桑的地方改分麻田。農民必須向官府交租、服役。農民身死或七十以上，除桑、麻田外，都要歸還官府。這樣一來，開墾的田地多了，又抑制了土地的兼併，自耕農的生產和生活比較穩定，政權的收入也相應增加。唐代建國初年的「租庸調制」就是又實行一次均田令，並在這個制度上建立稅收服役系統，這些都在經濟上讓整個國家保持活力。其實，皇帝個人行為再荒誕，只要不太多觸動根植於土地的小農經濟，對老百姓生活的影響就很小，甚至你玩你的、我幹我的，陽關大道、獨木橋各走一邊。

隋代「科舉制」的創立給了民間優秀人才以施展才華的機會，中國的科舉考試曾讓歐洲人羨慕，以至於中世紀時他們把中國想像成理想國度。大運河的貫通使南北經濟融為一體，黃河與長江流域的生產可以互通有無。總之，這一切政治與經濟的改變造就了恢宏的大唐盛世，杜甫的詩歌很好地描述了當時的社會情景：

憶昔開元全盛日，小邑猶藏萬家室。
稻米流脂粟米白，公私倉廩俱豐實。

> 九州道路無豺虎，遠行不勞吉日出。
> 齊紈魯縞車班班，男耕女桑不相失。

這是中國歷史上一段美好的時光，唐代的中國是世界上經濟和文化最先進的地區。

郡縣制中央集權美好的一面，隨著唐代的滅亡而消失了，沒有看出農民運動對這個制度有何完善和改變。衡量一個歷史事件對中華民族的貢獻，最重要的不是打碎了什麼，而是建立了什麼。

馬克思在分析歐洲農民的作用時認為，由於農民是在傳統的封建社會發展起來的，農民的生活方式和生產方式少有組織，因此，農民帶著固有的分散性，不僅缺乏組織性，同時缺乏主動性，這些都容易使農民成為現代社會中最穩定、最保守的因素。他在對農民的論述中說：

> 他們不是革命的，而是保守的。不僅如此，他們甚至是反動的，因為他們力圖使歷史的車輪倒轉。
>
> ……
>
> （農民）不能自己代表自己，一定要別人來代表他們。

從馬克思、恩格斯（Friedrich Engels, 1820-1895）對歐洲農業社會的分析來看，農民的暴動從來沒有成為一場改造社會的革命。在這一點上，歐洲農民和中國農民是相同的。

真正的社會革命需要三個條件，首先是新的生產方式和生活方式的產生；其次，是新的社會階層的出現；再次，是新思想的啟蒙。比如法國大革命，工業革命已經在法國建立了很多手工工廠，改變了原有的生產與生活；工廠造就了新的資本家和工人，這些人不再依附於土地，並能創造驚人的財富。與此同時，啟蒙思想家伏爾泰（Voltaire, 1694-1778）、盧騷、孟德斯鳩（Montesquieu, 1689-1755）、狄德羅（Denis Diderot, 1713-1784）的著作逐漸深入人心。

兩千年的史實說明了，農民運動並不具備任何成為革命的條件，它只能是一次大破壞。

二、張角的黃巾起義

張角所在的鉅鹿是現在的河北邢台市，項羽在此破釜沉舟打敗章邯秦軍。張角與洪秀全有點像，屬於傳播宗教的江湖人物。早年，張角得到道士于吉的一本書《太平清領書》。道家與道教相差是很遠的，道教系統包羅萬象非常龐雜，包含有周易預測、陰陽五行、中醫養生、神仙修煉、化學丹藥、民間巫術等，西漢的學者冠以黃老學說而一脈相承。我想張角對上述內容並無真正的研究，只是略通民間的醫術與巫術，因為這是最容易在農民中間產生影響力的本領。張角開始只是個傳教的醫生，他用符水和咒語為人治病，痊癒的人很多，其實老百姓感冒或拉肚子的病最多，用點兒藥就能好，於是越來越多的人信奉他為神仙。

中醫知識、精神力量加上神秘的儀軌，這就是張角依《太平清領書》部分內容所創的「太平道」，最高的神是「中黃太一」，他是總首領，自稱「大賢良師」。太平道以黃老學說為指導思想，用陰陽五行、符籙咒語為根本教法，治好病的說明信道心誠，不能痊癒的說明心還不夠誠，以此妖言惑眾。

起初，張角的行為仍屬普通的宗教活動，時間一長，入教的徒弟越來越多，居然多達幾十萬人。他只好將教徒分成三十六個教區，稱三十六方，大方人數過萬，小方也有六七千人，甚至連個別官吏和太監也成為信徒，每一方有「將軍」做負責人。

東漢是道家在民間發展形成道教的時代，不僅僅是張角的太平道，作為正教對後世產生巨大影響的是張道陵。張道陵（字輔漢）是西漢開國功臣張良的八世孫。傳說他身材高大，面相威武，跟劉備一樣雙手過膝，不僅如此還紅髮綠眼，眼睛上有三個角。其實歌頌或神話一個人，樸實一些可能更讓人親切，一誇張就不是神仙而是妖怪了。

張道陵出生於漢光武年間，自幼聰慧，七歲時居然就讀懂了老子的《道德經》，他的祖先張良一直修道家「辟穀」之術，是奇門遁甲的發明人，想必是家學淵源對他產生了重要的影響。年輕時，張道陵飽讀詩書，被朝廷推薦做了一任縣令，他本有機會走儒家的道路，但很快就像他老祖先一樣辭官進山清修了。

東漢的皇帝屢次想召見都被他婉言謝絕，經四處雲遊，在江西貴溪雲錦山結廬而居，煉成九天神丹。據傳說，煉成之日龍虎俱現，不知道跟魏伯陽的《龍虎經》有沒有淵源，此山因此而得名「龍虎山」，現屬道教四大名山之一。服食丹藥後他變得鶴髮童顏，身如青年，下山雲遊之中他喜歡上了四川鶴鳴山，於是在此開壇創立「正一盟威之道」，又稱「天師道」或「五斗米道」。在道教中張道陵一派也叫「正一教」，與後來王重陽所創的「全真教」分庭抗禮，成為南北道教兩大系統。

他以鶴鳴山為中心，把控制的教區劃分為二十四個傳教點，規定凡教眾需交五斗米供齋醮使用，他的組織規定很細也很嚴密。天師是全教區的最高領導，初入道的稱為鬼卒，能為道徒和病人做祈禱儀式的稱為鬼吏和奸令，「鬼」和「奸」在漢語中都是貶義詞，不知道他們為什麼起這樣的名稱。信仰確立並能講授《道德經》的稱為祭酒，祭酒負責主持所轄教區的各項教務工作，直屬天師領導。每年三會日教民集合聽候祭酒的訓導，在規定的時間舉行各種宗教祭祀儀式。在教內張道陵提倡慈孝和敬讓，以「清靜無為」的修身為目的而不與外界爭鬥，他寫了《老子想爾注》，以老子思想為指導，主張「佐國扶命，養育群生」，因此「五斗米道」在民間傳播時沒有向造反的路上發展。

有趣的是他的孫子張魯繼承了他的天師道後，在漢中當太守期間竟然身體力行，建立了一個政教合一的政權。《三國志．魏書．張魯傳》記載：「剛來入教的，都叫作鬼卒，已經信奉本教的才號稱祭酒，各自率領自己發展的信眾，人數多了就叫『治頭大祭酒』。都教導他們誠信不欺詐，有病自己懺悔自己的過錯，與張角太平道的宗教儀式大體相似。各主管都安排不要錢的旅店，就像驛站一樣相傳，又懸掛米肉在旅館裡供路過的人白吃白喝，這種自助餐靠自覺，能吃多少吃多少，多占鬼神就會讓你生病。犯了法原諒三次才判刑，不設官吏，都用宗教的主管來治理，漢族和少數民族都很高興，於是稱雄巴州和漢中三十年。」

這看來像小共產主義，但張魯是統治階級的一員，他始終有「歸命國家」的想法，他獨特的統治方式並不是主動的社會實踐，也不是力圖變革什麼，更多的是一種宗教情懷，他的歸宿是被曹操封為鎮南將軍，所謂「漢中模式」也就壽終正寢。

然而，張角與統治者沒有淵源，太平道主張散財幫助窮人，以自食其力、善惡報應等觀念迎合了下層貧苦農民的要求。因此，張角的勢力得到了迅速的擴張，當達到一定規模後，取東漢政權而代之的野心就在他心中逐漸產生。漢靈帝中平元年，也就是西元一八四年，張角開始策劃暴動的時間。造反從來都是死罪，沒譜的事兒誰也不敢幹，因此用所謂天意來號召徒眾，就成了所有叛軍頭領的共同行動。張角軍頭裹黃巾，象徵了黃天，因此這次農民的叛亂史稱「黃巾起義」。

東漢末年，在士大夫、外戚、宦官三大集團的殘酷爭奪下，政治已經腐敗到極點，可以說亂源早已具備，只是靜等爆發的機會。與張角同時的東漢最高統治者劉宏在幹什麼？

皇帝在後宮開商店，還煞有介事地扮成商人與宮女買賣，宮女們一邊買賣一邊偷；劉宏天天飲酒作樂；還在西園給狗佩戴綬帶、帽子；駕著驢車四處招搖，鬧得京城裡紛紛仿效。劉宏是頑主型的皇帝，本該做娛樂界明星，他豐富的想像力都在玩樂上。他還公開賣官鬻爵。

在中國，從秦朝開始的世襲皇帝中，可以稱為政治家的恐怕不到十分之一，能自我約束、維持政權正常運轉的也不到十分之二，劉宏這一類的占大多數。這就說明了一個問題：在中央集權體系下，最高權力採取世襲的方式是荒謬的。中央集權有一個堅硬的外殼，如果它保護的是正確的決策者，往往會帶來較高的效率，一旦保護的是荒唐行為，荒唐演繹到荒誕，外殼破裂之後，就會形成不可收拾的局面。

張角是在匆忙中發動起義的，他的一個信徒向官府告發起義之事，一個「大方」的「渠帥」馬元義被車裂於洛陽，朝廷通緝張角並開始捕殺信徒。慌亂中黃巾軍從張角的家鄉冀州起事，一個月內全國七州二十八郡都發生了大小不等的戰鬥，京都震動。但運動剛剛開始張角就病死了。張角是宗教領袖，他是整個農民軍的精神支柱，群體一旦失去核心偶像式領導，領導集團也就不再有號召力。

張角的兩個兄弟沒有政治能力和政治經驗，也沒見士大夫階層的人加入農民軍裡。雖然信徒很多，但毫無軍事訓練，面對正規軍的衝擊很容易作鳥獸散。黃巾軍拖家帶口，看著人數眾多但戰鬥力不強。沒有統一的指揮系統，大家各自為戰，既不懂互相增援，更沒有軍事經驗，往往被官軍各個擊破。

中國是一個產生不了宗教改革的民族，我們民族更強調人文關懷，而不是天國的召喚，受過良好教育的士大夫們遇事往往訴諸理性而不是迷信。宗教號召雖然有很大的鼓動力量，但大多針對文化不高的底層民眾，在中國沒有宗教領導革命的社會基礎。

在中國歷史上，宗教領導的農民運動基本都是這種類型。清朝中期的嘉慶元年（西元一七九六年），在四川、湖北、陝西一帶爆發的白蓮教起義也是從傳教開始的，它的口號是「黃天將死，蒼天將生」，頭裹白布，正好與黃巾軍相反。白蓮教雖發生在黃巾起義一千六百年後，但基本形式一模一樣。這次起義除了造成數千萬人的死亡外，沒有任何意義。

太平天國起義是在鴉片戰爭之後，洪秀全借助胡亂改造後的西方基督教義煽惑民眾，本質上不是替大眾解除痛苦。早年洪秀全是想通過科舉考試擠進統治階層，只是在屢次落第無望後才醞釀反對朝廷。

張角死得早，沒來得及看他掌權後的模樣，洪秀全可以做一個參考。太平天國的軍隊攻下南京後，洪秀全就沒有離開過他的宮殿一步，天天蹲在家裡泡妞，還編了很多告誡妻妾的打油詩。在他身上，我們看不到為民請命的宗教信仰，即使是作為口號而編纂的《天朝田畝制度》，他也沒有任何實施的熱情。指望這樣的人來推動社會進步，無異於緣木求魚。

三、黃巢與李自成

唐朝僖宗年間，被地方軍閥和宦官們搞得筋疲力盡的唐王朝陷入了黑暗政治的死局，士大夫們早已無能為力。翰林學士劉允章在給李儇的父親李漼的〈直諫書〉中指出「九破」、「八苦」、「五去」來描述唐朝末年的國家形勢和百姓生活。

國家和民眾破產的因素有九個：年年兵災，遊牧民族的興起侵擾，權臣豪強當道驕奢淫逸、越權辦事，軍閥割據不買中央政府的帳，廣造佛寺勞民傷財，公開賄賂政治腐敗，官吏殘暴，稅收不平等，吃乾飯的人多繳稅的人少。

百姓的痛苦包括：官吏苛政，賦稅繁重，橫徵暴斂，債主逼迫，替流亡的人服差役，無處伸冤，天寒無衣忍飢挨餓，無處治病，死了連埋葬的地方都沒有等。

百姓不得不背井離鄉的五種原因：被惡勢力侵奪，被官吏逼迫，被迫當兵守邊關，因無力還債而降自由身為奴，為躲避沉重的兵役和賦稅只好逃跑或出家。

一國政府讓人民生活在這樣的環境下，簡直就是犯罪。

漢武帝劉徹開鹽鐵專營的先河，歷朝政府一直把食鹽當成斂財的手段，官府壟斷造成鹽價昂貴，百姓吃不起鹽造就了很多走私食鹽的販子。擁有權力者還想擁有財富，因此官與民爭利就成了農民暴動的一大誘因。王仙芝與黃巢都是販賣私鹽的商人，官府為保護國營企業的利益必然嚴厲打擊食鹽自由買賣，在這場貓捉老鼠的遊戲中擦槍走火肯定不可避免，當天災再來湊熱鬧時，農民運動就成功了。

最早起事的不是黃巢而是王仙芝，西元八七五年年初，王仙芝在河南濮陽發出檄文，並相繼攻克曹州和濮州，六月黃巢才在山東菏澤響應並率領數千人與王仙芝會師曹州。黃巢參加過科舉考試，是個讀書人，因此他與王仙芝的見識不同。

王仙芝沒有政治抱負，屢次想接受唐室的招安，為此還跟黃巢鬧翻，雙方各自為戰，而黃巢的理想則是皇帝。

王仙芝、黃巢的戰爭模式就像狗熊掰棒子，打下一個城池，洗劫一空後又扔了，不斷去打下一個城池，打不過就換一個打。這是一種典型的流寇戰術，戰爭的動力在於搶劫。流寇戰術在中國之所以能得逞，主要有兩個原因：首先，中央集權後，地方上都是流官，手中無兵，有兵的軍官沒有調兵權，軍事行動都聽命於中央，協調起來十分被動。其次，唐王朝中央的式微，又使得地方政權只圖自保，沒有形成有效的網羅戰略。翻開地圖，黃巢的軍隊走遍了大半個中國，四渡長江，兩過黃河，如入無人之境。運動戰可以避實就虛，官軍很難捕獲，但沒有根據地，農民軍很難建立自己的政權。

西元八七八年，王仙芝戰死，黃巢獨自和唐王朝周旋，唐廷曾經誘降他，詔命右衛將軍，但黃巢考慮藩鎮不統一，唐政府制約不了自己而拒絕投降。這說明黃巢還是有相當政治頭腦的，他會審時度勢。占領廣州後他曾想接受朝廷的招安，嶺南離中原很遠，背靠大海前有高山阻隔，是擁兵自重的好地方。但唐室對他的輕蔑和軍中瘟疫流行，使得他不得不放棄廣州殺奔長安。西元八八〇年年底，黃巢在寒風中進入長安，李儇就像他的祖先李隆基一樣逃往成都避難。

入城儀式充分滿足了當年落第秀才黃巢的虛榮心，唐朝首都衛戍司令張直方率文武百官數十人到灞上迎接。黃巢乘坐黃金裝飾的馬車，衛士們身穿錦袍和華麗的頭巾，乘坐銅車簇擁黃巢而行，騎士們浩浩蕩蕩，軍隊數十萬前後相連。黃巢終於實現了他殺氣騰騰的夙願。

公平地講，黃巢一開始對長安人民還是不錯的，幾年搶劫的積累，農民軍已經不再窮得連褲子都穿不上，他們積攢了相當的財富。為了在首都人民面前露回臉，他們甚至競相表現自己的大方，這是一種窮人乍富的心理，就像一個暴發戶在夜總會裡對著服務員發錢，他不是為了別人而是顯擺自己。

當然，農民兄弟對窮人樸素的同情心也在起作用，他的部下尚讓很會不失時機地宣傳黃巢強於李姓宗室。但很快農民軍就開始了大肆的搶掠，把人綁起來拷打索取財物，還起了個名字叫「淘物」，有錢的人都被光著腳趕出家門，農民軍頭領看府邸的大小來搶，爭著強姦別人的妻女，捉住以前的官吏都殺掉，沒有什麼可搶的，房子就放火燒。總之，殺人放火，公卿貴族幾被屠殺殆盡。

如果說這場浩劫更多殃及上層統治者的話，那麼黃巢第二次占領長安進行的屠城就是針對所有階層了。他下令把長安成年男子全部殺光，血流成了小渠。

當黃巢實現自己的最高理想時，也正是他迷茫不知所措的時候，黃巢齋戒太清宮，翌日在含元殿登基做了皇帝，國號大齊。這既是黃巢生命的頂峰，也是他失敗的轉捩點，大齊國建立伊始形勢便急轉直下。皇帝是當上了，可是下一步該幹什麼不知道了，幾十萬大軍蹲在長安搶劫富戶，既不去追擊逃跑的李儇，也沒有肅清殘餘的抵抗唐軍，更致命的是生產和財政沒有人管，長安很快就面臨糧食短缺的恐慌。

靠打劫為生的盜匪一旦轉換角色成政府官員，一時半會兒適應不過來，明火執仗的硬搶需要改成憑藉法律和公文的徵收。唐軍很快就集結起來，長安成了雙方爭奪的戰場，在唐軍和黃巢軍的反復劫掠下，曾經繁華的大唐首都幾成人間地獄。西元八八三年，在軍事與經濟的雙重壓力下，黃巢退出關中，又恢復了流寇狀態，從占領長安到撤出陝西，大齊政權僅僅維持了三年。臨走時，他還不忘把長安一把火燒成灰燼。

在黃巢和他的軍隊身上，只有人類最野蠻醜陋的一面在不斷地爆發，我們看不到一點兒人性的光輝。黃巢軍隊圍困陳州百餘日，關東地區兵荒馬亂一年都沒人耕種糧食，人餓得只能靠著牆壁，農民軍抓人當食品，每天殺掉數千人，用上百個巨碓和舂磨等把人連骨頭帶皮全部碾碎，和著骨頭吃，多麼恐怖。雖然他們曾經屬於社會最低層，但窮絕不代表先進，更不代表正義。

黃巢農民運動在七百多年後的明末又重複了一遍，只不過這個領導者換成了李自成。李自成與黃巢起義有著驚人的相像之處。

李自成也不是明末民變的始作俑者，第一任「闖王」是高迎祥，西元一六三六年，即崇禎九年，在陝西周至遭到明軍孫傳庭部的伏擊，戰敗被殺，高迎祥死後大家公推李自成繼任闖王。李自成做過驛站的小兵，從小好勇鬥狠，屢次犯法，跟黃巢一樣不是老實巴交的農民。

李自成長相有點兒像嬴政，高顴骨，鷹眼鳥鼻，聲音沙啞；性格猜疑殘忍，每天以殺人砍足剖心為樂。

人是複雜的，具有兩面性，不能只看一點不計其餘。歷史上的隋煬帝楊廣，在他父親死以前，他不僅聰明能幹而且為人謙虛、生活樸素，人品絕佳。然而等他父親一死，他像得了失心瘋，荒淫到荒誕，什麼事都幹得出來。一個人的專制與獨裁為什麼受到這麼多的詬病，是因為這種統治方式總與惡政聯繫在一起，人是需要制約的，無論這個人多麼聰明賢能，讓一個人為所欲為不光害別人，連自己也毀掉了。總之，李自成與黃巢一樣具有農民領袖的天然素質。

李自成與黃巢的戰爭策略都是流寇戰術。和黃巢一樣，李自成也是流竄於陝西、山西、河南、河北、湖北、安徽等地。他曾一度想在西安建立根據地，討得皇帝的封賞，成為合法諸侯，但沒有得到朝廷的承認，他只好向首都進軍。

大順王朝在北京只有四十多天，比大齊王朝還短命，李自成當了皇帝以後同樣不知道該幹嘛。

李自成和黃巢最後的命運何其相似，他們在作戰不利時迅速恢復流寇狀態，在逃亡之中被殺。他們帶來了改朝換代，自己卻沒有成為新朝代的受益者。無法想像如果他們長期統治這個國家，我們這個民族是否還能延續。

四、成功的劉邦和朱元璋

在中國以農民運動起家而最後修成正果的也有，第一個就是劉邦。劉邦是在陳勝、吳廣揭竿而起的影響下，走上對抗秦王朝這條道路的，在紛繁複雜的各路人馬中他和項羽脫穎而出，成為領袖級人物，從而開始了長達四年的楚漢戰爭。

劉邦成功的經驗是什麼？

劉邦雖是平民，但他當過秦朝的亭長，和縣裡邊的官吏混得很熟，他至少懂得一個政權是如何運轉的，這種政治經驗彌足珍貴。

劉邦的心胸寬廣。舉個例子，酈食其投奔劉邦時，聽說是個儒生，不見，酈改稱高陽酒徒，他才同意接見，但態度傲慢，讓侍女一邊洗腳一邊談話。酈食其看劉邦這個樣子，就簡單拱拱手，故意出言不遜，說：你是幫助秦國攻打義軍呢，還是幫助起義軍攻打秦國？劉邦火了，心想，我怎麼會成秦國幫凶呢，大罵豎儒。酈食其接著說：「領導仁義之師見年長的人怎能如此傲慢？」劉邦一聽，立刻不洗了，整理衣服，把酈食其請到上座。劉邦不怕頂撞，知錯就改，他有容人之量。

劉邦知人善任。在《史記・高祖本紀》中有一段對話，是劉邦與臣下的，劉邦說：你們分析分析我為什麼戰勝了項羽。大臣們都說，是劉邦能把好處分給有功之人。劉邦說了一段意味深長的話：

張良謀略過人，常常在行軍帳裡就能料定千里之外的軍情；安撫百姓，做後勤部長是蕭何的特長；韓信是軍事天才，所向披靡。這三個人我用好了，可項羽連一個范增都沒用好，范增最後受項羽猜忌，辭官回鄉不久就病死了。

劉邦集團中絕不僅僅只有這三個人才，陳平的謀略並不比張良差多少；酈食其和陸賈不僅善謀而且三寸不爛之舌極能說，是絕佳的外交人才；曹參、王陵都有蕭何一樣的管理能力；彭越、周勃、樊噲、灌嬰等都是勇將；甚至連叔孫通這樣的儒生也能在劉邦隊伍裡有一席之地。

寬厚的性格使劉邦得到了人民的支持。我們可以看到劉邦與項羽入關後的不同表現，劉邦封存府庫，廢除苛酷的秦律，與人民約法三章，不殺、不搶。他自己住在灞上軍營裡，秦宮完好無損。項羽入關後殺掉已經投降的秦王子嬰，在秦國首都咸陽燒殺劫掠一番，阿房宮的大火整月不息。項羽還把秦人痛恨的秦朝舊將章邯等人封王關中，人民害怕剛剛推翻的秦朝法律捲土重來。民心的向背是最後能否取得勝利的關鍵因素。梁惠王曾經問孟子：天下怎樣才能安定？孟子告訴他：統一才能安定，只有不喜歡殺人的人才能統一。

劉邦原本是個大老粗，但有做帝王的天賦。他從來就煩儒生，嫌讀書人「酸」。但張良每次用太公兵法出謀劃策，劉邦都能採用，而跟其他人說這些就如同對牛彈琴，所以張良慨歎：「沛公殆天授。」

天生的智慧對於一個人的成功與否極其重要。在韓信要代理齊王的時候，他本來正值危難，氣不打一處來，但當張良和陳平暗中踢他一腳時，他立刻就改口，給了韓信真齊王的封號，天生的聰明讓他一點就透。

在劉邦爭奪天下的過程中，他有根據地，有人才隊伍，有反對秦朝的正義感，軍隊有紀律，不是打家劫舍的土匪。這些因素還包括上述四點等綜合在一起，使得農民出身的劉邦登堂入室，取得了最後的勝利。

劉邦成功後建立的西漢政權完全效法於秦朝政體，在分封制上倒退回戰國時期的體制，也沒啥新鮮東西。這種成功只是劉邦個人當上皇帝的成功，整個民族卻毫無進步。

劉邦之後第二個造反成功的是朱元璋。朱元璋出道的時候比劉邦年輕，家世也比劉邦貧寒。他很小的時候，父母和哥哥就死於瘟疫。在孤苦無依的情況下，他只好到廟裡當個小沙彌，混口飯吃。即使這個差事也因為災年沒糧吃而被遣散，雲遊要了幾年飯，才又回到廟裡。

紅巾軍的暴動始於白蓮教的傳播，蓮花本來是佛祖「拈花微笑」禪宗精神的一種象徵，卻被中國民間廣泛用於秘密結社，韓山童也宣稱「白蓮花開，彌勒佛降世」，用來為造反服務。當反抗元朝的紅巾軍暴動後，全國各地已呈分崩離析的武裝割據狀態，亳州的韓山童、潁州的劉福通、高郵的張士誠、武昌的徐壽輝和陳友諒，還有濠州的郭子興，朱元璋加入的就是郭子興的部隊。成吉思汗的後裔在他死亡一百年後都已經變成花花大少，元順帝妥懽帖睦爾是個典型的末代皇帝，京城裡鬧饑荒，瘟病流行，老百姓都父子相食了，他還在內宮裡造龍船，自己做建築設計師，窮極華麗，很多創意美輪美奐，他的設計水準恐怕可以做清華大學建築系的系主任了。他不願搞政治，喜歡遊玩和宴會，他讓宮女編輯佛教歌舞，精美程度絲毫不亞於當年李隆基、楊玉環的霓裳羽衣舞。

朱元璋善於領兵打仗，在郭子興的部隊裡很快就脫穎而出。這是一種天生的領袖素質，大家願意跟從他。他的軍隊也能逐步做到紀律嚴明。他有政治頭腦，一開始就遵循朱升的意見：「高築牆、廣積糧、緩稱王」，這是條很高明的策略。高築牆是練內功，擴大根據地，發展軍事力量；廣積糧是搞好生產，培植經濟實力；緩稱王是韜光養晦，不讓自己成為矛盾焦點、眾矢之的。北伐攻打元大都時，他適時提出政治口號：「驅逐胡虜，恢復中華，立綱陳紀，救濟斯民。」

發動民眾又安撫民心，可謂一箭雙雕。在征討張士誠時，他也先發布檄文，把自己放在師出有名的地位上，先占領道德制高點。

朱元璋善於吸收人才，劉基、章溢、宋濂、李善長、胡惟庸、馮國用、葉琛、徐達、常遇春、馮勝、鄧愈、湯和、朱升等各類人才均能為他所用。

朱元璋是帶有強烈自卑、自私和狹隘小農意識的領袖，戰爭年代因為條件限制尚能有所顧忌，一旦取得政權，其性格弱點就逐步顯現出來。這樣的人給中國人民帶來的不是欣欣向榮的未來，而是比元朝更黑暗的統治方式。

元朝的統治用野蠻來形容一點兒不過分，把中國人分成四等，一等是蒙古人，殺蒙古人要償命；二等人是色目人，一條命價值八十兩銀幣；三等人是北方漢人，四等人是南方漢人，漢人一條命只值一頭毛驢。統治者把每二十家編為一甲，甲主由蒙古人充當，這二十家人都是甲主的奴隸，他可以為所欲為。

元政府規定漢人不能打獵、學武術、帶兵器、集會拜神，甚至不能趕集做買賣，夜間走路都不允許。任何一個蒙古人可以隨便霸占漢人的農田，漢人隨時都可能變成農奴，沒有任何的法律保護。農民軍出身的朱元璋來自社會底層，他餓過肚子，當然知道百姓生存的艱難與痛苦，勝利後的他是否真的會解救民眾於水火呢？

朱元璋給中國人帶來了什麼？

第一，公開製造各種冤案，在官場內外進行無休止的大屠殺。有名的胡惟庸和藍玉謀反案，每個案子都牽連數萬人被殺，這些人主要都是幫助朱元璋打江山的功臣和他們的家族。在朱元璋的朝廷裡，已經變成了恐怖世界，官員們每天上班要跟妻子訣別，下班腦袋沒搬家，闔家慶祝。

殺人的方法也怎麼殘忍怎麼來，有時候一人用數個刑法，或者一件事株連上百人。一部《大誥》真不知道看的是不是人類的事情。

第二，絕對專制的確立，政治體制完全成為皇帝的工具。朱元璋不能容忍在他下面有一個行使權力的日常機構，於是他找藉口殺掉胡惟庸，趁機廢掉在中國實行了一千多年的丞相制度，相權被皇帝的私人秘書取代，內閣大學士只有正五品的官銜，卻起著宰相的作用。皇權的強化和相權的虛空，也使得接近皇帝的人有了權力的魔杖，這是太監能占據明朝政治的根本原因。從此皇權成了黑洞，被閹割的奴才與秘書們躲在皇帝身後用潛規則發號施令。

第三，依賴特務統治。中國歷代司法體系有刑部、都察院和大理寺相互制衡，刑部是司法管轄部門，都察院類似監察機構，大理寺是法院。在專制統治下司法本來就非常黑暗了，但朱元璋還嫌不夠，他成立了直接聽命於他的「錦衣衛親軍指揮使司」，使用各種慘絕人寰的特務手段製造冤獄，導致人人自危。他的後代繼續擴大這種泯滅人性的機構，又在太監隊伍裡成立「東廠」和「西廠」，心理不健全的秘密警察遍布全國。在這種統治下能活命已經謝天謝地了，還談什麼人權，人的尊嚴被皇權碾得粉碎。

第四，文化的專制與摧殘。中國統治階層一直給知識分子留一個最後的面子，就是「不以言罪人」，這是一個文化底線，維持著一個文明的基本傳承。朱元璋首創大規模文字獄。柏楊說得好：文字獄的本身就是當權人物做賊心虛的一種反映，越是心虛，越是神魂不寧，聽到別人說「亮了」，他就肯定是譏諷自己的禿頭，因而惱羞成怒。這種例子很多，不勝枚舉，總之，莫名其妙而冤死在文字獄上的知識分子很多，這只能造成噤若寒蟬的社會環境。

第五，培養奴才的教育體系。八股文作為科舉考試的固定模式徹底粉碎了人類對語言的想像力。宋代的文豪，考上進士並不費勁，而且很少有遺落民間的。八股一出，四書五經完全定位於朱熹一家的注釋上，已經沒有了獨立思考，這樣的文章除了為做官而考試，在思想上沒有了任何價值。徐渭、蒲松齡這樣的文學大家科舉考不上，說明這種考試並非唯才是舉的荒謬性。

秦末農民運動的領袖陳勝在起義稱王以後，家鄉有個從小一起玩兒的好朋友來找他，只是說了一些他以前的舊事，他覺得損害了自己所謂「王」的威嚴，就把這個投奔他的老鄉殺掉。說一個人因為當過農民，就會對農民有感情，在他當了皇帝後，會對農民好一些，這個邏輯不能說沒有道理，在現實中卻從來沒有看到。相反，一些政治暴發戶，由於自卑感的發作而對農民更加苛酷。朱元璋就是如此。

五、《水滸》只是一個民間夢想

四大名著中最符合下層民眾口味的就是《水滸》了。作者施耐庵曾參加過張士誠的參謀班子，他親眼目睹了元末明初農民暴動的前前後後，在張士誠失敗後隱居，按照人們對起義軍的想像與要求，結合流傳在民間說書人的史料，以北宋末年最窩囊的一次農民運動為藍本，創作了《水滸》這部小說。既然在陸地上找不到出路和公平，那麼就帶讀者到水裡去尋找。《水滸》最大的成功就是它讓我們對人性並不絕望，因此，它既是民間一個實實在在的夢，又代表了下層民眾對社會正義的一種期盼。

魯智深，一個能不顧個人安危解救百姓於水火的人。他身上帶著普通人喜歡的灑脫性格，不拘小節，好酒貪杯，不守禮法，卻疾惡如仇，別人受欺負，他立刻打抱不平。他處處體現出粗中有細，外表看似的莽撞中隱隱露出名字的含義，他是大智若愚。因此，他是第一個修成佛教正果的人，民間需要這種世俗化的阿羅漢。

林沖，一個身懷絕技的軍官。因為妻子被更有權的人看上，而不斷被侮辱、被迫害，直至家破人亡，他在走投無路之下殺掉陷害自己的人，開始反抗暴政。林沖是個優秀的人才，還是體制內的人，本來衣食無憂，甚至還可能被提拔重用。他克制過，甚至想委曲求全，然而，這樣的人仍然不能自保，他符合人民對被逼無奈下不得不反抗的英雄人物的想像。

武松，哥哥被毒殺，正常的法律程序伸張不了正義，他只好用打老虎的拳頭打人了。武松功夫水準很高，內心卻十分孤獨落寞，這從他穿上雲遊的僧袍就不願脫下可以看出來。他出手穩準狠，卻並不濫殺，他在半出世半入世之間殺人放火，這是在完成人生使命後，會將背影消失在山野裡的一類英雄。夕陽下，他就像老虎一樣獨往獨來。

李逵，秉性魯莽，但忠心耿耿。他的性格有點兒冰火兩重天，一言相合可以為你死，半句不投機轉眼就殺人。他沒那麼多花花腸子，辦事直來直去，給人磊落爽快的感覺，粗人粗到底是種可愛，不愛動腦子的百姓喜歡這種人。更難得的是忠誠使他可以視死如歸，喝完毒酒後他仍有淒涼的一面，生就生、死就死，人生很多時候不必想太多。

吳用，人如其名，介於道家與儒家之間的學者。他在這個社會上沒有施展才華的任何空間，於是只好在強盜中體會運籌帷幄的感覺。他轉了個圈，先以讀書人身分成為強盜，再接受招安融入官僚隊伍，可他仍然找不到心靈歸屬，只好自殺來陪伴曾經的領導。中國有相當一批知識分子跟吳用有共鳴，他們飽讀詩書，受教育不少，卻或者失業在家無所事事，或者在社會上混著找不著感覺。

最後一個是宋江，領袖型的悲劇人物，他的品德美好，有思想、有眼光、善於用人，他努力為大家著想，也並不貪戀老大的位子。總之，他是有著相當人格魅力的人，既沒野心也沒架子。他能推心置腹，不靠殺戮和權術來駕馭眾好漢，為了「招安」與朝廷辛苦周旋時也絕不顯得猥瑣和低賤。然而現實給予他的迴旋餘地太小了，投降前他呼風喚雨卻總是心裡惴惴不安，投降後他不僅才華無處可用，還時時被朝廷猜忌。喝毒酒雖是不好的結果，但行屍走肉的生活對他已沒有意義。他捨己為人的品格符合老百姓追隨的標準。

《水滸》中反映了很多民間的訴求：

首先，是「替天行道」。皇帝是天的兒子，他如果不好好幹，百姓就希望有別人來替天去維護社會的正義。農民是分散而被動的，家族往往是他們免遭欺侮的重要保障，但當家族的力量不足時，只有依靠國家法律的保護。然而，中國始終處於專制社會中，司法從來就沒有公正過，當所受侮辱與迫害到無法忍受時，百姓先是寄託於清官的良心與道德，到這個也沒有保證時，只好靠打家劫舍的人來替自己伸冤。讓強盜幫助自己，無異於飲鴆止渴，所以老百姓希望碰到的是宋江這些人，如果是張獻忠，自己的命都不保，那只有認倒楣了。

其次，是人與人的平等。無論什麼出身，沒有高低貴賤，大家都是兄弟，大碗喝酒、大塊吃肉。很多中國人歷來人格依附慣了，也被奴役得太久了，因此希望誰也不看誰的臉色，高高興興過日子。

最後，經濟上的平均主義，損有餘以補不足。中國人一直是大同社會的鍾情者，農民運動中「均貧富」的口號和儒家的「貨惡其棄於地也，不必藏於己」都屬於財產共有的主張。老百姓沒有貨盡其用、人盡其力這麼高的理想，但不希望悲慘的現象總在自己身邊發生。在人類社會中，自從產生了等級和鑄造了金錢，文化修養不夠的人們就始終會以官位和財富驕人，沒有的人會產生豔羨和嫉恨兩種心理，社會矛盾也由此產生。《水滸》中的主人公絕大多數都是仗義疏財的，他們既不會因為朋友喝酒而算計小帳，更不會因為有沒有錢而得意或沮喪。

《水滸》給我們留下快樂和幻想的是前半部，到了宋江不得不面對現實、四處碰壁尋找招安機會時，壓抑的氣氛已經讓我們不願再讀下去了。清代才子金聖歎乾脆把後五十回全部刪掉，只留下前七十回做全本，這是很妙的。

第9章

隱士風度
逃避還是曲線濟世

三國時期有一個「割席斷交」的故事。管寧是山東臨朐人，自幼好學、品德高潔，同是山東人的東漢名士華歆聽說後跑來結交，二人遂成為好朋友。一天，他們在園子裡鋤草，挖出一塊金子，管寧看也不看，當瓦礫一樣扔掉，而華歆則是撿起來看了一眼再扔掉，這是「鋤園得金」。又有一次，兩人正在同席讀書，外面有個達官顯貴的轎子經過，管寧置若罔聞，而華歆卻跑出去看並露出羨慕的神色；管寧看華歆定力不夠，等他一回來就把席子割開，與之絕交，這就是所謂的「割席斷交」。管寧終生著書講學，面對皇帝屢次徵召都不出山。這樣的人就是「隱士」。

西晉的皇甫謐寫了一本《高士傳》，試圖給隱士一個定義：

身不屈於王公，名不耗於終始。

不慕名利這僅僅是隱士的一個表現形式，作為隱士一般有三個特徵，第一是道德高尚，第二是學識淵博，第三是蔑視世俗的名利得失。

縱觀中國歷史，有相當大一部分學者屬於隱士。人們往往有一種錯誤的觀念，認為隱居就是什麼事都不做，其實大部分隱士都忙得不亦樂乎。以皇甫謐為例，他寫了《帝王世紀》、《高士傳》、《逸士傳》、《列女傳》、《玄晏春秋》以及中醫方面的《黃帝三部針灸甲乙經》，研究範圍從哲學、文學到歷史和中醫學，對我們現代人來說，如果能在其中的某一領域有如此成就已經很了不起了，由此可見他根本閒不住。

東晉著名的隱士葛洪躲在山裡，可他的著作很多，有《神仙傳》、《抱朴子》、《肘後備急方》、《西京雜記》等，涉及道家神仙養生、煉丹術、化學、中醫、政治、歷史、音樂藝術和文學等，還要教授弟子，他做的工作頂得上一個研究所。

古代中國社會分為兩個階層，按孟子的話說是勞心者與勞力者。對於勞力者來講，農民是一家一戶自給自足的分散狀態，手工業者也是世襲的家庭作坊生產，受雇於人的是一部分手工業者和失去土地的農民。勞心者的職業只有當官一條路，民間教育、文學藝術、自然科學以及社會科學的研究都屬於知識分子私人行為，實際上作為不願當官的知識階層，隱士們承擔了除政治以外的絕大多數知識領域的工作。這些工作既沒有大富大貴的榮耀，又沒有轟轟烈烈的熱鬧，更不會成為世人關注的中心。做這些事不僅辛苦，而且要耐得住寂寞，甚至很清貧，但這些事情又很重要。不誇張地說，有一半以上的中國文化是隱士們創造的，如果沒有隱逸文化和隱士現象，整個中國歷史將被改寫。

一、隱逸思想的來源

每個人都有得意或者不如意的時候，社會的黑暗、世態的炎涼以及人情的冷暖時常會讓人產生失落的情緒。尤其是有知識的階層，大多出身於貴族家庭，有能力也有理想，當找不到合適的發揮場所時，厭世之心自會油然而生。這大概就是隱居的第一個出發點吧。

這個世界經常呈現出不對稱性來，無能而又無恥的勢利小人身居高位，唯利是圖和奸詐狡猾的惡棍腰纏萬貫，而飽學之士或忠厚的老實人卻備嘗生活的艱辛。命運的不公平也使得很多學者心灰意冷，更願逃避開世事的羈絆，而尋找一塊心靈的淨土。

隱逸也是修養身心的需要，無論是道家的修煉性命，還是印證佛法的禪定，都要在避開世俗困擾的前提下，安靜地培養。知識分子們後來發現參禪悟道是啟發大智慧的重要手段，儒家的學者們也都紛紛廁身其中，存養功夫就是儒家的練心之法，出仕與否並不受影響。諸如王維、白居易、蘇軾、黃庭堅等人，甚至朱熹和王陽明都是一邊當著官，一邊打坐參悟。

隱逸思想來源於道家學說，是道家哲學的一部分，後與傳入中國的大乘佛教相結合。南宋理學產生後，儒釋道三家合流，隱士理想成為士大夫們的共同追求，尤其是知識階層的頂尖級人物更是熱衷於此道。道家編出來的最早隱士大概是許由了。相傳，堯一開始是想把天下讓給賢明的許由的，許由聽說這個消息，逃到箕山下自己種地為生。後來堯又派人告訴他想讓他做九州的長官，他趕緊到潁水邊洗耳朵，不願被世俗的汙濁言行沾染。

如此清高的許由反而被另一個更清高的巢父奚落了一通，故事是這樣的：許由正在河邊洗耳朵，被另一個隱士巢父看見，問許由為何有此怪異舉動。許由告訴他說，堯要請自己出山，這樣的話污染了耳朵。巢父說，要不是你到處遊蕩沽名釣譽，誰還會知道你呢？你簡直就是故作姿態。他正牽著牛去河邊飲水，巢父一抖韁繩轉身就走，說我怕你洗耳的水髒了我的牛嘴。

還有一個更極端的務光，聽說商湯要把寶座讓給他時，為了躲避居然自殺了。後代隱士們在這些近似神話的作品中，盡情表達著自己理想的寄託。莊子最喜歡為隱士們鼓吹，他筆下的主人公似乎都不食人間煙火，雖然現實中模仿起來太困難，但卻滿足了人們精神境界的追求。他的「真人」甚至於達到神仙的水準，如「列子」可以乘風而行，「顏回」能夠完全忘了自己，身心融會在虛空中。

秦漢之間有方士的傳統，所謂「方士」就是崇奉道家神仙思想的人，他們是道士的前身。秦代最有名的方士就是徐福了，徐福又叫徐市，修煉氣功、辟穀等神仙之術，懂醫學、航海和天文。嬴政到處找長生不老藥，他上書說海上有仙山，於是嬴政派他帶著上千的童男童女去尋，賞賜的物品無數，誰知他浩浩蕩蕩一去不返。據說他到了日本，沒有找到仙藥，只好住了下來，他帶的穀物、農具協助當地居民提高耕種技術，又傳播醫學知識，現在日本新宮市尚有徐福墓和徐福神社，其間真偽沒有定論。

漢武帝時期，因為劉徹好大喜功，不斷封禪尋仙，使得方士流行。方士也分兩類人，一類志向高遠、安貧樂道，而另一類貪慕帝王的榮華，為了邀寵妖言惑眾。道家思想在戰國時期成形後，秦漢年間主要由方士們在推動，「獨尊儒術」之後，儒生的地位提高，儒家思想成為主流。東漢時，朝廷公務員考試以推舉「孝廉」為選拔人才的主要方式，儒家的孝悌成了進身之階，名士逐漸代替方士成為社會風氣的主導力量。

名士的意思是在當地已經小有名氣但尚未當官的人，鄭玄的注釋是：「名士，不仕者。」這種不仕有兩個含義，一個是不願出仕，還有一個是沒有機會出仕。東漢時期，因為對儒家道德的提倡，名士們帶頭注重名聲與節操的培養，使得整個社會民風非常淳樸。

有個「梁上君子」的故事很能說明這種名士的風範。潁川郡（今天的河南許昌）有位名流士紳叫陳寔，為人公正且品德好。一天有個小偷潛入他家中盜竊，躲在房梁上時被他發現，他並沒有大呼捉賊，而是把子孫們叫來訓話，說做人一定要自強，做壞事的人本性並非不好，而是平常不注意才養成不良習慣，就像梁上的君子。這個賊一聽大驚，跳下來磕頭認罪，陳寔說，你也是因為貧困，以後不可再做這樣的事，還給了他二匹布。從此，陳寔所在的縣沒有盜竊之事發生，可見榜樣的力量。

還有個「望門投止」的故事，東漢名士張儉因為得罪了當權的宦官，被迫流亡，老百姓明明知道收留他會遭到官府追究，但即使為此破家也在所不惜，張儉見了門戶就可以進，可見當時普通民眾的道德水準。鄭玄自己就是一位名士，漢代經學的集大成者，他很窮，卻屢次拒絕出來做官，他是隱居的儒家學者，像孔子一樣弟子數千人。如果說方士們帶來了隱逸思想中出世部分的話，那麼名士們則成就了隱逸思想裡的道德素養。

名士之風在魏晉時期達到了頂峰，也恰在此時走向了它的反動。任何事情宣傳過了頭都會顯得虛偽和矯情，儒家的禮教也不例外，因為被推舉為孝廉能得到官府的青睞，於是弄虛作假者就會接踵而至。東漢在山東青州有個叫趙宣的人，為了給父母守孝，二十多年住在墓地裡，大家都被他感動。名士陳蕃到這個地方當刺史，發現這個人還有五個不滿二十歲的子女。過去守墓必須是虔誠的齋戒狀態，是不能過性生活的，說明他只是個貪慕虛榮的騙子，於是剝奪了官府授予他的各種榮譽，將之囚禁。

還有一個「許武教弟」的故事，許武有兩個弟弟，他自己被推舉為孝廉後，他就故意搞了一個分家遊戲，先把很少的家產給弟弟們，為他們博取了孝廉的美名。之後當眾公布了自己的苦心，把全部家產又還給了兩位弟弟，成就自己的名聲。禮教到了這種程度就成了沽名釣譽之徒的虛假表演，廣告成分代替了心中真實的情感。

所謂名教就是董仲舒說的「審察名號，教化萬民」，指儒家的正名分和在民眾中的教育推廣。儒家禮教本來是為大眾服務的，久而久之，形式主義氾濫，表面文章反而凌駕於人的感情之上，成為人們思想和行為的桎梏。從哲學角度看，這已經失去了它存在的實際意義。所以嵇康提出「越名教而任自然」，回歸人與世界的本質，崇尚自然之道的老莊哲學又重新回到追求個性自由的知識階層中間。

中國歷史上有兩個文化與科技發展的高峰，一個是在春秋戰國的四百餘年間，以諸子百家為其文化方面的標誌；另一個是魏晉南北朝的三百餘年之間，魏晉玄學和佛教傳播是這一時期文化的主要展示。三國時期的魏王曹操並不是出身名門，他父親過繼給一個太監當兒子，這樣的家世在當時來講都有點兒說不出口，所以袁紹在征討他時，讓陳琳寫了一篇文章嘲諷他，一上來就罵「贅閹遺醜」。曹操看到後氣得一身冷汗，居然止住了頭疼病，可見這篇文章讓曹操心裡有多難堪。但也正是這樣的家庭狀況，反而使得曹操討厭繁文縟節，對儒家禮教也不太在乎，開創了一個相對自由的「建安風格」，為魏晉玄學解除了束縛。

魏晉玄學是崇尚老莊哲學的一種思潮，是名士集團中分化出來的一批人，他們厭倦了禮儀走向虛偽後對人性的壓抑，嚮往過一種自由自在的生活，這批人以道家思想來對抗儒家說教，對中國古代知識分子的思想產生了絕大影響。這一派的代表人物是何晏、王弼、郭象以及竹林七賢等人，東晉時期的僧肇把佛教思想又加入進來。魏晉玄學的經典是三玄，指的是《周易》、《老子》和《莊子》三本書，因為《老子》中有一句「玄之又玄，眾妙之門」而得名，這裡玄字還有悠遠深邃之意。

何晏，字平叔，南陽宛（今河南南陽）人，曹操的養子。他原來是大將軍何進的孫子，其母改嫁曹操，作為「拖油瓶」被曹操收養。他的處境本來很尷尬，但因為聰明過人而得到曹操的寵愛，甚至還招他為婿。他寫了兩本書《道德論》和《論語集解》，他的思想有三方面的內容：首先是以「無」為宇宙之本，這是從《老子》的「道」而來。其次是名教的本質來源於自然，而不應該有太多人為的內容。何晏提出這個問題就是針對虛偽和矯揉造作的行為。再次，關於聖人與普通人區別的問題，指出聖人尊「道」而行，故可以無人間喜怒哀樂。這是為不守禮法的狂放行為找理論依據。

曹操的放蕩不羈直接影響了何晏的人生觀，他把自己後爹那一套生活做派繼續向荒誕的路上發揮，以至於後世模仿他的人形成了一種既自由又荒唐的魏晉風氣。

何晏的所作所為體現了貴族們的某種生活狀態：他是酒色之徒，追求感官享受，生活奢侈而淫亂；同時他又是個帥哥，自我感覺良好，不僅奇裝異服，還一副顧影自憐惺惺作態的樣子。

何晏並非甘於成為道家的實踐者，他的思想僅僅停留在對名教的批判上。起先是沒機會而已，一旦當了官，他圖謀私利、任人唯親，沒幹什麼好事兒。難怪同一時期的名士傅嘏說他是：

言遠而情近，好辯而無誠，所謂利口覆邦國之人。

用現在的話講就是言不由衷，好詭辯空談，屬於敗壞國家的人。

何晏經常服用寒食散，又名五石散，顧名思義是五種石頭混合而成，葛洪說是丹砂、雄黃、白礬、曾青與磁石，而隋代名醫巢元方則認為是鐘乳、硫黃、白石英、紫石英和赤石脂。有人說這個藥方是漢代人煉丹練出來的，還有人說是張仲景治傷寒用的，誰也沒想到會被何晏胡亂往嘴裡倒。服食寒食散會讓人身子發熱，頓覺神明開朗、體力增強，能產生短期的亢奮和迷醉，就像現代人吃春藥或吸食毒品一樣。雖然因服用寒食散中毒而死的人很多，但它一時間成為魏晉上流社會的流行風俗，甚至像書聖王羲之、科學製圖學之父裴秀和針灸學鼻祖皇甫謐這些一流學者都嗜好此道，皇甫謐吃成殘廢，而裴秀更是被毒死。

並不是何晏的人品能對魏晉人士產生影響，而是他最先以老莊的哲學理論來與儒家思想相抗衡，迎合了魏晉名士們對禮教走向虛偽的反感。他自己荒唐而放誕的生活方式，恰恰表現出一種自由主義傾向，就像美國的「性解放」和「嬉皮士」等運動，頹廢與荒誕行為下可以帶來思想的解放，所以他的「吸毒」成為風流時尚。當時煉丹術盛行，人們對神仙丹藥由衷嚮往，並不清楚裡面的毒素，因此，名士們吃藥的行為更多是表現自己不遵禮法的精神需求，與現代吸毒不可同日而語。何晏在不知不覺中開闢了一個新的時代，雖然他自己並沒有意識到，這是他對隱逸文化的最大貢獻。

何晏不是孤軍奮戰，與他一起鼓吹老莊的還有夏侯玄與王弼。夏侯玄的父親是三國名將夏侯尚，母親是曹爽的姑姑，屬於曹魏的宗室。他把更多的精力花在政治和軍事上，因此著作不多，只有一篇〈樂毅論〉比較有名，另外還有幾篇文章傳世。在當時，他與何晏、王弼被稱為「士派」，三人一起服食寒食散，致使貴族們趨之若鶩。夏侯玄和何晏因為與曹魏皇室的關係，在司馬懿篡魏的權力鬥爭中先後被殺，但這並沒降低他們在士人中的影響力。

王弼，字輔嗣，山陽郡（今河南焦作）人，他的著述很多，有《周易注》、《周易略例》、《老子注》、《老子指略》、《論語釋疑》等。雖然活得很短，卻是三人中學術成就最高的。王弼也是出身於名門，他的奶奶是劉表的女兒，「建安七子」之一的王粲是他的過繼爺爺。據說他十幾歲時談老莊就很少有人能辯論得過他，其才華深得當時名士們的賞識，何晏曾說他後生可畏。

王弼用老子思想來注解《周易》，把儒家經典變成了道家傳承。他的「王弼掃象」更是石破天驚的創舉，把《周易》一直以來流傳的象數之學擱置一邊，而強調其思想內涵，為後世義理派開拓了道路。

他把道家哲學提高到與儒家同等地位。在魏晉玄學產生以前，老子和莊子是無法和儒家聖人相提並論的，甚至連墨子和楊子也不如。方士們雖然練仙術，但並不以老莊為祖師爺，他們和儒生混在一起往往分不出彼此，嬴政受了方士的騙之後，一怒之下活埋了四百多人，裡面有很多都是儒生。魏晉玄學使道家學派正式成立，但此時王弼還沒有把老子當作聖人，把老子「忽悠」成「太上老君」的是李唐皇室。

二、竹林七賢的帶動作用

將莊子的隱士行為做給世人看的是以嵇康和阮籍為首的「竹林七賢」。《世說新語・任誕》中有一段記載：

> 陳留阮籍、譙國嵇康、河內山濤，三人年皆相比，康年少亞之。預此契者，沛國劉伶、陳留阮咸、河內向秀、琅琊王戎。七人常集於竹林之下，肆意酣暢，故世謂竹林七賢。

大意是：阮籍、嵇康、山濤三人年齡差不多，嵇康略小，與他們情投意合的還有劉伶、阮咸、向秀、王戎共七人，他們經常在竹林下聚會，酣暢淋漓地喝酒，所以人們管他們叫竹林七賢。據陳寅恪考證，晉人這麼稱呼恐怕是比附釋迦牟尼的竹林精舍，他們相聚的山陽郡屬於現在河南省焦作市修武縣雲台山一帶，不是茂林修竹的理想區域，竹林一詞未必實有。在晉朝人們心目中佛教的出世與道家的清靜無為有異曲同工的含義，因此以佛比道。七賢生活的時代與何晏他們相同或略晚，何晏、王弼等人吃藥，他們就飲酒，共同創造出不拘禮法的「魏晉風度」。

阮籍，字嗣宗，河南開封尉氏人，是「建安七子」阮瑀的兒子。他在七賢中年齡較大，文學造詣高，是領袖地位的人物。阮籍的思想比較龐雜，以崇尚老莊為主要精神依託，他寫了〈通老論〉、〈達莊論〉、〈通易論〉、〈樂論〉來表達自己的觀點，他的詩歌成就很高，散文辭賦也不錯，他蔑視官場、追求自由的行為對後世文人的影響更大。

阮籍的個性中有遊戲人間的味道，並不只是因為曹魏宗室與司馬氏家族的爭權奪勢迫使他選擇逃避現實。蔣濟和曹爽也曾徵召過他，他都想方設法推掉，他雖然也有點兒政治抱負，卻更喜歡在思想層面上輕蔑地對待它。

一次，他悄悄跟司馬昭說，東平這個地方民風特別好，我以前去過，很喜歡。司馬昭正想籠絡他，一聽很高興，就派他去做東平相。他騎著毛驢來到任所，幹了兩件事，一件是把官衙的圍牆拆了，內外一覽無餘，政府辦公透明；第二件是法令簡化，幾條就完，很容易明白。過了十幾天又騎著毛驢回洛陽了，別看時間短卻政績斐然。李白對他佩服得不得了，專門寫了一首緬懷詩：

阮籍為太守，乘驢上東平。
判竹十餘日，一朝化風清。
偶來拂衣去，誰測主人情。

又一次，阮籍聽說步兵營裡有個廚師善於釀酒，存了三百多斛酒，一斛大概是五斗，他就主動要求去步兵營任職。司馬昭難得看到他想當官，就授予他步兵校尉，這個職務相當於首都衛戍區的一個師長。他到任後就幹了一件事——喝酒，喝完走人。

這個世間有為了權力父子相殘的，有為了地位奴顏婢膝喪失人格的，還有為了提拔賣友求榮的，因為專制，中國的官場歷來黑暗，從來沒有發出過光亮，阮籍用對它的鄙夷給我們帶來了一絲人性的光輝。

阮籍有兩樣獨特的本事，一個是青白眼，另一個是長嘯。青白眼就是見著世俗禮法之士就翻起白眼珠瞪著，碰到自己喜歡的才用青眼球正視。他母親死了，嵇康的哥哥嵇喜來弔唁，他就白眼相對，嵇喜還是司馬氏的重要幕僚，被搞得很無趣。嵇康聽他哥一說，立刻帶了酒抱著琴去，阮籍一見大喜，兩人喝酒彈琴不亦樂乎，用這種方式參加追悼會的幾乎是前無古人後無來者。長嘯與直著嗓子喊是兩個概念，嘯是一種運氣和導氣的道家功法，練好了，可以像孫登那樣聲音如同鸞鳳的鳴叫，響徹山谷。阮籍就經常一個人駕車在山裡漫無目的地行走，直到路沒了，大哭一番再回來，時不時在山上長嘯一聲。他的怪誕行為周圍人習以為常後，反而能理解和寬容。

阮籍的鄰居有個賣酒的少婦，很美，他經常去喝酒，醉了就睡在這個少婦身旁。少婦的丈夫一開始懷疑，後來發現阮籍毫無歹意，就隨其自然。給他母親弔喪的官員裴楷，碰到阮籍大醉，就按照正式弔唁的禮節該幹什麼還幹什麼，出來後人們問他，主人都不哭你為何要哭？裴楷說，阮籍是方外之人，我是遵守禮法的世俗中人，各用各的辦法。

阮籍在〈大人先生傳〉中把尊崇儒家禮法的所謂君子，比喻成褲襠裡的蝨子，表現了對禮教的強烈抨擊，他的行為正體現了他的哲學觀。他的兒子阮渾也想參加竹林七賢，被阮籍拒絕。他擔心阮渾只從放浪形骸的行為外表去理解，而不懂老莊哲學的真正內涵。肉體的放縱和以黑色幽默的方式來對待世俗社會並不是為了好玩，他們在追求獨立之思想與自由之精神，看著熱鬧其實他們內心中有著常人無法理解的淒涼和寂寞，有著對現實深深的絕望。

嵇康，字叔夜，譙國銍縣（今安徽宿州）人，是長相俊美的才子，兼哲學家、文學家和音樂家於一身。在竹林七賢中阮籍和嵇康的影響最大，而嵇康將莊子哲學貫徹到底的態度，使他更充滿了浪漫而悲壯的色彩。

嵇康父親早亡，只有哥哥嵇喜屬於司馬家族的親信，而他自己則是曹魏宗室的女婿，這樣的家庭和身分使得他很難擺脫開政治的羈絆，超脫的性格是需要遠離政治旋渦的。嵇康的作品主要是詩歌和散文，最有名的文章是〈與山巨源絕交書〉和〈與呂長悌絕交書〉，這兩篇書信直接得罪了司馬氏政權，並導致了他的被殺。他的思想體現在〈聲無哀樂論〉、〈養生論〉、〈釋私論〉、〈管蔡論〉和〈明膽論〉等論述中，魯迅很推崇嵇康，專門輯校《嵇康集》，收錄有他流傳下來的全部作品和相關資料。

嵇康的人格魅力在於精神上的超越。他沒有高低貴賤的職業選擇，也沒有世俗社會物質貧富的心理落差。嵇康屬於極其心靈手巧的人，打鐵這種粗活他居然很喜歡，於是他把鐵匠鋪安在大柳樹下，引山泉過來形成一個小游泳池，累了就跳進池子小憩。《晉書》說他很窮，和向秀靠鍛鐵維持生活，他也從來沒有把打鐵當成做生意，給多少錢全憑客戶自願，拿酒來一起喝也行。

嵇康蔑視權貴，三國時期著名書法家、曹魏政權太傅鍾繇的兒子鍾會很想結交嵇康。這是一個才子型的小人，少年得志，是司馬昭的重要謀士。鍾會到鐵匠鋪來拜訪，嵇康只顧打鐵，頭都沒抬，搞得鍾會很尷尬地站在那裡，不知如何是好。剛轉身要走，嵇康開口了：

何所聞而來？何所見而去？

聽見什麼就來了？看見什麼就走了？鍾會反應倒也快，立刻答道：

聞所聞而來，見所見而去。

聽到我所聽到的就來了，看見我所看見的就走了。鍾會後來在司馬昭面前進讒言害死嵇康，說明嵇康根本不去考慮世俗的利害關係。

由於他們都徹底超脫開政治現實對人生的影響，堅持不妥協的隱居生涯。竹林七賢之間關係自然不錯，山濤中年出山當了司馬氏政權的官，在他由尚書吏部郎升任大司馬時，推薦嵇康替代自己原來的官位，誰知被嵇康拒絕，還寫了一封絕交書劈頭蓋臉數落一頓。在〈與山巨源絕交書〉中嵇康詳細闡述了他對世界以及人生的看法，他是以老莊思想為指導，表達了放達而自由的生活態度。他做了一個形象的比喻，就像一頭鹿，從小就加以訓練和教育，牠自然就能服從約束，如果長大了再去管教，牠不僅不會聽從，還要拚命反抗，甚至赴湯蹈火也在所不惜。雖然馴養的人給牠戴上金籠頭，吃最好的飼料，但牠心裡想的還是肥沃的草場與自由的天空。嵇康想用道家虛靜淡泊的情懷，在自然山水之間實現自己的理想人格。

嵇康的死亡是悲壯的，卻被他演繹成浪漫主義的典範。

呂安也是官宦人家出身，當時的名士，與嵇康和向秀是好朋友，三人志趣相投，經常一起喝酒游玩。不知為何沒有將他算進竹林七賢裡，他應該比王戎更有資格，或加上呂安，變為竹林八賢也無不可。

呂安的妻子貌美，被他哥哥呂巽姦汙，他非常生氣，本來想休妻後起訴，呂巽央求嵇康調解，看在嵇康的面子上，呂安勉強咽下這口氣。可誰知惡人先告狀，呂巽反咬一口說呂安不孝。嵇康很憤怒，出面為呂安作證，並寫了另一篇著名的絕交書〈與呂長悌絕交書〉。這種糾紛只是民事訴訟，並不牽扯到政治，然而，鍾會的挑撥離間起作用了：「嵇康，臥龍也，不可起。公無憂天下，顧以康為慮耳。」

鍾會在撥動司馬昭誅鋤異己的政治考慮。但是以此為殺人藉口實在太牽強，三千名太學生集體請願，想讓嵇康做他們的老師，此時的司馬昭因為嫉恨已經紅了眼。

專制制度下人們無力阻止草菅人命，卻可以笑談生死，面對刑場，視死如歸的嵇康看了一眼太陽，叫人拿來他的琴，彈了一首〈廣陵散〉，彈完後淡淡說了一句，這個曲子從此絕世了。他的死永遠被人們記住了，他實現了莊子「方生方死」的境界。他的琴給他灑脫的一生起到了畫龍點睛的作用，沒有這樣的死亡，嵇康是不完美的。

山濤，字巨源，河內懷縣（河南武陟）人。據《世說新語》講，山濤的家族和司馬懿有親戚關係，他是竹林七賢中歲數最大的。雖然他後來出任司馬氏政權的高官，可他的思想基礎仍是老莊哲學，他有著述，只是不如阮籍和嵇康的文采罷了。山濤性格寬厚，他更像個官場內的隱士，他的為人主要以道德高尚著稱。在官位上，山濤實踐著清心寡欲之風，既不受賄賂，也不納妾，更不與別人爭權奪勢，山濤的廉潔甚至連司馬炎都擔心他能否供養好母親，而不斷賜予些日用品。西晉時代崇尚驕奢，山濤謙虛謹慎的作風和十分儉樸的生活在當時堪稱楷模。

山濤不僅廉潔，而且做事公正，為人寬容仗義。吏部負責選拔官員，是最容易營私舞弊的衙門，他除了不得不揣摩司馬氏的意圖外，能長期保持大致的公平，他對所選官員的評語幾乎沒有不符合實際的。嵇康死時，對兒子嵇紹說，有山巨源在，你不會成為沒人管的孤兒。他給山濤寫了絕交書，卻仍然相信這個朋友，可見山濤的為人，山濤後來對嵇紹視如己出的行為也證明了嵇康的判斷。

山濤內心嚮往無拘無束的自由境界，這從他喜歡和阮籍、嵇康等人交往以及酒量大得嚇人可以看出來。實現老莊理想並不一定非要躲在竹林裡，中國有句古話：

> 大隱隱於朝，中隱隱於市，小隱隱於野。

也許山濤就在想著做個大隱之士呢。

劉伶和阮咸都以喝酒而聞名。劉伶，字伯倫，沛國（今安徽淮北濉溪）人，與嵇康家離得不遠。他是傳說中的酒仙，寫了一篇文章〈酒德頌〉表達自己的思想，他的出世也很徹底。王戎推薦他當了官，他反而向皇帝提出道家「無為而化」的理論，司馬炎覺得他淨說些沒用的廢話，把他罷了官。他倒也不在乎，整天又沉浸在酒裡了。

劉伶的家庭地位在七賢中最低，他個子矮小，相貌醜陋，性情卻很豪邁。一天，他裸體在家，別人不小心走進來，覺得很尷尬，就埋怨他為何不穿衣服。他說我以天地為房屋，屋子為衣褲，你怎麼走進我內褲來了。他常常坐一小車，邊走邊喝，還讓僕人拿著鋤頭跟在後面，囑咐，我醉死了就地掩埋。

阮咸，字仲容，阮籍的姪子，是優秀的音樂家，有一種琵琶就以阮咸命名。阮咸像他叔叔阮籍一樣不遵禮法，他喝酒不用杯子，而是倒在大盆裡探頭喝。有一次突然來了一群豬拱酒喝，阮咸不僅不驅趕，還把頭擠進豬堆裡一起狂飲。後來當了官，雖受山濤推薦，但始終不被重用，他是亦官亦隱自得其樂的狀態。

向秀，字子期，河內懷縣（河南武陟）人，與山濤是老鄉，經山濤介紹與阮籍和嵇康認識，他本人和嵇康、呂安比較投緣。向秀注釋《莊子》得到嵇康和呂安的好評，可惜沒有寫完就去世了，他的成果被郭象繼承。他最有名的文章是〈思舊賦〉，懷念被殺的嵇康和呂安，情真意切，極其感人。向秀被迫做官後並不積極做事，混日子只求自保。

王戎，字濬沖，是有名的神童。據說，他七歲的時候，和一群小朋友玩兒，看見路邊有棵李子樹，長滿了李子。孩子們都跑去摘，他一動不動。別人問他為何不去。他淡淡道，路邊的樹長滿果子，肯定是苦的。別人一嘗，果然。琅琊王家在晉代是頂級的名門望族。比王戎大很多的阮籍是他父親王渾的朋友，後來發現這個姪子輩的後生如此聰明伶俐，就喜歡上了，每次找王渾總是鑽到屋裡和王戎這麼個小孩聊個沒完。王戎加入竹林七賢純屬阮籍的介紹，但時間一長，阮籍發現他聰明之外有著世俗的一面，就常常嘲笑他又跑來敗他們的興。王戎是竹林七賢的邊緣人物，他的為人和出身也注定了他不可能走阮籍和嵇康的人生道路，他更像跟著叔叔們玩了一場天上人間的遊戲。

魏晉風度在中國歷史上一直褒貶不一，出世者欣賞他們瀟灑而自由的人生態度以及與社會抗爭的勇氣，入世者則抨擊他們頹廢與病態。儒家學者雖然排斥他們，但內心中對自由的嚮往，總會流露出津津樂道的羨慕之情。春秋戰國是士精神高漲的時期，他們以各種方式積極參與社會的改造，由於沒有一手遮天的國家和人物，因此，知識分子活動的空間是很寬鬆的。他們創造了百花齊放的諸子文化，並通過士們的努力建立了一個早熟的中央集權大帝國。他們沒想到，這個帝國創建出來後，反而宣告了諸子思想的終結。

秦帝國用焚書的辦法試圖徹底剷除諸子思想的流傳，這種野蠻的手段不僅沒有把諸子文化消滅掉，自己倒成了短命的王朝。因為人類自從創造了文明，就不可能因為一個人或一個家族的私利而被消滅。漢帝國吸取了秦帝國速亡的經驗，它不用毀滅而是禁錮的辦法，來對付前代之士所創造的文化，統一思想的本身也是讓人沒有思想，只會盲從。漢帝國的崩潰使得這種思維慣性走到了頭，人們開始掙扎著想從禮教束縛中解脫出來。

如果說諸子們是充滿入世情懷的話，到了魏晉名士們就被出世的逃避情緒所左右，他們發現春秋戰國之士們努力的結果事與願違，積極爭取不僅沒有用，整個社會卻在倒退，政治體制也越來越壞。思想苦悶中名士們只求標新立異去反對，至於堅持什麼他們自己也搞不清楚，因此，魏晉風度的變態成分就出現了。

自由是需要付出代價的，這在任何一個時代均不例外，越放蕩不羈的行為當事人越痛苦。這是一道中國文化與士人心態的分水嶺，中國知識分子們出世的探索逐漸取代了入世的追求，這也是竹林七賢之所以影響十分深遠的主要原因。這種現象在中國歷史文化的演進中起著劃時代的作用，表面上消極避世、實質上希望創造另一種人生境界的隱逸文化從此走上歷史舞台。

三、佛道合流的出世情懷

佛教進入中國是在東漢，它真正的傳播卻是在南北朝萎靡的氣氛中，不誇張地說，如果沒有魏晉玄學的產生，佛教思想很難融入中國人的思維體系中。慎終追遠與六道輪回，正名分定尊卑與眾生平等，仁義禮與戒定慧，如此風馬牛不相及，儒家哲學與佛教的衝突實在太明顯。這一期間中國思想史上出現了一個很重要的人物——僧肇。

僧肇，俗姓張，東晉京兆（今陝西西安）人，是一個少年天才。《高僧傳》記載他小時候家裡很窮，幫人家抄書掙錢，那時候印刷業不發達，很多書籍靠一字一句地謄寫流傳。僧肇通過抄書把經史讀了個遍，最先喜歡上老子的《道德經》，但總覺得不夠完善，有一次，偶然讀到《維摩詰經》，歡喜非常，認為自己找到了真正的皈依。出家之後，他跟隨鳩摩羅什學習佛法，一邊幫助老師譯經，一邊寫了一本書叫《肇論》。《肇論》由〈物不遷論〉、〈不真空論〉、〈涅槃無名論〉、〈般若無知論〉四篇論文組成，最早見於南朝陸澄所編選的《法集》目錄裡，後收入《宗本義》。僧肇的文章受到鳩摩羅什和東晉名僧慧遠的賞識，秦王姚興甚至命人抄寫給子姪們學習。僧肇主要接受的是大乘佛教中觀學派的觀點，這一派又稱為「大乘空宗」，鳩摩羅什稱讚他是「解空第一」。他把馬鳴、龍樹的思想與老莊哲學相結合，在中國與印度文化的鴻溝上架起了一座橋梁。

玄學與佛學有很多相通的地方。佛教與道家都有厭世的情懷，他們主張避世修行，通過遠離凡塵而達到人生境界的提升。以儒家為主的諸子學派基本只關注人的社會以及人與人之間的倫理關係，而佛教與道家的立論點卻在整體世界的本源上，所以佛教的「空」、「有」與道家的「道」、「無」在描述宇宙方面可以找到共同語言。由於佛道都只關心個體的生存狀態，崇奉虛無和靜謐，向自己的內心而不是外界去尋找生命的意義。如道家方士們修煉的養生、辟穀等所謂神仙術，佛教的佛法修證，以戒定慧啟發阿耨多羅三藐三菩提，即無上正等正覺，在其宗旨方面更為相似。

僧肇思想精華是以老莊哲理解釋佛學，他認為世界的本原是眾生無礙涅槃之性，由妄心和顛倒而來的所謂「一念迷」。他用老子的「道生一、一生二、二生三」來對比，一是無為，被迷後一生二，二成妄心；二生陰陽，陽清內虛為心，陰濁外凝為色，即成心色二法；一切眾生皆由陰陽而生，二生三，三就是所生萬法。僧肇眼中現象世界萬物，皆由因緣撮合而生，因緣不湊合自然而滅，如同幻化。

僧肇還用莊子的「聖人之用心若鏡」來比喻聖人就應該心如明鏡，身體虛幻卻能照出影像，在影照中內心完全空靈。所謂聖人不執著於現象，與真實合一，而愚人把現象當成真實，這就是聖人與普通人的區別。莊子的真人境界對應於佛教的涅槃寂靜。

佛教的介入，使得以老莊哲學為號召的隱逸文化得到了很大的助力，此時的道家人士還只是不要國事，僧侶們則是連婚姻家庭也不要了。魏晉玄學削弱了儒家的進取精神，自東晉以後，貴族中只有極少數人能走進隱逸文化的清邁高遠殿堂裡，絕大部分是把胡鬧等同於自由，一門心思追求淫逸享樂之風。慢慢地連皇帝也加入到談佛論道的潮流中來，北魏拓跋氏和南朝梁皇帝蕭衍都成了虔誠的佛教信徒，他們以為佛教能軟化民間的抗爭情緒，卻忽略了整個統治集團的執政能力也全盤弱化。但在上層階級的大力推動下，佛教能迅速深入中國社會的各個角落。於是南北方開始了佛教傳播的競賽，北方自西向東不斷開鑿石窟，而在南方的樓台煙雨中寺廟林立。

印度的佛教有兩大弊端：

佛教徒不參加生產勞動，靠乞食為生。人數少了還行，僧侶隊伍一旦膨脹，社會經濟必然不堪重負。佛教教義中有「供養寺廟和僧侶能得到諸多利益」的宣傳，這輩子沒有下輩子顯現，因此，善男信女往往傾其所有捐給佛教場所。人類創造財富的能力是有限的，此多彼少，時間一長，寺院富麗堂皇而人民極度貧困，梁武帝蕭衍的滅亡就說明了這個問題。

主動放棄人類繁衍生息的職責。比丘和比丘尼不僅沒有家，連性生活也要斷絕，如果大家都去修行佛法，遵守戒律，可以想像信仰佛教的種族，人口將會不斷減少直至滅亡。

釋迦牟尼覺悟後，感受到「六道輪回」所帶給眾生的苦難，希望通過修煉達到阿羅漢的境界，從而得到解脫。他知道這種功德來之不易，不僅需要今生的捨棄，還要歷經「三大阿僧祇劫」的磨難，前生今世沒有足夠的智慧資糧和福德資糧的積累是不可能修習佛法的。佛度有緣人，因此他並不濫收弟子。出家不是找個地方混飯吃，而是要把佛性修證出來，能夠不用妄心顛倒黑白地看待這個世界，就是佛教所說的覺悟，只有這樣，靈魂才能離開地球到極樂世界去。

中國人接受的佛教已經不是釋迦牟尼的教義了，小乘的原始教派印度味道太濃，與中國社會相去甚遠，中國文化難以消化。而馬鳴、龍樹和世親的大乘佛法與道家哲學有相似之處，鳩摩羅什、僧肇、道安、慧遠等人致力於融合的是這一部分佛教主張，他們所體現的是道家隱士風度與佛教出世精神的結合，是極少數貴族中高級知識分子的追求。

佛教六道輪回因果報應的思想引起了世俗社會的關注，方外的隱士致力於功德，而普通百姓想要福報。以蕭衍為代表的統治階級將佛教世俗化，他們不是想通過參禪入定來明心見性，而是把六道輪回中善惡相報的思想擴大，用參與佛教傳播或捐助「水陸法會」等形式祈求富貴和健康。從此佛教一分為二，極個別人尋求大智慧的啟發，而在平民百姓中間則是燒香磕頭做好事求好運而已，各得其所。

在魏晉玄學與佛教傳播交相輝映之中，方士也在向道士轉化。一提道士我們就想到與和尚分庭抗禮的出家人，他們住在跟寺廟相仿的宮觀裡，除了不剃光頭以及穿的衣服顏色不同外，與佛教僧侶沒有什麼區別。實際上我們今天看到的只是全真派的道士。中國是個形成不了宗教氛圍的民族，孔子在諸子百家創立之先就「不語怪力亂神」，只談人事而不談神事，給中國文化定了調。中國人始終沒有出現以神秘信仰為動力，凝聚起一個組織，然後不遺餘力地宣傳，從而產生一種宗教文明。道家也好，儒家也罷，都只是哲學思想而並非後來人稱呼的道教、儒教。老子、莊子如果能從墳墓中出來，看到太上老君和南華真人的泥塑，哭笑不得之外不知還會有什麼感想，現實的華貴尚且不屑，何須這種死後的哀榮？唐王室以老子後代自居，使得老子進入廟堂享受祭祀的榮耀。宋元之際，全真派的創始人王重陽和將本門發揚光大的丘處機，模仿佛教叢林制度，建立道教修行場所，準確地講，全真教更像是佛教的支脈而並非道家的流派。

魏晉直至唐宋，道士與隱士並無本質區分，道士也不是佛教形式的出家人，他們不僅可以結婚，而且隨時會轉化身分出仕做官。道士的修行包括四部分，第一是煉丹術，分內丹修煉與製作外丹並服食。第二是氣功、練氣與導引。第三是符籙，各種治病救災或驅邪鎮魔的法術。第四是神仙術，通過性命雙修具備常人沒有的神通。

葛洪是道家神仙理論的集大成者，他的思想已經超越了老莊哲學的範疇而自成一系。葛洪出身於江南的士族，爺爺和父親都是孫吳的高官，他少年時學習儒家經典，還當過將軍，平定了叛亂，為晉朝立有戰功。道家學術是他本人的愛好，他雖封侯，但屢次拒絕了朝廷的任命，兢兢業業地從事多學科的各種研究。最能體現他思想成就的是巨著《抱朴子》，這本書分內篇和外篇，像一部百科全書，並不是只談煉丹與道家神仙方術，還有大量的政治和文學理論，憂國憂民之情溢於言表，可見道家並非不關心社會，他們只是希望創建另一種文明以彌補政治現實的缺憾。

與葛洪一起發展道家神仙理論的還有「山中宰相」陶弘景。

陶弘景，字通明，號華陽隱居。他的身世與葛洪很相似，出身於江東名門，爺爺南朝宋武帝時因功封侯，父親是官員型學者，從小受到良好的教育。他年輕時陪蕭氏諸王讀書，還當過左衛殿中將軍這樣的官，南齊末年，他將朝服掛在神武門上，辭官隱居南京附近的茅山修道。

陶弘景很有政治才華，蕭衍也非常欣賞他，代齊自立後，本來想請他出山做官，他模仿嵇康講給山巨源的故事畫了一張畫，上面有兩頭牛，一頭吃草，一頭戴著金籠頭。蕭衍知道他的心意，不再勉強，但遇事總會以書信方式徵求其意見，他等於在參與朝廷的決策，所以大家管他叫「山中宰相」。陶弘景的學術成就與葛洪一樣是多方位的，他的著作有《真誥》、《真靈位業圖》、《集金丹黃白方》、《太清諸丹集要》、《導引養生圖》、《養性延命錄》、《天文曆算》、《陶氏效驗方》、《補缺肘後百一方》、《本草經集注》、《陶隱居本草》、《藥總訣》、《二牛圖》、《華陽陶隱居集》等，在中醫藥、煉丹術、天文曆法、地理、政治、軍事、哲學、文學藝術、道家典儀甚至鑄劍方面都有很深的研究，他留下很多詩文，書法水準直追王羲之父子。《梁書．處士傳》稱陶弘景：

圓通謙謹，出處冥會，心如明鏡，遇物便了。

可見，他是個極通達智慧之人。他品性高雅，喜歡入山林聽松濤，有時一人獨自在山野間徜佯，靜聽大自然天籟之音。他繼承老莊思想和葛洪神仙理論，進一步糅合了佛教觀念，他自己儒學造詣非常高，主張儒釋道三學合一。葛洪與陶弘景這種隱士型學者扛起了民間學術的大旗，隱逸文化成為推動中華文明進步的主要動力。南北朝時期還有另一派道士的活動，他們屬於張道陵天師道的傳承，他們的代表人物是寇謙之與陸修靜。

寇謙之，原名寇謙，字輔真，上谷昌平（今北京市）人。先後隱居華山和嵩山修煉神仙之術，成就後他對天師道進行了徹底的改革，首先，他摒棄了妖言惑眾容易引起煽動造反的組織形式，親自向北魏皇帝獻書，以取得統治階級的青睞。其次，他引入儒家禮度來規範信眾行為，制定戒律，廢除原有繳納米錢的辦法。再次，去除男女合氣之術這些烏七八糟的所謂道家心法，制定出較完整的教義和齋醮儀式，傳授正規的導引服氣閉練之法。寇謙之開闢了道家宗教化的先河，他也取得了北魏統治者的支持，被封為國師，為後來道教的形成與發展奠定了基礎。

陸修靜，字元德，號簡寂，吳興東遷（今浙江吳興）人。是東吳宰相陸凱之後，也是官宦子弟。寇謙之成功於北方而陸修靜大行於南朝，他對南方的天師道進行改革，完善了道教的組織形式和齋戒、誦經等儀範，將道教的經訣總括為《三洞》，《洞真經》來自《上清》諸經，《洞玄經》來自《靈寶》諸經，《洞神經》來自《三皇經》，分成三洞四輔，還編纂了一份經書目錄《三洞經書目錄》。他撰寫的齋戒儀範一百多卷，成為後世道教遵守的經典儀式。

陸修靜開啟了《道藏》的編輯工作，《道藏》不僅是道教的文化大全，也是中國科技和文化的一本百科全書，我國古代很多失傳的典籍是在《道藏》中找到的，其文化傳承的意義十分巨大。陸修靜的主要修行場所在廬山太虛觀，後以陸修靜的諡號改名簡寂觀。有一個「虎溪三笑」的傳說很有名：慧遠是佛教淨土宗的創立者，廬山東林寺主持，陶淵明是大詩人，宗奉儒家思想的隱士，江西九江人，家住廬山不遠，而陸修靜是南方道家神仙理論走向道教的集大成者。一天，陸修靜與陶淵明去東林寺看望慧遠，三人言談甚歡，慧遠因為潛心修煉佛學，從不邁過虎溪橋，這次聊得高興，送客時不知不覺就過了虎溪，山裡的老虎看不習慣了，不知慧遠要幹嘛，於是吼叫起來，三人相視而笑。這個故事並不是真實的，但它說明了當時儒釋道三家融合的和平景象，他們共同構成了隱逸文化的主流。陶弘景也是陸修靜的再傳弟子。

以儒家的理想無法實現而歸隱山林的大學者陶淵明，代表了隱逸文化的一個高峰，在他的文學作品中體現更多的是隱士高遠的志趣和「不為五斗米折腰」的精神境界。

陶淵明，又名陶潛，字元亮，號五柳先生，官宦人家出身。做過江州祭酒、建威參軍、彭澤縣令這樣的小官。他在〈歸去來兮辭〉中表達了辭官歸鄉的心情，他不願意讓自己的心受身體的奴役，他要在田園之中尋找人生的樂趣，他喜愛的菊花成為隱逸者的標誌。

生於貴族家庭的陶淵明，能走出這一步並非易事，他的特長在寫作而不是下地勞動。他很快就體會到了生存的艱難，在晚年的貧病交加中更體現出他品格的高貴，在飢餓中仍然不改寧靜與淡泊的追求。在〈桃花源記〉中說出了自己嚮往的理想社會，這是一幅農耕文明無憂無慮的逍遙畫面，陶淵明用想像的世界來對應現實政治的黑暗和戰亂給人民帶來的痛苦。

四、隱士的貢獻

在中國歷史上，隱士的貢獻主要包括三部分。

第一部分，修身的需要。南懷瑾曾經講：

沒有出世的修養，便不能產生入世的功業。

這句話很好地說明了出世與入世的關係，不要認為出世便是不問世事，是消極逃避，出世修養在於培養不同流合污的高雅情操。只有厭惡了人類的醜惡行為，才會產生離開這個世界的想法，在山林中，自然可以增加對美好事物的嚮往，甚至提高審美的情趣。

敢於放棄世俗苟且的生活方式。人類的生產和生活方式在某一時期內有一套相對固定的模式，比如，現代社會裡，我們從小學到大學一路學下來，之後尋找到合適的工作，工作好壞的標準不過是待遇的高低和工作環境的優劣以及工作強度大小等狀況的對比，然後結婚成立家庭，生育兒女，直至退休和老病而死。這就像一條直線的火車鐵軌，從出發便知道結果，在這趟人生列車的旅行中，敢於扳道岔改變人生軌跡是需要很大勇氣的，也會招致社會方方面面的壓力。這個世界上，放棄的勇氣往往比爭取的勇氣更可貴，出世就在於培養捨得的精神，就像下圍棋的棄子，不懂失去就很難得到。

在修身過程中，虛、靜是提高修養進而培養智慧的必經之路，沒有這個階段的人生往往只有聰明而難談智慧。利欲可以熏心，能夠讓人智昏，儒、釋、道三家思想不約而同地提到清心寡欲，作為修身悟道的基本前提，出世就是培養這方面的修養。只有跳開世俗利欲對心理的羈絆，才能正確評估人生的價值體系，也才能在入世的事業中建立真正的功業，這是智者與愚人最大的一道門檻。

第二部分，文明的貢獻。隱居的知識分子們是民間學術的主要創造者，毫不誇張地說，是民間學術而不是官方組織的研究撐起了中國文化與科技的天空，是中華文明的靈魂。可以舉幾個例子：第一個是古代科技的四大發明。除了造紙的蔡倫有官方身分外，指南針、活字印刷和火藥都來自民間的發明。蔡倫是個太監，並沒有官方的指令，更沒有資金的支持，他因為工作的關係，需要不斷察看一些桑蠶絲手工作坊，由此發現了造紙的技術，準確講，這不是職務發明而是個人創造。指南針和火藥的具體發明人早已湮沒不聞，畢昇若不是經沈括《夢溪筆談》的記載，恐怕也不會為人知曉，官方史書沒有他們的地位。

文學藝術以及思想巨著，只有發自真情實感的作品才有生命力，他們大多出自民間學者。即使士大夫出仕做官，但作品經常是在貶謫的顛沛流離中創作，都是私人感情的抒發，不能歸於官學的範疇。四大名著小說均是隱士的作品，他們的作者或像曹雪芹鐘鳴鼎食之家而敗落，或像施耐庵參加完農民起義流落江湖，或像吳承恩能寫出《西遊記》卻居然寫不好科舉考試的八股文。

即使武術的真正創新發展，也來自民間高人。少林和武當的和尚、道士是這部分文化的主導力量。

張三豐，又名張通，字君寶，遼寧人，張道陵的後代，當過官，善於詩詞書畫。張三豐是武當派的開山祖師，他四處雲遊，或躲在武當山，神龍見首不見尾，明代皇帝很想找到他，他均避而不出，表現了不攀權貴的高尚品德。他對後世影響最大的還是創立「太極」系列的武術心法，構成了道教文化的重要組成部分，與少林寺的佛教功夫交相輝映，在民間也得到廣泛流傳。張三豐文武兼通，他寫了《大道論》、《玄機直講》、《玄要篇》，豐富並發展了道教的理論。張三豐對中國文化的貢獻遠遠超過了當時的帝王將相們。

第三部分，救世的情懷。不是人出了家就心腸變冷漠，事不關己高高掛起，出家人不僅關心世事，更能為民眾犧牲自己，這才是真正的菩薩行。舉兩個例子，一道一佛。

丘處機，字通密，道號長春子，山東登州棲霞人，是王重陽的弟子。他追隨王重陽出家沒多久師父就去世了，之後在陝西寶雞一帶據說是姜子牙釣魚的磻溪苦修，六年住在洞穴裡，像釋迦牟尼一樣一天只行乞一頓飯，打坐六年不躺下睡覺，出來就披著一件蓑衣。苦行六年還不夠，他又在寶雞的龍門山隱居修行七年，生活與在磻溪時沒什麼兩樣。史書說他：

> 煙火俱無，簞瓢不置。……破衲重披，寒空獨坐。……靜思忘念，密考丹經。

丘處機在陝西成就後回鄉傳教。面對金朝、宋朝和元太祖成吉思汗三個皇帝的徵召，他敏銳地感覺到蒙古人的興起，於是不遠萬里，以七十多歲的高齡翻越雪山，面見鐵木真，為的是能以一己之力勸止蒙古人的大肆屠戮。鐵木真很高興丘處機拒絕了金朝和宋朝的皇帝，卻能不辭辛苦遠至中亞來見自己，丘處機不失時機地以儒家的敬天愛民和道家的清心寡欲來啟發鐵木真，從此在一定程度上改變了蒙古軍隊每攻下一處便燒光殺光搶光的政策。丘處機從中亞返回中原之時，把身上所有的財物都分給當地窮困的人們，給從事搶劫事業的蒙古軍隊上了一課。

在丘處機創立的北京白雲觀，有一間紀念他的丘祖殿，門口貼著一副清代乾隆皇帝弘曆的對聯：

萬古長生不用餐霞求秘訣，一言止殺始知濟世有神功。

丘處機悲天憫人的情懷為保持華夏文明一脈無疑是起了巨大作用的。

而明末清初的和尚破山禪師，同樣有濟世的情懷。

破山禪師，號海明，俗家姓蹇，名棟宇，字懶愚，重慶大竹縣人，佛門中的詩人和書法家。破山十九歲出家，在湖北黃梅的破頭山上結廬而居。他模仿佛祖的「克期取證」，就是限定自己證悟的時間，在雙峰山的萬丈懸崖邊，他自己立了軍令狀，發誓願：「悟不悟，性命在今日了。」從上午一直站立到下午，他感覺眼前平坦，並無溝壑，恍惚間從懸崖上掉了下去。雖然摔折了一條腿，但在疼痛中他悟道了，內心的喜悅使他忘了鑽心的腳痛。在破頭山養好傷，他便開始了雲遊四方的頭陀生涯，破山的名稱也是由此而來。

他與丘處機一樣，生活在一個百姓苦難的動盪社會裡，最著名的故事是「破山吃肉」。明末清初，官、匪到處燒殺搶掠，當時破山禪師在一個首領李立陽，外號李鷂子的農民軍中度日，李鷂子生性殘忍、殺人如痲，破山勸導，兩人打賭「公不殺人，我便食肉」，如此救了很多無辜的生靈，一時傳為美談。

破山身處亂世，歷經七次大難不死，他以自己僧人的身分，不顧個人安危，在各派武裝之間四處勸說上蒼好生之德，盡可能保全人民的生命。崇禎政權忙著橫徵暴斂，多爾袞的部隊殺人放火，李自成和張獻忠四處搶劫，這是一幅地獄般的景象，這些人的行為如同互相撕咬的流浪狗，讓我們體會到什麼叫禽獸不如，只有破山禪師的救人之心，才使我們感受到一點點人間的溫暖。

第10章

思想的啓蒙
重壓下的異端學說

人類的思想是最活躍的，不僅可以漫無邊際地想像，更可以毫無顧忌地隨意設計，這是一個很難被控制的區域。世界上找不到兩個長得一模一樣的雙胞胎，也同樣尋不著思想和觀點完全一致的人，對每件事物觀察的角度、矛盾利害不同，以及自身知識水準的限制等因素，使得公說公有理、婆說婆有理的現象經常會發生。在任何一個民族的歷史上，奇思怪想從來就沒有斷絕過，因此不同思想的產生是人類意識活動的基本規律。在哲學上，絕不會只有一種學說存在，爭論是正常的，而統一的思想純屬人為與被迫，這是第一點需要說明的。

每個人的思想都囿於他所處的時代、自然、社會環境，以及他本人的生存狀況，孔子不可能大談高速公路，老子也同樣不會把「道」與量子力學聯繫到一起。沒有一個人的思想是永遠正確的，任何一種學說或主義都需要不斷地更新，才能適應社會以及人類發展的需要。包括釋迦牟尼這樣的宗教領袖，他在世時流傳的是小乘佛教，也叫原始佛教，經過幾百年又發展出大乘佛教來，只不過大乘佛經的作者都是冒他的名而已，上來先搞一個「如是我聞」，其實並非釋迦牟尼本人所說。大乘佛教的哲學思辨不僅更加精細，在加入菩薩信仰以後其精神境界也得到擴展與提高。人類對於自然界和人本身的認識是逐步進化的，馬克思也強調任何真理都具有相對性的一面，這是需要申明的第二點。

一門優秀的思想理論，往往容易形成一種共識，這是人們追求真理的結果，但一旦改造成為官方學說，也就標誌著它走向了僵硬和反動。人類是有惰性的，形成一種主流意識形態後，很難更改。我們經常聽到人們互相指責：「老頑固」、「榆木腦袋」或者「不見棺材不落淚」，這都形容人的思想跟不上時事的變化。佛教講，每個人都有「我慢」之心，總是認為自己比別人正確，固執己見的同時還希望說服持不同意見者，黨同伐異成為家常便飯，甚至樂此不疲。其實，真理與謬誤僅有一步之遙，我們堅信不疑的很多思想並不像我們想像中那樣能放之四海而皆準。況且學說到了政府推動層面，必然牽扯到政治格局，而政治就是一種利益的分配，在利益面前哪裡還有真理的位置？在這種情況下，思想不過是攻擊別人的手段罷了。這是第三點需要說明的。

聖人是偉大的思想家，他們的學識和人生態度都是普通人無法企及的，生出崇敬之心很正常。如果由此而「高推聖境」，把聖人當神一樣膜拜，聖人什麼都是好的，什麼都是對的，不敢懷疑甚至不許懷疑，那就是真的悲劇了。人們喜歡把聖人信仰當成武器，自己先抱上聖人的大粗腿，以所謂門徒自居，好像這樣一來就可以占領道德制高點，搖著腦袋批評起別人來更容易。朱熹曾寫過一句詩：

問渠那得清如許？為有源頭活水來。

聖人的思想也像這池水一樣，有活水不斷注入，才能保持清澈與活力，一潭死水很快就會臭氣熏天。這是我要說明的第四點，也算是先給異端思想爭一席之地，人類的進步往往起源於對傳統的背叛。

一、漢代經學的不同聲音

西漢時期，「獨尊儒術」的始作俑者是董仲舒，這個儒術已經不是原汁原味的先秦儒學了，否則，民本與虛君、禪讓等觀念很難在劉徹那裡通得過，他孜孜以求的是中央集權的「大一統」，和證明自己通達天人的所謂豐功偉業。

董仲舒的思想也是一個大雜燴，將陰陽五行學說與孔子修訂的五經理論相結合，在這套體系中，世界的本源是「天」，運行的法則是陰陽的動靜消長和五行的相生與相剋。

天道與人道是一致的，人道必須遵循天道而運動，因此，「三綱五常」這些人的倫理關係就體現出天的意志，不再是人為的安排。三綱是君為臣綱、父為子綱和夫為妻綱，而五常則是仁、義、禮、智、信，把人類的社會現象同宇宙萬物聯繫起來，說成是上天與自然界的規律使然，這就是所謂的「天人合一」學說。

皇帝是天的兒子，他的權力來自天的授予，與人民無關，也只有天而不是人能決定皇帝的命運，他幹得好壞直接向天負責，這就是所謂的「君權神授」學說。

因此，無論是老百姓，還是官僚、諸侯王等都必須服從皇帝的命令，既然皇帝的統治體現了上天的旨意，無論是在政治上，還是在思想上，都必須與皇帝保持高度的一致，這就是所謂的中央集權「大一統」學說。

皇帝也並不是可以胡作非為，制約他的同樣是天。如果皇帝把國家治理得比較好，天空就會風調雨順，還會時不時冒出個麒麟或其他根本沒見過的什麼瑞獸，再不然就是千年的鐵樹開了花等不平常的現象，用以表彰皇帝有愛民之心；如果統治暴虐，人民妻離子散、家破人亡，就會出現黑風暴或大火燒宮殿等凶兆。這就是所謂的「天人感應」學說。

問題是，出現災害的解釋權仍然在皇帝身上，董仲舒剛寫了篇〈災異之記〉就被下了獄，嚇得再不敢說三道四，可見依靠所謂天的這種制約是不靠譜的。

皇帝當得太渾蛋會不會改朝換代？會的。依據的規律就是五行的相生相剋，比如，虞舜是土德為王，夏朝是木德即位，木剋土，商代是金德，金剋木，故而取夏朝而代之，依此類推，周是火德，而秦是水德。這就是所謂「五德終始說」。

這套學說因為極有利於皇權專制，所以在中國綿延兩千餘年而不絕。其實，孔子只是頂了個聖人的名，真正的統治理論是董仲舒捏合出來的。

任何事物都是把雙刃劍，在位的皇帝用來加強統治的工具，也可以被其他覬覦皇位的人改造成篡位的手段，於是劉徹鍾情的「天人感應」就被改造成有利於王莽的讖緯學。

讖是隱語或預言的意思，而緯則是相對於經而言的，就像地理學上標注地球有經度線和緯度線，交叉用以確定方位，中國的儒家經書都有一部緯書相對應，是經義的延伸。廣義的緯書，是指一切混雜讖文及術數的書；而狹義的緯書專指七緯，詩、書、易、禮、樂、春秋、孝經之緯，如詩緯《氾曆樞》，書緯《考靈曜》、《帝命驗》，易緯《稽覽圖》，禮緯《含文嘉》，春秋緯

《演孔圖》、《文命道》、《保乾圖》，孝經緯《援神契》、《鉤命訣》，等等。這些書目前已損毀殆盡，因為它們都被一個發了瘋的皇帝楊廣燒光了。

緯書的內容多附會人事上的吉凶，預言治亂興替，頗多怪誕之說，還包含了天文、地理、神話傳說，等等。讖緯學就是根據天人感應學說，研究祥瑞符號並帶有預測功能的一門理論。這種命運之術常常有混淆視聽的功能，越神秘兮兮，心理暗示的效果越好。其實，所謂祥瑞之兆大多數是人為打造的，表示新皇帝多麼好，或者舊王朝需要被新王朝取代，等等。王莽最擅此道，一時間搞得烏煙瘴氣，一會兒進獻白野雞，一會兒又在挖井時，挖出寫有讓他當皇帝碑文的白石，沒完沒了，很多人還自己給自己搞祥瑞騙官做。

任何一種學說一旦盛極就會走向它的反動，東漢的官學營造了這麼一種文化氛圍，不同的聲音也隨之產生，王充便是中國最早的持異議者。

王充，字仲任，會稽上虞（今屬浙江紹興一帶）人。他曾經在最高學府太學裡學習，拜班彪為師。王充的家族一度很烜赫，到了父祖一輩，不僅家道沒落，甚至好勇鬥狠，成為鄉里一害。王充的生活經歷很平淡，官也當得不大，他雖然讚賞董仲舒，但最推崇的學者還是桓譚，正是這位桓譚，因為非議讖緯學而差點兒被劉秀砍了腦袋，這可以看出王充的思想傾向。他本來是個儒家學者，懷疑精神是他能在學術上有所建樹的根本原因，代表作《論衡》體現了中國學者少有的異端思想。

王充的宇宙論主要是道家思想的體現，他自己也說：

試以道家論之。……雖違儒家之說，合黃老之義也。

王充強調宇宙本源是「氣」產生的，為張載和王夫之的「氣學派」開了先聲，這恐怕是他哲學中最有建樹的一部分。其實，王充並非西方式的唯物主義者，雖然他因為這一點在現代被盲目推崇。先不說以唯物和唯心這套體系來劃分中國的哲學流派是不科學的，就這種西方式的思想體系與我們古人的思考方法也是風馬牛不相及，應該按照各自的系統做獨立的研究，可以做比較，但不是生搬硬套。他思想真正的歸依是道家的自然主義，是傳統的周易觀。他關於宇宙本源的論述是簡單而粗糙的，遠沒有宋代理學將太極理論和「理」、「氣」等概念結合起來建立的哲學框架那麼精彩。

如果說王充的宇宙論在古代儒家學者眼中平淡無奇，那麼真正引起口誅筆伐的是他叛逆的人生態度。王充寫的自傳，完全如實地記錄了他們家發生的事，其中有些寫到他爺爺和父親的一些不良品行，在中國提倡孝道和為尊者諱的傳統中，這顯然大逆不道。唐代學者劉知幾就直接提出批評：

以揚名顯親為主……至若盛矜於己，而厚辱其先，此何異證父攘羊，學子名母，必責以名教，實三千之罪人也。

他認為後代應該讓父母親顯耀，王充為了自賣自誇，而故意說祖先壞話，是個罪人。當自己父親偷了羊，是不是出庭做證是《論語》裡的重要課題。其實，任何一個概念，包括孝，都是有邊界的，不能無限延伸。

王充在東漢這種社會環境裡，他這種直率的寫法是需要很大勇氣的，除了對世俗的蔑視，沒看到王充建立起什麼自己的道德體系，他行為的荒誕程度也遠不及魏晉名士們。兩千餘年來，學者們在經書中咬文嚼字，不敢越雷池一步，這種文化現象是悲哀的，王充的〈問孔〉和〈刺孟〉在人類歷史上具有積極的含義，也正像他所說：

> 世儒學者，好信師而是古，以為賢聖所言皆無非，專精講習，不知難問。

先不管對不對，敢於挑戰聖人本身就是促進社會發展的基本前提。

王充反對董仲舒的天命觀，他用道家天道自然、無為的思想破除天人感應論。在關於帝王出生的荒誕不經傳說時，他直接懷疑劉邦他媽怎麼可能和龍交配，商代祖先老太太吃了燕子的蛋是無法生孩子的，等等。他談道：「人，物也；物，亦物也。」天與人是物質對物質的關係，而且天也根本沒有眼耳鼻舌身，它的意識從哪來？人的事情它又如何看到、聽到，王充說明了天與人是不可能以人的意識狀態來溝通的。

在此基礎上，他進而提出了無鬼論與時命觀：首先他否認鬼的存在，認為氣凝聚而成人，人一死氣就散了，精神是依附於物體的，人死後精神也跟著消亡，這就是王充的無鬼論。根據這個理論，他主張重視生前，反對厚葬，尤其認為祭祀是不必要的，這在當時把祭祀祖先當成頭等大事的社會風俗面前，無疑是大逆不道，他的思想與現實格格不入。

既然不承認天命與善惡報應，那麼如何解釋有人混得好，有人不如意呢？王充的觀點是純屬偶然，有了機會算你運氣，碰不到時運活該倒楣。他進而指出：

> 修身正行不能來福，戰慄戒慎，不能免禍，禍福之至，幸不幸也。

王充的思想在整個儒家時代都屬於叛逆，正如南宋時黃震對他的評價：

> 謂龍無靈，謂雷無威，謂天地無生育之恩，而譬之人身之生蟣虱，欲以盡廢天地百神之祀，雖人生之父母骨肉，亦以人死無知不能為鬼而忽蔑之，凡皆發於一念之怨憤，故不自知其輕重失乎如此！

大意是說：王充說龍沒有靈性，雷也沒有所謂威嚴，天地就像人身上生的蝨子自然而有，談不上生養人類之恩；想全部廢掉天地神明的祭祀，就算是父母骨肉之情，也以人死了無鬼一說而忽視；怨恨和憤怒有時候發於一念之間，不知輕重失言到如此地步！

王充哲學的意義只在破壞而不在建設上，他反對天人感應，卻相信讖緯的瑞兆；他主張無鬼，卻認為氣能生妖；他否定天命報應，卻滑入宿命論的窠臼。可見他的思想充滿了矛盾，這樣的理論不足以與儒家學說分庭抗禮，他對後世的影響也十分有限，只是在清末民初被推崇過一陣子。

二、離經叛道找不到出路

在魏晉南北朝時期，道教興起而佛教的傳播方興未艾，正是宗教信仰最濃郁的時候，突然冒出來一個范縝，其無神論的觀點石破天驚，堪稱另類。

范縝，字子真，南陽舞陰（今河南省泌陽縣）人。范縝是隨東晉王朝遷入江南的士族，他從小受的是儒學正統教育，一生在南朝當官，他的思想並不與儒家傳統相衝突，主要是不相信佛教的因果報應。他的代表作是《神滅論》，以問答的形式來書寫，並不是一部嚴謹的學術著作。范縝的觀點是：

神即形也，形即神也；是以形存則神存，形謝則神滅也。

精神不可能脫離肉體而存在，人死了精神也就不存在了。佛教理論的基礎是「三世因果」與「六道輪回」，人有六識，就是眼、耳、鼻、舌、身、意帶來的視覺、聽覺、嗅覺、味覺、觸覺和思想意識，第七末那識是潛意識，這在現代心理學中已經得到證明，靈魂即第八阿賴耶識是不滅的，它隨「業力」牽引，在天、阿修羅、人、畜生、鬼和地獄的六道中輪回。今生所做之事，都形成業力，決定了下一輩子的果報。范縝的思想無疑是對佛教的徹底否定，這在水鄉佛國的南朝引起軒然大波，連皇帝、宰相都參與到論戰中來。

竟陵王蕭子良曾經問范縝：

君不信因果，世間何得有富貴，何得有貧賤？

范縝答道：

人之生譬如一樹花，同發一枝，俱開一蒂，隨風而墮，自有拂簾幌墜入茵席之上，自有關籬牆落於糞溷之側。……貴賤雖復殊途，因果竟在何處？

人生就如樹上的花瓣隨風飄落，有的落在香枕上，有的掉在廁所裡，這完全是偶然的際遇。儒家哲學也反對佛教，像韓愈、朱熹等人都對佛教尖銳抨擊，但與他的角度不同，范縝繼承了王充的一些觀點。范縝的興趣並不在於創建一門無神論的學說，他也沒有在儒家文化之外標新立異的想法，他的意義只在於不同意佛教的價值觀而已，他代表了本土文化與外來文化衝突的一個側面。

明朝的政治是令人窒息的，從朱元璋濫殺無辜開始，士大夫們就在戰戰兢兢之中混日子。方孝孺僅僅是不願為朱棣起草即位的詔書，就不僅被殺，還被滅十族，這對士氣的挫折是巨大的，這等於告訴士人，他們不為帝王所用只有死路一條。于謙關鍵時刻挺身而出，保住了大明江山，這樣的臣子應該有好下場吧，可宮廷內的爭權奪利根本不認功勞簿上的舊帳，所謂治國平天下，不過是把頭伸到鍘刀下的危險遊戲。這種事情雖然知識分子們既不敢怒又不敢言，但心裡的陰影是永遠抹不掉的。

到了明代中葉，大臣們已經基本看不見皇帝了，最高統治者像個高牆內的無頭幽靈，提了把殺人刀，冒出來就能把士大夫們嚇得半死。讀書人的狀態也好不了多少，在儒家道德下沉淪。明武宗朱厚照死後沒有兄弟和兒子，就從明王室的叔伯兄弟中找到了朱厚熜，嘉靖皇帝繼承的是他伯父明孝宗朱祐樘的皇位，所以大臣們認為，按照名分他必須管朱祐樘叫爹，而稱呼自己的父母為叔嬸。朱厚熜不願意，於是，衛道士們急了，發了瘋一般地規勸，全體高級官員跪地大哭，還認為：

仗節死義，正在今日。……萬世瞻仰，在此一舉。

節義，如果只是為了皇帝管誰叫爹，這樣的所謂名分之爭已經很無聊了。至於萬世瞻仰，作為後代的我們看這些祖先不僅沒有敬佩之情，反而像看耍猴一樣可笑。如果說孟子所說的「義」有為民爭取生養權含義的話，那麼到了明朝，禮教已成為一種虛偽的人性枷鎖，士大夫們的道德觀近乎精神分裂的狀態。太監又來湊熱鬧了，王振、劉瑾……烏煙瘴氣，士人被皇帝羞辱也就算了，這回還要加上僕人們。

正是在這種萎靡不振的世風下，終於又出了另一個與王充一樣憤世嫉俗的思想家——李贄。李贄一生的代表作是《焚書》、《藏書》和《續焚書》三本，從他起的名字就可以看出這些文章都是離經叛道的。《四庫全書總目提要》中曾經這樣評價：

贄非聖無法，敢為異論。……至今為人心風俗之害，故其人可誅，其書可毀。

統治者果然要燒他的書了。事實上，他的書中作品大體屬於雜文或書信集，有對時事的評論，也有與人討論一些哲學問題，隨興而至，並沒有形成完整的哲學體系。

李贄，本名載贄，字宏甫，號卓吾，別號溫陵居士，福建泉州晉江人。泉州自宋代以來一直是個貿易港口，與東南亞、印度和阿拉伯都有船舶往來，是個文化多元的口岸。而他的祖先不僅是泉州的商人遠赴重洋，還娶了外國女人，信仰了伊斯蘭教，家族的混合色彩也許是他性格叛逆的一個基因。然而，李贄卻是在儒學的嚴格教育下成長起來的，他一直考到舉人，因為家貧，無力支撐進士的學業，就趕緊謀個政府的差事混飯吃。五十四歲以前，他與任何一個明代小官僚的生活沒有什麼兩樣，直到他為拒絕返家而剃髮為僧，慢慢地以其驚世駭俗的行為與言論才逐漸有了名氣。

在李贄的身前，有兩個巨人代表了明朝士大夫的最高水準，他們就是思想家王陽明與政治改革家張居正，王陽明試圖建立一個新的精神家園，而張居正則幻想以一己之力來振作日趨沒落的社會政治。從哲學角度來講，李贄的成就是無法和王陽明相提並論的，而在政治上，他也根本入不了張居正的法眼，但這並不影響李贄作為可以鼎足而立的一極來被後世討論。

如果說王陽明和張居正都是希望修補舊文化與舊體制的話，那麼李贄就是恨不得拆除它們，因為他很想以自己的意見來解釋所謂儒釋道的經典。正如明末東林黨領袖顧憲成所說：

李卓吾大抵是人之非，非人之是，又以成敗為是非而已。

然而在一個從肉體到思想沒有任何自由空間的體制下，李贄是很難成為旗手的，他自己更沒有宗教領袖般狂熱的奉獻精神。他幾乎將整個身子都探到世外，只是伸出一隻腳來蹚世間的渾水，他也完全按照中國的傳統來反抗世俗，因為人類的選擇是很難憑空想像出來的。就像黃仁宇所說：

李贄的悲觀不僅屬於個人，也屬於他所生活的時代。傳統的政治已經凝固，類似宗教改革或者文藝復興的新生命無法在這樣的環境中孕育。社會環境把個人理智上的自由壓縮在極小的限度之內，人的廉潔和誠信，也只能長為灌木，不能形成叢林。

在王陽明與張居正的爭取面前，李贄的否定仍然是於事無補，也於時無補。

有人認為李贄的思想是陽明心學泰州學派的傳承。泰州學派的創始人王艮是王陽明的弟子，他的特點在於狂放和平民化。他第一次去見王陽明，穿著春秋時期的衣服，手裡拿著竹簡，寫了兩首詩當見面禮。

王陽明很奇怪，問他：「你這是什麼帽子？」

他說：「舜的。」

又問：「穿的什麼衣服？」

回答：「老萊子的衣服。」

再問：「那你是要學老萊子了？」

再答：「正是。」

王陽明笑了：「你只學老萊子穿衣，卻沒學他上了堂來跌倒就哭。」

言外之意，只學皮毛沒得精髓。王艮從此死心塌地追隨王陽明學習，回鄉後在泰州安定書院講學，終身不願為官。

壓抑久了，人總需要找個方式透口氣，個性化的追求並不是只有李贄在堅持。縱觀泰州學派中，對李贄產生較大影響的是何心隱。

何心隱，原名梁汝元，改名原因是得罪嚴嵩一黨，避其迫害。何心隱性格極為叛逆，勇氣也很驚人，這從他敢於與權勢炙手可熱的嚴嵩和張居正抗衡就可以看出。何心隱有著烏托邦式的理想，建了一個「萃和堂」，妄圖構建一套他心目中美好的家族關係。在婚喪嫁娶、祭祀賦役上，他在家族內部均貧富了。他提倡的並沒超出儒家倫理，只是田園化一些，實際上還不如陶淵明的桃花源更有夢幻般的色彩。但在那個世道，這樣的做法也難以讓社會接受，黃宗羲在《明儒學案》中評價道：

諸公掀翻天地，前不見有古人，後不見有來者。……遂復非名教之所能羈絡。

何心隱被捕殺，李贄極為憤怒，撰文兩篇為之伸冤，由此可見，李贄與泰州學派之間不是學術的繼承，而是人格魅力的傳遞。

李贄比較著名的就是他的「童心說」，在《焚書》中他寫道：

夫童心者真心也……夫童心者，絕假純真，最初一念之本心也。

他最痛恨的是：

陽為道學，陰為富貴，被服儒雅，行若狗彘。

他希望這是一個真誠的世界，哪怕並不完美。他想把孔子拉回到人間，主張思想與個性的自由，他反對千年不易的所謂真理，懷疑社會上人與人之間高低貴賤的差別。

然而，他並沒有建立起自己的價值觀來，他一會兒遁入佛門，一會兒與官僚書信辯論，正如他說自己是：

陽明先生之徒若孫及臨濟嫡派，丹陽正脈，但有一言之幾乎道者，皆某所參禮也，不盡扣底蘊固不止矣。

這等於說明自己是王陽明的徒孫，佛教臨濟宗和道家丹陽一脈，如果有一句話符合道的，都是自己參悟出來，不達到最好不罷休。他的思想仍是在儒釋道三教之間遊走，並無新意。他在晚明的士大夫中間，一度很有影響，甚至有人把他當成聖人，說明這個社會太僵死了，人們多麼需要新思想的降臨。他的死是悲慘的，沒有嵇康式的悲壯，正如他的人格，矛盾而充滿啟發性，他為明末清初的思想啟蒙提供了離經叛道的行為底蘊，也許這就是李贄最大的貢獻吧。

三、宋明理學的要義

儒家學說是中國文化的一大根基，不僅不會自動消失，還總能發出新芽來。漢代發達的是訓詁學，經過秦朝對文化的毀滅性破壞之後，遺留下來的殘章斷簡急需整理，因此，漢朝學者們的精力大多在典籍的恢復上。此時的社會習俗也有利於儒家思想的推廣，東漢時儒家影響達到高潮。魏晉玄學是儒學走向形式主義的一種反動，此時的學者以老莊哲學為主體，清談之道蔚然成風。佛教的傳播改變了中國人固守的思維理念，儒家傳統在道和佛的雙重擠壓下面臨空前的考驗。唐代是儒釋道三家融會的磨合期，禪宗的產生標誌著中國本土文化對佛教的接納，儒學不斷地式微，也昭示著對它的改造已經勢在必行。理學是對隋唐以來逐漸走向沒落的儒家學說一種強有力的復興，這場對儒學的創新與改革在唐代已經開始，韓愈、李翱、柳宗元都先後投身其中。只是在宋代形成了波瀾壯闊的一場學術運動，其聲勢震古鑠今。

理這個字，在許慎的《說文解字》中是玉石內部紋路的意思，引申為物質的紋路、層次以及事物本身的次序、規律，等等。現代科學中有一門學科叫物理學，顧名思義，探討的就是物質或物體的原理和其運動規律。宋明的思想家將「理」當成世界的本體，構成了一個完整的哲學體系，後世稱為「理學」。理學這個稱呼始於南宋，是朱熹和陸九淵叫出來的，它有廣義和狹義之分，廣義的理學又叫道學，包括討論天道性命的所有哲學思潮，從宋代直至元明清；狹義的理學專指程氏兄弟和朱熹代表的以理為最高範疇的哲學流派。在宋明理學中，這個理還有闡釋「義理」的意思。

任何一門哲學派別都必須回答幾個基本問題，首先是宇宙論，關於世界的本質及其發生和發展的規律；其次是人生論，關於人究竟是什麼，人應該怎麼做；再次是知識或認識論，探討知識的本質、起源和範圍。

儒家哲學隨著歷史的進程也經歷了幾個發展階段，先秦儒學、漢唐經學直至宋明理學。在儒家構築的思想體系中，先秦傳下來的經典是不完善的。中國人的宇宙觀來源於《周易》，對世界的認識是上知天文下知地理；孔子雖有對《周易》的整理，還撰寫了《十翼》，但他注重的是人的倫理關係和人的行為規範；對於自然界的研究老莊哲學更加系統和深入，以至於周易思想反而併入道家學說之中。

人究竟是什麼？既有關於人心與人性的探討，還有知識的本質這些關於人類心與物等關係的問題，從先秦直至漢唐的儒家一直沒有令人信服的論述。孟子的人性善與荀子的人性惡等觀點都很粗糙，說明儒家自身就是矛盾的，根本沒搞清人心與人性這些基本問題，而這一部分恰恰顯示了佛學的優勢。

理學是將道與佛的思想引入儒家學說的一種成功嘗試，雖然這些學者們以儒家正統自居，對道家和佛教的影響死不認帳，但無法否認「理」和「道」這兩個概念是有同一性的，而心與性的探討無疑取自佛學明心見性等心性論的內容。

在唐代，儒釋道三家的地位是道儒佛的排列，老子因為姓李，故而道家成了皇親國戚。當佛、道在中國大行其道的時候，維護儒家傳統在士大夫中間也極有人緣，韓愈的〈論佛骨表〉就是這種情緒的反映。韓愈（字退之，河北昌黎人）是唐宋八大家之一。他在《原道》中堅持儒家以仁義為本的立場，而在《原性》中他繼承了董仲舒的一些觀點，試圖調和孟子、荀子、楊子的性善、性惡和無所謂善惡的三種主張，開啟了性命學的討論。他對《孟子》和《大學》的提倡，是後世形成四書信仰的肇始。他的學生兼朋友李翱則繼續他崇儒排佛的主張，並進一步發展了儒家關於心性的理論，為宋儒們大談心性開了先河。

李翱，字習之，隴西成紀（今甘肅省秦安縣）人。他是十六國時期西涼王李暠的後代，據說與唐王室是同宗。在《復性書》三篇文章中，李翱闡述了自己的觀點，他認為人的本性是善的，而情是惡的，要想成為聖人，必須按照禮儀的規範做事，忘記人的七情六欲，返回到本性上來，這就是復性的來意。上篇是總論，主談人的性和情及與聖人之關係；中篇是修養成為聖人的方法；下篇是勉勵人們努力修身。

在李翱的論述中，明顯可以看到佛學的影子，雖然他的基本價值判斷和取向是儒家傳統。李翱把性與情分開，性情論成為理學家「天理」和「人欲」的來源，也是「天命之性」與「氣質之性」的分野。他建立了一套正思維的修身養性方法，從佛學而來的「弗慮弗思，情則不生」是程氏兄弟所提倡的「主敬」工夫和朱熹「中和」理論的發端。他對《中庸》的重視，更是啟發了周敦頤以「誠」為立身之道，也湊齊了四書的學術系統。

相對於元朝皇帝的野蠻、明朝皇帝的變態和清朝皇帝的刻薄，宋代皇帝們對知識分子是尊重的，這也構成了一個相當寬鬆的政治環境，士氣宜鼓不宜洩，學者們高談闊論是需要一定條件的。

最早的理學三先生是北宋初年的胡瑗、孫復和石介。宋初是一個醞釀期，儒學復興運動在這三個人的大力宣導下開始了。他們的官職都以從事教育為主，而且占據了社會主流的地位。胡瑗是太子的老師，主講天章閣；孫復與石介身居國子監直講這種國家最高學府太學的教授職務，連宋仁宗趙禎都想聽孫復講課。他們的言行對上流文人社會自然會造成很大影響。胡瑗和孫復都沒能中進士，他們在民間教書育人多年，以其才學得到統治集團的重視，他們的主張既有平民色彩，又能為統治階級服務，因此得到了文人們的普遍響應，正是因他們給儒學營造了一個良好的氛圍。

理學從產生到成熟分三個階段。一是以周敦頤、邵雍、張載、程頤和程顥等北宋五子為代表的北宋時期，這一段是理學的創始期。二是以朱熹和陸九淵為代表的南宋時期，這是理學的成熟期。三是以王陽明為代表的明朝時期，標誌著理學進入新發展階段。按照他們哲學思想的內容可分為：周敦頤的道學派，邵雍的數學派，張載的氣學派，程頤、程顥、朱熹的理學派，以及陸九淵和王陽明的心學派。他們各自以「道」、「數」、「氣」、「理」、「心」為自己思想體系的核心。自宋代開始直至清末，理學作為儒家新的學術體系在政府推動下成為中國人精神世界的主宰。

「北宋五子」是程朱理學發展史上的五位開拓者。首先引道家思想進入儒家學說的是周敦頤和邵雍，他們兩人的生活態度更像個隱士而非積極用世的儒者。

周敦頤，字茂叔，號濂溪，廣西賀州人，祖籍湖南道縣，第一位仙風道骨的理學大師。在廬山蓮花峰下他創辦了濂溪書院，與後來朱熹的白鹿洞書院相得益彰，構成了廬山文化的重要組成部分。讓人津津樂道的散文〈愛蓮說〉，記錄了周敦頤對蓮花的讚美，與同在廬山腳下喜歡菊花的陶淵明一起成為千古佳話。

《太極圖說》別看只有短短的二百四十九個字，卻建立了儒家的宇宙觀。他認為宇宙生成的次序是：無極—太極—陽—陰—金木水火土—二氣—萬物，人是萬物間最靈秀的，天地的運行規律是陰陽變化與剛柔相濟，而人類的基本法則就是仁義。這個太極圖來源於宋初的道教著名人物陳摶，周敦頤的注解在於說明儒家倫理與自然界規律是相輔相成的。

《通書》開始討論儒家的心性、倫理和工夫等概念，以「誠」為立論之本。他把《周易・繫辭》和《中庸》的思想結合起來，論述聖人之道。周敦頤構築了兩個心靈世界，一個是聖人的，是「誠」、「神」或「幾」的理想狀態，另一個是普通人的，有善惡和剛柔之分，普通人可以通過修身養性進入聖人的境界。這也是理學家們理解人類心性的一個基本邏輯。不僅如此，還培養了後世兩位理學大師程頤和程顥。

周敦頤是個淡泊名利之人，生前默默無聞，就像他喜愛的蓮花有著「出淤泥而不染」的君子之風。清代學者黃宗羲在《宋元學案》中有段述評大抵說明了周敦頤對理學的貢獻：

孔孟而後，漢儒止有傳經之學，性道微言之絕久矣，元公崛起，二程嗣之，又復橫渠諸大儒輩出，聖學大昌。……若論闡發心性義理之精微，端數元公之破暗也。

大意是：孔孟以後，漢代傳下來的儒學只有經和傳，關於人性與天道這樣微言大義的討論已經絕跡很久了，周敦頤的崛起，再加上他的學生程氏兄弟，又有張載等儒家的相繼湧現，聖人的儒學由此大興。……如果從論述心性與義理的精微來看，要數他的學說從此點亮世間。

邵雍的成就主要在易學的研究上，他建立了「先天易學」的思想體系，介於儒道之間的「術數學」，與漢代易學相比是完全獨特的創新與發展。對程頤和程顥，以及張載和司馬光都產生了很大的影響。《周易》是中國諸子百家思想的源頭，儒家把《周易》當成自己的經典必修課來學，不能把它僅僅看成是道家哲學書，宋儒個個都是易學高手。邵雍對理學的影響就像朱熹所說：

程、邵之學固不同，然二程所以推尊康節者至矣。蓋信其道而不惑，不雜異端，班如溫公、橫渠之間。

大意是：程頤和程顥與邵雍的學術雖然不同，然而他們兄弟倆非常推崇邵康節，而且堅信邵氏學說，不夾雜其他的理解，所以他們能與司馬光和張載齊名。話中之意，二程的學術成就有很大一部分仰賴繼承邵雍。關於邵雍之學在《周易文化系列》中已有介紹，此處不再重複。

張載，字子厚，因家住陝西眉縣橫渠鎮，故又稱橫渠先生。他是理學中關學一派的代表人物，關當然指的是關中，他長期在陝西長安一帶講學，學生眾多，有很大影響。他是程頤和程顥的表叔，河南開封人，代表作是《正蒙》。蒙是《周易》中的一個卦名，蒙字卦，它的彖辭有一句「蒙以養正」，意思是啟發蒙昧，培養真知。張載說「養其蒙使正者，聖人之功也」，書名由此而來。張載最著名的是他「氣」為宇宙本體的理論，這個「氣」來源於《周易》太虛的概念，「太虛無形，氣之本體」，並非今天我們物理學理解的氣體。我們知道，世間萬物是可以不斷分割下去的，小到看不見的物質是組成萬物的最基本元素，這一點古人是清楚的。他們在描述這種基本元素的時候，用「原子」或「氣」的概念來表述，就像我們呼吸的空氣，看不見摸不著，但卻無時無刻不存在。其實，氣為萬物本源的思想並非張載的獨創，東漢哲學家王充就詳細談到氣在宇宙間的作用，《論衡・自然篇》中論述：

> 天地合氣，萬物自生，猶夫婦合氣，子自生矣。

近代把張載「氣學派」的思想歸入樸素唯物主義的系列來討論，我們需要首先搞清楚中國文化傳統中的「氣」與西方哲學裡的「物質」是否為同一概念。先看張載所說的「氣」是什麼：

> 一物兩體，氣也。一故神，二故化。

他把氣當成陰陽二性，是物質的兩面，獨陰和獨陽都處於無形的虛空狀態，只有陰陽交合才會化生萬物。張載的「氣」既有生命力，又是宇宙的動力因，更是人與萬物的構成質料，兼具物質與精神二性。

在西方傳統思想中，心與物是二元的，它的物質指的是無生命的死物，生命是物質發展到所謂高級形態後才出現並逐步進化。那麼在物質與精神之外還必須有能量的概念，否則宇宙如何推動？而張載的氣無須外力推動，自能流布，充滿宇宙空間，與生命合一。

朱熹也有關於氣的論述：

> 天地之間，有理有氣。理也者，形而上之道也，生物之本也；氣也者，形而下之器也，生物之具也。是以人物之生，必稟此理，然後有性，必稟此氣，然後有形。

朱熹認為在化生萬物之前有一個在具體形式之上的道存在，萬物的化生必須遵循一個規律而不是隨機的，這個大道就命名為「理」，而氣主要是形而下的概念，是構成萬物的具體物質，如同人類，理形成人的本性，而氣形成人的身體。

張載的氣介於形而上與形而下之間，直接來源於太虛，又直接生成了萬物，具有形而上與形而下雙重稟性。張載並非沒有注意到宇宙間事物有所遵循的規律，他用「天秩」和「天序」來表述，這無疑是朱熹「理」的來源。

從周敦頤無極生太極來說明世界的產生，到張載以氣為萬物本源的闡述，再到朱熹理、氣並用的宇宙觀，都是從《周易》一脈相承而來，其原理是一致的。將他們劃分成客觀唯心主義和樸素唯物主義的話，是把中國哲學的一些基本概念搞混了。

關於人性論，張載認為人有天地之性和氣質之性，天地之性是純善的，而氣質之性會產生各種欲望。朱熹評價道：

> 氣質之說，起於張、程，極有功於聖門，有補於後學。

對人性的這種分類可以解釋一個人為什麼會擁有善惡兩面，這也為後來「天理」與「人欲」理論的創立提供依據，故而朱熹極表讚歎。張載的追求在於「天人合一」的境界上，只有這樣才能恢復人的天地之性，他說：「盡性然後知生無所得，則死無所喪。」這就是「為天地立心」的人生價值觀。

馮友蘭在《中國哲學史》中講道：

> 濂溪、康節、橫渠，雖俱為道學家中之有力分子，然宋明道學之確定成立，則當斷自程氏兄弟。

這也說明了程頤和程顥在理學中的地位。他們雖屬於北宋五子，但按照派系是與南宋朱熹同為一脈，理學一直程朱並稱，即使朱熹大紅大紫之後仍然不改程朱的叫法。其實，程顥和程頤雖然思想體系一致，但他們之間還是有一定區別的，這源於兄弟倆不同的性格。程顥為人和藹寬容，與之接觸使人有如沐春風之感，他的學說偏重於個人內心體驗，對南宋胡安國、胡宏父子的湖湘學派以及陸九淵之心學影響較大。程頤則是接人待物方方正正，莊重得讓人感覺不近人情，「程門立雪」的故事就來自他，他的「涵養須用敬，進學在致知」成為朱熹理論的源頭。

程顥、程頤兩人是兄弟，程顥為長，字伯淳，稱明道先生；而程頤為次，字正叔，稱伊川先生。他們原籍河南洛陽，但出生在湖北黃陂，兩人僅相差一歲。他們的仕途都不順利，政治上因為不贊成王安石變法，因此也沒有得到什麼重用，但他們對官場上的失意卻並不怎麼在乎。程頤在青年時代，其文章就得到胡瑗的賞識，但他一次進士未中後，就不再參加考試了，面對推薦也儘量回避做官。他們的主要興趣還是在著書立說上，長期在洛陽附近從事教書育人的工作，創立了「洛學」體系，成為理學的先驅。他們倆既是周敦頤的學生，又是邵雍的朋友，與張載還是親戚，這種聯繫使他們處於北宋學術界的中心地位。

《宋史．道學傳》說程顥：

> 氾濫於諸家，出入於老、釋者幾十年，返求諸六經而後得之。

說明程顥並不是唯讀儒家專著，他博覽群書，認真研究老莊和佛學多年，可以說他是在融會貫通了各家學說之後，在六經的基礎上發展了儒家理論。「天理」這個哲學概念最早是程顥談出來的，正如他自己所說：

> 吾學雖有受，然「天理」二字卻是自家體認出來的。

所謂理，包括了中國古代哲學「天」和「道」的概念在裡面，其確切意義是指規律性的東西，天地萬物自然的趨勢，都必須遵守的法則，生成萬物的起源，等等。

把「理」理解為精神性的主宰是錯誤的，中國哲學之中天與人或物質與精神並不分開，是一體的陰陽兩面，而西方哲學喜歡採取分類歸納的邏輯方法，是分開後兩者的統一。程朱所談形而上的「理」既是物質的本原，又是人性的歸依，具體顯現出來則是幻化萬物的「氣」和形成人體後的「欲」，這些形而下的東西是有好壞善惡等標準的，聖人學說的基本宗旨就是啟發天性而不被後天的欲望所遮蔽。「天人合一」是說人要不斷修煉，使自己能遵循自然的規律行事，這種追求符合天道或「理」的精神境界，並不是說世界的本原就是精神的，更不能說明萬物由人的精神生成。中國人學習西方文化最重要的是名與實要相符，否則不僅驢唇不對馬嘴，且成了邯鄲學步，人家的東西沒學會，自己的路卻不會走了。

如果說引入道家思想，創立儒家宇宙本體論是宋儒們的第一個貢獻，那麼修身養性學說的誕生就是理學的第二大成就。道家神仙術和佛教禪定這兩種啟發智慧、提高自我道德水準的修身方法，文人們早已趨之若鶩，如何讓這兩門功夫移植於儒家對心性的修煉，始終是困擾儒士們的一個難題。

聖人定之以中正仁義而主靜，立人極焉。

周敦頤的辦法是用心靜的方式來達到中正仁義。程頤不願用靜字，擔心與佛教的概念混淆，而用敬字。「敬」的意思包含了虛靜、涵養、誠意、正心、窮理等多方面內容，通過從窮理—盡性—至命三位一體的過程，修養到「盡性」的程度，就是人性得到最大的發展，能達到與萬物同一的最高境界，也是聖人仁的境界。這就是二程「主敬」功夫的主要內容。

四、朱子學說成就了誰

程朱理學的集大成者是朱熹，他的思想並非只來源於二程，而是將北宋五子的哲學概念融合在一起，經過他有機地整合，成為朱子之學。

朱熹，字元晦或仲晦，祖籍徽州。出生於福建省尤溪縣，即今江西省婺源縣，他長期在福建的崇安和建陽講學，所以朱子學說又稱為「閩學」。

朱熹並不是個只想當教授的人，儒家的人生脈絡是「達則兼濟天下，窮則獨善其身」，有機會了就以濟世之心來從政，不被任用則「退而論書策」，從事研究與教學工作。朱熹的選擇與孔子沒什麼兩樣，他十八歲就考上進士成為國家公務員，少年得志之後他積極建言獻策，私訪民情，政治上力圖有所作為。但在南宋這麼個內憂外患的朝代，朱熹既不是橫刀立馬的將軍，又不是運籌帷幄的政治家，沒有立竿見影改造社會的能力，他的特長還是在思想與教育上。

朱熹把《論語》、《孟子》以及《禮記》中的《大學》和《中庸》合編為「四書」，四書體系從此誕生。他的著述非常豐富，主要有《四書章句集注》、《四書或問》、《太極解義》、《西銘解義》、《周易本義》、《易學啟蒙》、《楚辭集注》等，以及後人編纂他的語錄《朱子語類》一百四十卷。朱熹的學術地位是在他死以後逐步提高的，南宋末年，朱熹被追認為信國公或徽國公，說明他的思想被皇帝接受並欣賞。元朝開科取士，用的課本就是《四書集注》，內容由以前的五經轉移成四書。明代皇帝與他同姓，雖不好意思生硬地攀比上這個文化名人，但還是下令科舉考試完全以他的注釋為標準，至此，朱子學說成了統治階級的哲學。

朱熹完成了宋代理學最後的構建，這是一套獨立於先秦儒學的哲學系統，雖然看上去他一直在傳統儒家著作中注來注去。諸子百家的書雖然是談哲學問題的，但嬉笑怒罵，文學性很強，而宋儒們的書則顯得太枯燥，沒完沒了地在天、人、性、理、仁、義、氣、陰陽、太極等概念裡繞來繞去，讓人有雲裡霧裡之感。這也是後人覺得理學大師們都有些矯情，不太喜歡他們的一個重要原因。對現代人來講，學懂朱子學說要注意兩個問題：既要了解當時知識階層看問題的方法和角度，按照中國古人的思維邏輯去解析；又要摸清理學幾個基本概念的來龍去脈。

朱熹首先分清形而上與形而下的哲學概念。所謂形而上就是超越了時空，屬於本質和規律的一種存在。舉個例子：如物理學阿基米德的浮力定律，凡是浮在水中的物體都遵循這個道理，然而肉眼卻不能看見，這個定律既無顏色也無形狀，但你不能說浮力定律根本沒有，它不僅存在，還對世間萬物的某種運動起著支配作用。這就是道、理和太極等概念產生的源泉。《朱子語類》論述道：

> 無極而太極，不是說有個物事，光輝輝地在那裡。只是說當初皆無一物，只有此理而已。

陰陽五行的原則就是屬於理的範疇，不能搞混。那麼形而下就是我們能感知的三維空間，「氣」是組成宇宙最小的元素，這就是形而下的概念，「氣」遵照「理」的原理組成這個世界，而「氣不結聚時，理亦無所附著」。萬物生成是靠太極內部一動一靜的法則，氣動為陽，氣靜為陰，在這裡陰陽五行起作用了。

朱熹試圖描述天體和地球產生時的情景：

> 天地初間，只是陰陽之氣。這一個氣運行，磨來磨去，磨得急了，便拶許多渣滓。裡面無處出，便結成個地在中央。氣之清者便為天，為日月，為星辰，只在外常周環運轉。地便只在中央不動，不是在下。

這種宇宙模型有點兒類似托勒密（Claudius Ptolemaeus, 約90-168）的地心說。先別笑話古人的這種思路，他不懂現代天文學的知識，更推不出宇宙大爆炸理論來，這體現了過去人們認識的局限性，今天的知識體現出科學文明的力量。

人是萬物之靈，人從哪裡來？

自是氣蒸結成兩個人。……凡人之能言語、動作、思慮、營為，皆氣也，而理存焉。

這個理存在哪裡？人的本性就是理。理是純善的，這個理在佛教理論中就是佛心。氣有清濁，產生人欲，是後天的「業力」牽引使佛心變人心。這就自然引出朱熹一個重要的哲學概念「存天理，滅人欲」。這個口號很容易引起人們誤解，認為是在號召大家禁欲，這種想法是錯誤的，儒家學者從來不是禁欲主義者。這個滅字用得過了頭，其實朱熹的意思是反對縱欲，中國思想家們歷來尊重人的正常需求，比如孔子的「隨心所欲，不逾矩」，只要不危害社會，人類就應該享有自由。

其實，戒律也是從國外傳進來的，中國的各派學說中都沒有這種宗教性的強制行為。需要指出的一點就是，無論是程氏兄弟還是朱熹，他們的要求對象更多地針對君王和士大夫階層。在傳統政治中，君主的作用非常之大，這一點理學家們心裡很清楚，致君堯舜是他們的理想，內聖外王不可能是針對普通百姓。因此，程頤和朱熹給皇帝講課，要求十分嚴格，也不管對方愛聽不愛聽，拚命拔高對君王道德行為的期待，直到皇帝受不了了，把他們趕跑。

朱熹雖然似是而非地設計了一番宇宙的形狀，但儒家重點關注的永遠是人，是與人生密切相關的政治和社會。所以在《大學》中「格物致知誠意正心修身齊家治國平天下」就成為儒者的最高信條。這裡包括了三個層面的哲學道理，格物致知是認識論或知識論範疇的，而誠意正心修身是培養自己的道德情操，屬於人生觀的，至於齊家治國平天下就是儒家的政治理論了。

格物致知，有多重的解釋，經常讓人搞不清真實含義，總結起來大概有三種說法：第一種是漢唐經學的注釋：指發生的事物，往往隨每個人知識的習性，好事或壞事根據這個人所知道的善與惡而來。第二種是現代漢語：探究事物的原理，從而獲得知識。甚至還有人把格物與西方物理學相提並論，清末的洋務學堂裡就把物理和化學稱為格致。第三種是朱熹的意思：格的意思是至，既然事物本身都含有一個理，那麼我們看事物就不要只看到它的表象，而是能窮究其理，透過現象看本質。致的意思是極致，致知就是達到心知的極度通達。

中國古人的知識概念與西方知識論是不相同的，比如，西方人劃分的物理學和化學是知識，數學和哲學也都是知識，人類有一個知識的體系，通過學習你可以成為一個很有知識的人，但在中國這樣的知識是不夠的。中國人的知識是心智的聰慧和覺悟，是能完全按照知識的要求去做，比如我們說「誠實是美德」，只有行為言語都做到了，才能說明你有了這方面的知識，而不僅僅是知道就算了。知識幫助人的精神境界不斷提高，人與知識融合為一體，通融豁達，要能隨手拈來地使用任何知識，這是中國古人對知識的理解。因此，西方的學習停留在工匠的層面，學成後在某一專業中工作，而中國儒家的教育很自然就向著修養的方向前進。

朱熹的修身養性起自中和理論，所謂「中和」是來自《中庸》裡的一句話：

致中和，天地位焉，萬物育焉。

中和理論受到湖湘學派的影響，在朱熹繼承程氏兄弟的理學之前，洛學傳播到湖南，程顥的思想多由這一批學人繼承。如何讓人做到符合「理」的境界，《朱子語類》中說：

> 人性本明，如寶珠沉溷水中，明不可見。去了溷水，則寶珠依舊自明。自家若得知是人欲蔽了，便是明處。

這話很好懂，類似禪宗的明心見性，心被外界的各種欲望蒙蔽，捨掉貪嗔痴慢疑，自見本心，直到成佛。他的修煉功夫繼承了程頤的「主敬」說。

> 常常存個敬在這裡，則人欲自然來不得。

朱熹是如何區別儒家和佛家之性的呢？他認為，佛教以性為空而儒家以性為實。他用一淵清水做比喻，看起來清澈見底，什麼也沒有，可用手試試，不僅有水，還有冷熱，這個「實」就是事物的道理，理看不見但存在，通過格物、致知就能了解。

朱熹的政治理論主要在與另一位宋儒陳亮的辯論中表述出來，與其哲學是相輔相成的。任何英雄豪傑若成事必須合天理，逆之就會失敗。政治的好壞取決於統治者人欲私心的多寡，三代聖王之時，私欲少，所以與天理暗合，治理國家能達到大同的境界，以後的君主利慾薰心，與天理不合的越來越多，政治自然敗壞。

這就把政治與統治者的道德水準聯繫起來，而徹底忽略了制度的作用。當皇帝胡作非為時，難道我們只能任其所為坐以待斃？其實，理學家們心裡有數，所謂三代復古只是虛幻的政治理想，上千年的後世為什麼再也沒有他們想像的盛況？從此可以看出儒家政治理論的貧乏與不切實際。宋儒建立的是一個政治花瓶，只具有被皇帝們賞玩的價值，給自己王朝裝飾得好看一點。因為他們不敢推翻一個前提，就是世襲君主的專制，這就像把最好的果樹種植在沙漠上，無論多麼精心護理，最後的結果都是一樣。

朱熹晚年被迫捲入政治鬥爭，致使他的學說一度被禁止，理學也被稱為「偽學」，得意門生蔡元定被捕。這些還都不足以造成學術上的遺憾，真正的劫難來自監察御史沈繼祖見風使舵的彈劾奏章。沈歷數了朱熹十大罪，其中有朱熹把兩個尼姑變成自己的小老婆，還暗示他的兒媳在丈夫死後居然還懷孕。在古代，監察官員可以「風聞言事」，也就是說即使道聽塗說或毫無證據的指責都允許。沈繼祖為了置朱熹於死地，首先在道德上摧毀他的所有尊嚴，這是中國政治最陰暗的一面。有頭腦的人對於這些空穴來風的話一笑置之，但對於普通百姓，香豔而無稽的故事更能四處流傳，無形中理學和朱熹都被打上虛偽的標籤，這才是最大的傷害。不知道以鼓吹道德著稱的朱熹此時此刻會有什麼樣的感想？然而，朱熹一句辯駁的話也沒有，或是不屑與小人爭執，或是在皇權下，他被扣上什麼帽子都無能為力。

五、陸王心學的出路

「鵝湖之會」是一段千古佳話，在朱熹與陸九淵之間爆發了一場哲學論戰，因為地點在信州（今江西省上饒市鉛山縣）鵝湖寺而得名。事情的起因是這樣的：同為南宋理學大師的呂祖謙到武夷山拜訪朱熹，兩人一起讀書，共同研究北宋五子的著作，計劃編纂一本《近思錄》，對理學做一個總結。

陸九淵，字子靜，號象山，曾經在江西的龍虎山建茅舍講學，因為這座山像大象，自稱象山翁，於是人們都管他叫象山先生。他是江西省金溪縣人，屬於歷代仕宦的大家族，有兩個哥哥陸九韶和陸九齡，也都是當時的著名學者，史稱「金溪三陸」。陸九淵比朱熹小九歲，自幼聰慧，據說八歲時讀《論語》就能看出書中的矛盾來。

呂祖謙知道朱熹和陸九淵的學術觀點上有分歧，他很想調和，於是在朱熹送他到信州鵝湖寺時，他又約了陸九齡和陸九淵兄弟倆一起討論。雙方辯論了三天，誰也沒能說服誰，大概是陸氏兄弟準備得更充分些，似乎占了一點兒上風。因為會議記錄主要在陸九淵的文集中，難免有沾沾自喜的意思，然而，陸氏兄弟心裡清楚，別說朱熹，就是呂祖謙也僅僅是虛心聽取了他們的論述，並不置可否，思想上應更傾向於朱熹而不是他們。這次論壇並不是封閉式的，還邀請了一些嘉賓旁聽。朱熹和陸九淵都討論了什麼？他們的分歧主要在哪裡？這還要先從陸九淵創立的「心學」談起。

現代哲學課本談到「陸王心學」，往往冠以主觀唯心主義的評述，所謂主觀唯心主義，就是把個人的某種主觀精神看作是世界上一切事物產生和存在的根源和基礎，這些主觀精神是指感覺、經驗、心靈、意識、觀念、意志等，世界上的一切事物都是由這些派生的，是它的顯現。依據就是陸九淵的：

宇宙便是吾心，吾心便是宇宙。

任何人都不會認為外界的事物，比如日月星辰只是我們意識的產物，我們想它有它就有，一閉眼就沒了。如果把陸九淵等人理解成這麼思考問題，那他就不是思想家，而是二傻子了。

心在中國哲學的概念上有多重含義，形而下的心包括物質之心，如心臟，意識和潛意識，形而上的心有靈魂，如佛學所講的第八阿賴耶識，人的本性和本心。陸九淵所講的是形而上之心，如果以形而下的心去解釋就成了鬧劇。

什麼是人的本心？佛教認為，人只要能重新見到心的本來面目，自然就能覺悟，真正的智慧也才能產生。陸九淵將這種理念與孟子的思想相結合，孟子說：

仁，人心也。學問之道無他，求其放心而已矣。

意思是人的本心就是仁，學習知識的道理沒有別的，只是把丟失了的本心找回來罷了。於是得出了「心即理」的哲學命題，找到了本心也就找到了理，這個理是宇宙的大道。

朱熹曾得出「性即理」的概念，意思是人的本性與宇宙的根本規律是一致的，心是理與氣和合而生，是意識和潛意識層面，與抽象之理不在同一個世界中，心中之理才是性。在陸九淵這裡心與性兩個概念合而為一了，既然人的本性存在於人的內心深處，又何必分成本心與本性呢！陸九淵質問道，心與性如何區別？難道是「在天者為性，在人者為心」嗎？意思是出現仁慈的心腸叫性，而出現損人利己的念頭就稱為心。如果天是理而人是欲，那麼在天與人之間就產生一道屏障，人心為人欲而道心為天理，這樣就會有兩個心存在。他認為在意識層面的心與抽象層面的理之間不存在一個性，而是可以直接跨越，只有一個世界，而這個世界與心為一體。這就是「宇宙便是吾心，吾心便是宇宙」的本義所在，也是「鵝湖之會」陸九淵批判朱熹概念「支離」的原因。可以看出心學更受佛教的影響，難怪朱熹在談及陸九淵時說：

> 近聞陸子靜言論風旨之一二，全是禪學，但變其名號耳。

心學的宇宙觀並沒有超脫開理學的範疇而自立門戶，仍是太極陰陽的一套理論，而且也相信天地間有個理的存在。陸九淵懷疑周敦頤「太極之上有無極」的說法，因為這樣儒學會落入老子「無生有」的理論之中，他主張陰陽就是形而上的概念，理在太極之中，內在規律與萬物形成並不分離。

黃宗羲在評述朱、陸的不同時認為，他們都是儒家學者，以孔、孟為正宗，對世界的認識基本是相同的，只是在學習方法上產生分歧。陸九淵是「尊德性」，而朱熹則是「道問學」。

所謂「尊德性」就是直接發明本心之善，如陳淳所說：

象山教人終日靜坐以存本心，無用許多辯說勞攘。

朱熹也說：

子靜不讀書，不求義理，只靜坐澄心。

雖然他們都明白讀書可以明理，明理才能修身，但陸九淵的學習方式更像個禪宗和尚。朱熹的明理是處理人情事變的至善，須先從讀書入手，「今日格一物，明日格一物」，達到「用力之久，而一旦豁然貫通焉」，這就是所謂的「道問學」，是靠努力學習達到修身的結果。陸九淵稱自己的功夫「易簡」，不必皓首窮經鑽在書本中，學習的目的，在於把孟子所說的惻隱之心、羞惡之心、辭讓之心和是非之心這些與生俱來的本心重新發揮出來，讀書明理無不圍繞這個中心進行。

朱熹的橫空出世並沒有造成理學的江山一統，他剛把北宋五子的學術思想串在一起，就出來一個陸九淵站在他對面不依不饒地批判起他來。朱、陸二人並沒有因為學術見解的不同而視同水火，他們始終保持著友好的交往，甚至還惺惺相惜。

鵝湖之會六年後，朱熹在廬山腳下的星子縣當官，陸九淵來拜訪他，於是就邀請陸在他重建的白鹿洞書院講課，史稱「南康之會」。主講的題目就是「君子喻於義，小人喻於利」，陸九淵每講到精妙處，聽眾都十分感動，有人還當場哭了出來。

朱熹命人將陸九淵的講義刻在石碑上以做紀念，表現了一代宗師的風範。陸九淵在這裡談到了他的人生觀，就是辨明你的志向是什麼，為了義則是君子，而為了利便成小人。立志是做人和做學問的基本前提，進而他用這個來區分儒家與佛家的理論，儒家的人生是經世的，在天地人三才中間，人要盡人道，這是儒者的責任，而佛家談生死輪回是要人們逃避人生的苦難，所以陸九淵認為，佛家是自私的，而儒家是為公的。從「義利之辨」中，陸九淵回返到儒家倫理的道路上，體現出理學的特點。陸九淵終生以講學為主，平常並不喜歡著書立說，他的思想和觀點都以語錄的形式編輯在《象山先生文集》中，少量詩作也在裡面。

心學的集大成者並不是陸九淵，而是三百多年後的王陽明。

王陽明，名守仁，字伯安，浙江餘姚縣人，自號陽明子，世稱陽明先生。現在南昌有陽明公園和陽明路，台灣有陽明山。在明代，朱子學說成為官方統治階級的意識形態後，陸九淵的心學理論處於被士子們摒棄的狀態，功利的思想是科舉考試以朱熹的解釋為準，別人說得再好不給分也枉然。王陽明曾為持朱陸不同思想的人做過調停，並冒著被天下人抨擊的危險而替陸九淵鳴不平，後來，在為《象山文集》出版撰寫的序言中，他重新評估了陸九淵的思想，肯定了心學就是聖人之學，源於孟子，並主動接過了這桿學術的大旗。

王陽明的一生具有濃厚的傳奇色彩，他集思想家、教育家、軍事家和文學家於一身，從儒家時代「立德」、「立功」、「立言」的角度說，他幾乎是個完人了。王陽明有著很好的家學淵源，王氏家族世代書香門第，其父是明憲宗時期的狀元。十一歲的時候，他問老師，人生最重要的事情是什麼？老師告訴他，是讀書考取功名。他搖搖頭小大人一般地說，讀書應該是為做聖賢，把他父親也說樂了，如此可見他從小志向就是超脫凡塵的。

在個人品德上，王陽明終其一生都以聖賢標準要求自己，太監劉瑾權傾朝野之時，他敢於上奏皇帝，要求「去權奸」，結果被捕入獄，差點兒丟掉性命，他實現了理想的道德人格。臨死前，他的學生周積問他還有什麼需要交代的，他微笑著說：「此心光明，亦復何言！」他做到了立德。

在功業上，他文人帶兵，百戰百勝，不僅平定各地叛亂，最重大的功績是以少勝多，一舉擊破寧王十餘萬叛軍，生擒朱宸濠。在明朝中葉混亂而腐敗的政局中，他起到了中流砥柱的作用，因功被封為「新建伯」。

立言上，王陽明是儒家思想的最後一座高峰，陽明心學在中國乃至東亞都產生了重大影響，他的思想主要記錄在《傳習錄》和《朱子晚年定論》以及《大學問》等書中。

王陽明雖稱為大儒，但他的學識卻貫通儒釋道三家，甚至在道家神仙術和佛教禪宗方面修為都已達化境。十六歲那年，王陽明到南昌完婚，婚禮的當天他失蹤了，原來他閒遊到了一座名叫鐵柱宮的道觀，與道士對坐談養生之術，不知不覺間竟然忘了新娘子還在等他，直到家人四處尋找第二天才找到。後來他修習道家「導引」術，居然達到了萬事前知的程度，有一天他在陽明洞中靜坐，一個朋友帶著四個人前來拜訪，他們剛出門，王陽明就叫僕人半路迎接，大家非常驚訝，認為他已經得道。

一段時間他與道士們交往，甚至產生離家入山的想法，可以想像他對道家功法的了解。他的禪定功夫更是了得，在洞中日夜修習，據他自己講能夠做到這樣的地步：

> 靜中內照，形軀如水晶宮，忘己忘物，忘天忘地，混與太虛同體。

他的「龍場頓悟」更是像極了釋迦牟尼菩提樹下的悟道。龍場是在貴州省的修文縣，即使在今天都屬於窮困山區。五百年前，這裡貧瘠而荒涼，群山起伏中苗族人民的生活極端困苦。當生命只剩最低的極限要求時，最高境界的大徹大悟卻由此而生，悟道前王陽明宣稱他已看破物質的得失和人生的榮辱，但尚未勘破生死之門，經此番內心思考由量變到質變的提升，世上已沒有什麼事情可以影響他的心境了。這一年他三十六歲，正值本命之年。他悟出的「聖人之道，吾性自足」與釋迦牟尼所悟的「一切眾生皆具如來智慧德性」是一樣的，佛教的精神就是「自性圓滿、自性具足」。

之後他經常教別人靜坐開悟，雖然他自己說不是讓人坐禪入定，但他的默然端坐以達到去除雜念之功，與禪定本身就形式到內容都一致。可以說，沒有道與佛的修煉功夫，也就不可能有他後來的儒學成就，只有啟發智慧方法的不同，而人生至理卻只有一個，在王陽明身上儒釋道已完美統一。

「心即理」、「知行合一」與「致良知」等是王陽明提出的三大重要哲學命題，它們相輔相成，共同構成了陽明心學的主體。「心即理」最早是陸九淵提出來的概念，由王陽明闡述成一個完整的哲學系統。有一段王陽明與他弟子徐愛的對話，可以看出他思想的端倪來，《傳習錄》記載：

愛問：「至善只求諸心，恐於天下事理有不能盡。」先生曰：「心即理也。天下又有心外之事，心外之理乎？」愛曰：「如事父之孝，事君之忠，交友之信，治民之仁，其間有許多理在，恐亦不可不查。」先生歎曰：「……且如事父，不成去父上求個孝的理；事君，不成去君上求個忠的理；交友治民，不成去友上、民上求個信與仁的理。都只在此心，心即理也。此心無私欲之弊，即是天理，不須外面添一分。以此純乎天理之心，發之事父便是孝，發之事君便是忠，發之交友治民便是信與仁。只在此心去人欲、存天理上用功便是。」

因為是對話，文字很淺顯易懂，只是討論的內容卻不太好理解。王陽明告訴弟子，孝心不能到父親身上去找，顯然它是在為人之子的心中。也就是說，所謂忠、孝、信、仁等道德原理只存在於行為主體的心中，而不是存在於行為對象的心中，作為道德法則的「理」只有通過主體的道德實踐，在其行為過程中顯現出來，不可能在行為對象身上追求並實現它。這就是「心即理」的基本含義。

與徐愛所談的理除了道德之理外，還有一個事物之理的意思，也就是包括自然、社會以及具體事物的規律和法則，等等。王陽明是如何看待事物之理的呢？他有一段「山中觀花」的著名問答：

「天下無心外之物，如此花樹，在深山中自開自落，於我心亦何相關？」

「你未看此花時，此花與汝心同歸於寂。你來看此花時，則此花顏色一時明白起來。便知此花不在你的心外。」

他的意思是：花的顏色和樣子等客觀存在的現象，與主體看花的行為是不可分的，只有人去看花，這個花的樣子才能在人的心中顯現。這就是說離開了主體的存在，客觀的理對人來說沒有意義，花落花開只會引起活人的喜悅和感傷，假如是個死人，什麼花對他來講都和無是一樣的，這就是花與心同歸於寂的道理，也是心外無理、心外無物的命題由來。

王陽明的知行觀與朱熹是一脈相承的，只是他更強調知與行的不可分。知，主要指知識，如書本知識之類；行，就是運用知識而付諸行動。知識有兩種，一種是「見聞之知」，即所謂客觀知識；還有一種是「德性之知」，指的是道德知識。宋代理學的知識論主要是「知先行後」的觀點，「知是行之始，行是知之成」，主張通過對客觀知識的學習，來啟發道德知識的心性，從而達到能躬身實踐的理想人格來為社會造福。陽明心學的知識論是建立在「心外無理」的理論基礎上的，知與行都依託於心之本體，知和行是同一個過程的開始和結束，知行之間的關係是即知即行和即行即知。在王陽明看來，知而不行等於不知，知與行是同一個功夫，只有在行為過程中，才能了解知行的關係。

致良知是王陽明晚年提出的哲學概念，標誌著陽明心學的最後成熟。良知是指人的道德良心，並不是知識的意思，就像孟子所說的「是非之心」。這種是非之心本來每個人都具備，是與生俱來的，不需要學習和思考才能獲得。致，就是達到，通過格物致知的功夫將人的良知啟發出來，從而實現仁義禮智信的人格理想。

他將功夫與本體聯繫在一起，認為：

> 後儒不明聖學，不知就自己心地良知良能上體認擴充，卻去求其所不知，求其所不能，一味只是希高慕大，不知自己是桀紂心地，動輒要做堯舜事業，如何做得？

不在自己的內心下功夫，拚命向外學，沒用。佛學修煉功夫中很重要的一點就是，只需內求而熄滅對外界的攀緣心。老子也講：「為學日益，為道日損」，其含義也是讓自己接近大道或天理，功夫不是在學習上，而是要在心裡減少對世間萬物的欲望。只有修成堯舜之心，才能為國為民，自私自利卻想做成偉大事業，只能是南轅北轍。

王陽明進而得出結論：

> 良知之在人心，無間於聖愚。
>
> 個個人心有仲尼，自將聞見苦遮迷。而今指與真頭面，只是良知更莫疑。

這又像佛學中的眾生皆是如來，只因妄想顛倒，失去了本來面目，明心見性就是恢復本心和佛性。我們可以看到陽明心學在基礎理論上與佛學是完全相通的，參透佛學再理解心學，就能真正懂得這門哲學的精妙了。王陽明心存濟世情懷，在唯利是圖、沽名釣譽以及為了地位權勢而相互傾軋的環境裡，他撥開功利與私欲的迷霧，希望擦亮每個人心中的良知，他盡力了，他留下了一顆光明之心。

六、對理學的褒貶不一

提起宋明理學，人們首先映入腦海的，可能就是滿口仁義道德的老夫子形象，嚴肅得好像從來不會笑，動不動就之乎者也地教訓別人。這是現代宣傳片所產生的效果，理學其實說到底僅僅是一門哲學而已。然而，為什麼會對它產生那麼多的誤解甚至埋怨？在清帝國灰飛煙滅之前，它有著截然不同的待遇，儒家時代，理學一直占據著主流意識形態，既是讀書人科舉的必讀教科書，又是社會信仰的重要組成部分。因為它曾經是為統治階級服務的哲學，因此，統治者的渾蛋與社會制度的缺陷在給人民帶來極大痛苦時，人們自然就會想到，這套主宰人們精神世界的理論需要承擔些什麼責任。

對宋明理學的懷疑不只是在清帝國滅亡以後，明王朝大廈的倒塌並不僅僅是一次改朝換代，因為清朝對漢族傳統的摧殘是最嚴酷的，使得漢族文明有了第一次幻滅的感覺。清代的學者們已經不再尊崇宋明理學的道路繼續前行了，顏元對傳統儒學有一段痛徹心肺的抨擊：

秦火之後，漢儒掇拾遺文，遂誤為訓詁之學，晉人又誣為清談，漢唐又流為佛老，至宋而加甚矣。僕嘗有言，訓詁、清談、禪宗、鄉愿，有一皆足以惑世誣民，而宋人兼之，烏得不晦聖道誤蒼生至此也！僕竊謂其禍甚於楊、墨，烈於嬴秦。每一念及，輒為太息流涕，甚則痛哭。

並且得出：

孟子後之道之學，二千年總成一大謊。

顏元認為，漢代形成的訓詁學，魏晉時期的老莊清談之風，以及唐代的佛教禪宗，還有趨炎附勢、媚俗的學問，都是迷惑老百姓的，宋代理學把這些混雜在一起，貽誤蒼生，造成中國歷史的持續倒退，孟子之後的儒家學說簡直就是一大謊言的彙集。話雖說得偏激了些，但卻能感受到當時知識分子的傷痛。

顏元認識到，秦朝中央集權建立以後，中國文化就像生了病一樣，怎麼治都治不好，漢唐至宋明的儒學再加上老莊與禪宗，都沒達到讓中國民殷國富以及發展蒸蒸日上的目的，反而越來越衰，連周圍的原始民族也打不過。他歸結於是這些學說誤人子弟，實際上真正的問題還在於世襲君主中央集權制的建立，這是中國學術界一直忽略的。

自民國以來，知識分子們對理學的爭議是很大的，打倒孔家店的思潮之後，理學家們更是一會兒成反面教材，一會兒又被當成聖人崇拜。中國人對理學仁者見仁智者見智之時，客觀的評述反而只在國外才能看到，產生如此複雜情感的原因，是在西方科技文明的衝擊下，我們對漢族文明的第二次幻滅，並且是毀滅性的打擊。理學曾經是宋明士大夫們的精神家園，也是中華文化的重要組成部分，如何理性地看待理學，不僅有助於我們對傳統的繼承，更能幫助處於信仰危機的現代人走向未來。

理學的哲學體系與思考方法確實有缺陷。理學是建立在儒家學說基礎上，論證的是孔孟思想，孔子和孟子的理論缺陷就會體現在理學中。本來儒家就是一門重視倫理關係與道德修養的學說，偏重於個人行為的規範，對道德禮儀的重視程度遠遠超過政治制度的設計。這種缺陷使得學者們眼睜睜看著君主專制一步步走向野蠻，而無能為力，忠君思想的提倡變成了片面的責任，整個儒學成為被統治階級利用的對象，而不能給統治者帶來制約。道家和佛教更是走向山林而不是人群，用道與佛的修為方式來啟迪儒者的心靈，只能離人間越來越遠，而不是帶來改造社會的動力。所以，在後代的學者看起來，整個理學只是心性的空談，儒生們一半當和尚，成天靜坐觀心；一半是書生，「居敬窮理」地引經據典，學成了可能還不如一個賣大餅的對社會有用。顏元就堅決反對朱熹提倡的學習方法，認為這樣讀書不僅無益反而有害，學術要能經世致用和扶危濟難，主張培養人才必須實踐與實用並行，力圖糾正理學與社會的脫節。

其實，在南宋時期，就產生過一個「事功學派」，這一學派的代表人物是葉適和陳亮，他們的思想源於王安石「為天下國家之用」的主張。

葉適，字正則，號水心，世稱水心先生。他的學術傳承又稱永嘉學派，他認為：

既無功利，則道義者乃無用之虛語。

他不排斥人們對功利的追求，更是一反儒家重農輕商的傳統經濟觀念，主張：

通商惠工，以國家之力扶持商賈，流通貨幣。

這成為今天溫州地區經商創業精神的思想源泉。

陳亮，原名陳汝能，字同甫，號龍川，婺州永康（今浙江金華永康市）人。主張要做實事，建立實功，不要整天談什麼「盡心知性」等不知痛癢的話，他和朱熹還爆發過一場王霸與義利的辯論。可惜的是，庸庸碌碌不想做事的人卻高官厚祿，而想做事的陳亮卻命運多舛，到了晚年才考中狀元，第二年就死了，令人唏噓。

顏元進一步發展了事功學派的主張，他提出：

正其誼（義）以謀其利，明其道而計其功。

他主張不把義和利對立起來，難道牟利的人就一定不仁不義嗎？人類追求功利並不可怕，甚至還是推動社會向前發展的內在因素，關鍵是如何尋找到外界的一種平衡，抑制損人利己的功利而宣導共同發展的功利。在自己的內心中去殺死功利心，不僅辦不到，還會造成整個社會缺乏控制個人私欲的組織手段。這也是為什麼我們總覺得宋儒們說起話來不近人情，而做起事來虛偽的主要原因。

由於理學是儒學的延續，而儒家思想經過幾千年的漫長歲月後越來越僵化，這種僵化使得儒家提倡的每個基本理念不是讓人愉悅，而是令人窒息的，所以理學也無可避免地走向僵化。

比如孝，宣導父母的贍養與盡責是很好的，但當這種發源於感情的思維變成不得不遵守的群眾運動時，孝已經不是發自內心的真情實感，而成了沽名釣譽的工具。二十四孝圖裡有這麼一個故事，東漢時有個叫丁蘭的人，從小死了父母，十分想念，長大以後就做了兩個木人當爹媽供養，因為妻子怠慢了一次木人，為此把老婆休掉。用現代心理學的觀點，這個丁蘭精神不正常，但在古代卻成了孝子的榜樣。不難想像，這種全民爭先恐後的孝行表現，該會變得有多麼離奇。

自漢代以後的三綱五常，君為臣綱、父為子綱、夫為妻綱演化成「君要臣死臣得死，父要子亡子必亡」，大臣、兒子和妻子不問是非曲直、青紅皂白，必須無條件服從君主、父親和丈夫。這種正名分與定尊卑已經含有荒謬的色彩了，宋儒還把它們冠以天道和宇宙規律的名義，越說越讓人迷糊，不斷強化並推動人與人不合理的關係走向極端。

婦女裹小腳這種變態自殘行為從南宋開始，雖然與理學沒有什麼關係，但理學的說教無疑是所有民間胡鬧的催化劑。還有無數貞節烈女的故事，在男人花天酒地的時候卻把婦女搞得如此悲慘，理學家們不僅沒有提出反對意見，還認為天經地義，程頤主張婦女們「餓死事小，失節事大」，難怪在人民心目中他們的形象一點兒也不親切。

清代學者戴震有一段反映弱者心聲的話：

尊者以理責卑，長者以理責幼，貴者以理責賤，雖失，謂之順；卑者、幼者、賤者以理爭之，雖得，謂之逆。於是下之人不能以天下之同情、天下所同欲達之於上；上以理責下，而在下之罪，人人不勝指數。人死於法，猶有憐之者；死於理，其誰憐之？

白話文之意是：地位高的、年長的人責備下屬或晚輩，即使不對，也當成是順從天意；而下級、晚輩或地位低賤的，就是以理相爭，也被說成大逆不道。位卑者即使天下人同情或都願意他的欲望得以實現，仍然無奈；而所謂尊貴的人卻可以以天理的名義隨便定人的罪。死在法律下的人，還有可憐他的；而死在天理下的，連個憐憫者都沒有。他尖銳地指出程朱理學的「存天理、滅人欲」是「以理殺人」。

戴震，字東原，又字慎修，號杲溪，休寧隆阜（今安徽黃山屯溪）人。他反對將天理與人欲對立起來，他認為理和欲可以統一，「理者，存乎欲者也」，滿足人的適當欲望就是理。他說：

凡事為皆有於欲，無欲則無為也；有欲而後有為，有為而歸於至當不可易之謂理；無欲無為，又焉有理？

大意是：任何事情都是起因於欲望，沒欲望也不會做事，有了欲望才會有所作為，一旦做出的事很恰當無法改變就叫作理，無欲無為又怎麼談得上理？這是中國古代樸素的人性論宣言，正當的人性要求應該得到尊重。

理學受攻擊，很大程度上還因為它占據了學術上的統治地位，成為統治階級統一人民思想的工具，因此，無論理學的本來面目是什麼，在人們心中它都要為黑暗的社會現實以及科學技術的落後承擔責任，甚至統治集團的政治與軍事失誤也要歸罪到理學頭上。

理學產生於宋代，而北宋恰恰是很窩囊的王朝，南宋更是苟且偷生，面對四周的少數民族政權，正規軍不堪一擊，岳飛這種民兵又不敢重用，靠花錢買和平得過且過。人們不禁要問，這些個個懷著救國救民志向的理學家們哪去了？為什麼他們的理論起不到富民強兵的作用？

首先，理學的長處在對個人道德的培養上，而短處則是政治理論的貧乏，然而理學家們卻偏偏拚命往政治堆裡鑽，使得這門哲學始終處於「秀才遇見兵、有理說不清」的狀態。其次，皇權專制使用的是理學對自己最有利的一面，甚至把它放在八股文中，成為統治集團的籠中鳥，閹割與愚民的學術改造就不可避免。

王陽明和他的兩個弟子王畿和錢德洪之間有過一次很著名的討論，史稱「天泉證道」。在這次對學習方法的辯論中，王陽明將讀書人分成「利根之人」和普通人，針對不同的學生要用不同的教育方式。王陽明反復告誡他的弟子，對待普通人用直接悟道的辦法會誤人子弟，會帶來嚴重後果的。理學作為一門直指人心的學說，聰明人能從中得到很大的啟發而開悟，因此，理學也受到許多高智商的人推崇。然而，普通人專注於生產與生活，幹的都是人欲的事情，他們理解的範疇完全局限在官方制定的八股體制內，理學的糟粕和對社會的無用恰恰在此暴露無遺。

任何一門學說都是需要不斷更新的，儒學也不例外。遺憾的是，無論南宋事功學派和其繼承者顏元，還是清代乾嘉時期的戴震，這些理論都相對片面。他們看到了宋明理學僵化後的一些弊端並予以抨擊，但也只是起到了為理學打補丁的作用，他們是舊理論的批判家，而不是新理論的建設者。在政治與學術的雙重高壓下，陷在考證學問中的清代學者同樣走不出儒家框架的泥潭。

七、明末清初的思想啓蒙

明清交替之際的中國，正在經歷著一場驚心動魄的戰亂，對整個社會的破壞達到了無與倫比的程度。這種破壞表現在四個層面上：首先是家仇，親人的生離死別幾成家常便飯。其次是國恨，明朝、南明、大順、大西，凡是漢族人建立的國家全部滅亡，想盡忠都無以追隨。再次是民族的淪喪，朱熹主張的華夷之辨，已經成了士大夫們的是非標準，如今卻不得不臣服於異族統治之下，亡國奴的身分是跑不了了。最後是漢族傳統的損毀，清朝雖然延續了明代的統治意識，但剃髮易服，嚴重違背儒家幾千年的教誨。歷史上，少數民族政權也有很多，但都尊重各民族習慣；元代漢族地位雖低，只是時間尚短，且能保留漢地風俗；只有清代，讓一向以自我為中心的漢人感受到巨大的心理挫折。

錐心的痛楚，可以產生兩種結局，一種是逃避或自暴自棄，另一種則是對自我和世界的重新認識，對自己批判得越厲害，思想越有可能產生飛躍。這一時期的思想家都是在戰火與逃難的顛沛流離中思考與寫作的，面對著如此慘痛的國破家亡與生靈塗炭，他們開始懷疑儒家聖人所謂天經地義的那些觀點。加之不肯與當權者合作的布衣身分，也使得他們擁有了獨立思考的空間。梁啟超在《中國近三百年學術史》評述黃宗羲時說過這樣一段話：

> 凡豪傑之士，往往反抗時代潮流，終身挫折而不悔，若一味揣摩風氣，隨人毀譽，還有什麼學問的獨立。

十八世紀，在法國，出現了三位啟蒙思想家，他們是孟德斯鳩、伏爾泰和盧騷，他們的民主思想直接導致了法國大革命的社會實踐。比他們早將近一百年，中國同樣產生了三個帶有啟蒙色彩的思想家，他們是黃宗羲、顧炎武和王夫之，由於亞洲與歐洲歷史與文化的巨大差異，他們的思想始終沒有像法國人那樣產生社會影響力。中國人唯一帶有覺醒意味的思想火花就像流星，帶著耀眼的光芒閃亮夜空，又瞬間沒入黑暗中，真正注意到他們已經是在二百多年以後了，這不能不說是一種遺憾。

黃宗羲，字太沖，晚年別號梨洲老人，學者們喜歡叫黃宗羲為梨洲先生。黃宗羲的一生跌宕起伏，青年時代，他的父親是東林黨人，因反對魏忠賢而被迫害致死，後平反昭雪，他曾氣極，在對簿時痛擊閹黨餘孽。學富五車的他，卻始終沒能考上進士，南明政權阮大鋮與東林黨和復社為敵，將他逮捕下獄。清兵南下，攻陷南京，混亂中他逃難返回家鄉。在餘姚變賣家產起兵抗清，參加了魯王的部隊，因力量懸殊，與清兵作戰一直處於不利的地位，還曾策劃到日本借兵未遂。他屢遭清廷通緝，順治十年即西元一六五三年以後，中年的黃宗羲看到反清復明已成畫餅，遂不再四處奔走，而以著書講學為生。

黃宗羲的學識非常淵博，著述頗豐，有《宋元學案》、《明儒學案》、《孟子師說》、《葬制或問》、《破邪論》、《思舊錄》、《易學象數論》、《明文海》、《行朝錄》、《今水經》、《大統曆推法》、《四明山志》等，涉及歷史、哲學、地理、數學、天文曆法、詩歌等多個領域。

真正體現他叛逆思想的，是一部討論政治制度的書《明夷待訪錄》。「明夷」是《周易》中的卦名，其爻辭是：

> 明夷於飛，垂其翼。君子於行，三日不食。人攸往，主人有言。

意思是有智慧的人處在危難之中，「待訪」則是等待後來的統治者能夠採訪並採納他的建議。也有人說黃宗羲的意思是，天地黑暗，光明被抑制住，寄希望於後世明主賢君實現他的治國理想。這些說法大同小異，總之，黃宗羲不是寫給當時的統治集團，在無奈中，他不得不寄託於後代了。針對政治、法律、經濟、農業、軍事、教育和吏治等多方面的問題，他提出了自己的一整套主張。

法國啟蒙思想家是有借鑒的，他們從英國的君主立憲和洛克（John Locke, 1632-1740）分權思想的基礎上，提出了一系列民主政治的主張。黃宗羲就沒有那麼幸運了，清帝國的政治如明帝國一樣萬馬齊喑，而周圍又沒有可以啟發靈感的進步國家。在這種社會背景下，《明夷待訪錄》就顯得極為可貴，黃宗羲對君主專制政治進行了大膽的批判，他直接承繼了孟子的民本思想，在此基礎上進行了政治制度的設計，隱隱已含有民主思想的萌芽，其中最具異端色彩的共有三個方面：

第一，關於君主的地位與作用。黃宗羲從人類產生君主的起源說起，認為：

> 古者以天下為主，君為客，凡君之所畢世而經營者，為天下也。今也以君為主，天下為客，凡天下之無地而得安寧者，為君也。

本來天下百姓是主體，君主是從屬，是為天下人服務的，而現在則本末倒置，君主成了主體，百姓變成附屬，全天下不得安寧在於有了君主。進而：

> 以為天下利害之權，皆出於我，我以天下之利盡歸於己，天下之害盡歸於人，亦無不可。使天下人，不敢自私，不敢自利，以我之大私為天下之大公，始而慚焉，久而安焉，視天下為莫大之產業，傳諸子孫，受享無窮。

君主們把天下當成自己家的產業，好處都歸於己，壞事讓天下人承擔，還把為了君主利益的私心當成為天下的公心。這就造成了：

屠毒天下之肝腦，離散天下之子女，以博我一人之產業……敲剝天下之骨髓，離散天下之子女，以奉我一人之淫樂。

黃宗羲慨歎：

乃兆人萬姓崩潰之血肉，曾不異夫腐鼠！豈天地之大，於兆人萬姓之中，獨私其一人一姓乎？

難道千千萬萬的百姓屍首就像腐臭的老鼠一樣不值得憐憫嗎？難道天地之間只有一人一家應該活得好嗎？

其設君之道固如是乎？

君主的設立如果變成這樣，個人獨裁專制成為天下的禍害，我們又何必要他？

第二，權力運作的機制。黃宗羲首先從君臣關係說起：

夫治天下猶曳大木然……君與臣，共曳木之人也。

這是說明君臣是同事關係而不是人身依附。

> 緣夫天下之大，非一人之所能治而分治之以群工。故我之出而仕也，為天下，非為君也；為萬民，非為一姓也。

為臣的不是成為皇帝的侍從，而是為老百姓服務。

> 蓋天下之治亂，不在一姓之興亡，而在萬民之憂樂。

他明確指出，君主專制政體是種顛倒黑白的君臣與官民關係。

其次是實行宰相負責制，君主與宰相雖是上下級關係，但在禮儀上人格處於相對平等的地位。即使天子世襲，只要宰相不世襲，就可以選擇賢能的人來治理國家。這已經接近責任內閣制了，欠缺的就是立憲的保證，讓內閣對憲法和人民負責。

第三，法律是萬民之公法，而不是只維持君主利益的私法。黃宗羲指出：

> 後之君主，既得天下，唯恐其祚命之不長也，子孫之不能保有也，思患於未然以為之法。然則其所謂法者，一家之法，而非天下之法也。

這是指法律的性質，制定法律的目的不是為人民，而是為了君主或統治階級的私利。統治者為了對付老百姓，搞得法律十分嚴密和苛酷。

法愈密而天下之亂即生於法之中，所謂非法之法也。

好人。自私自利的法律越多，天下就越亂，這都是非法的法律啊。他主張依法治國而不是依靠所謂

故曰：有治法而後有治人。

第四，輿論監督與學術獨立問題。學校在黃宗羲的設計中已經不僅僅是學習的地方了，而是具有社會輿論中心和議政機構等功能。學校並不是人云亦云的朝廷應聲蟲，它有獨立的思想和自成系統的研究，甚至「必使治天下之具皆出於學校」，也就是說朝廷所使用的政治法律制度都是學校制定的。他特別強調：

天子之所是未必是，天子之所非未必非，天子亦遂不敢自為非是，而公其非是於學校。

對與錯等社會價值判斷並不取決於皇帝，而是學校，學校成為意識形態方面的制約場所。黃宗羲參考東漢太學的清議之風，主張學校參政議政，形成廣泛的社會輿論監督。

使當日之在朝廷者，以其所非是為非是，將見盜賊奸邪懾心於正氣霜雪之下！

讓當政者不敢胡作非為。學校不僅體現正義的力量，還有某些議會的職能。

郡縣官政事缺失，小則糾繩，大則伐鼓號於眾。

各地方官受到當地輿論的監督，而不只是唬弄好上級了事。學校享有崇高的地位，校長與宰相是平起平坐的，天子到學校來也是學生，甚至皇子們都要與其他人一樣到學校學習，不要深閉宮中，不知民間疾苦。黃宗羲的這套設計，已經不只是停留在要求統治者照顧老百姓的民本層面上了，而是民主思想的火花，這等於肯定了人與人的平等權利，以及人民有議政權和監督權。

我們不能以西方的角度來要求黃宗羲，他是在中國傳統文化基礎上進行的大膽設想，雖不完善，但散發著人性的光芒，其價值直至今天也未消失。

顧炎武，字寧人，號亭林，江蘇崑山人，比黃宗羲小三歲。他的一生同樣風風雨雨，北京淪陷後他積極參與反清活動，試圖挽救明朝最後的覆亡，清兵攻占崑山，他的生母和過繼母親一死一傷，兩個弟弟在兵荒馬亂中喪生。國難之外，他的家族也是風波不斷，當地一個姓葉的豪強為了霸占其祖田，不斷欲置顧炎武於死地，迫使他不得不變賣家產後遠走他鄉。

中年後的顧炎武懷著無家無國的感傷，在中國的北方不停地旅行，就像武俠小說中的浪子。一邊了解山川地理與各地風俗，一邊在旅館驛站的昏黃燭光下讀書，筆耕不輟。他善於理財，所以每到一處總能開發出好地來，所以也像武俠小說裡的大俠一樣，從來不為衣食發愁。這也很像他的學術主張，講求實實在在的經世濟用，不是只會紙上談兵的書生，而是在任何領域裡都能做出一番成績來。終其一生，他再也沒有重返江蘇老家，夫人的死訊傳來，也只是臨風一哭，生命的最後幾年，他累了，定居於華山腳下。

顧炎武對理學很反感，尤其是心學，他認為沒完沒了地談心性是空虛之學。梁啟超說：

> 亭林學術之最大特色，在反對向內的主觀的學問，而提倡向外的客觀的學問。

從顧炎武開始，清代學者不是按照宋明理學的路子向下走，而是又回返到漢代經學的傳統中去論述聖人之道。清代重考據的學術風氣以及樸學的開山都源於顧炎武，他是個很淵博的學者，一生喜歡研究能實際應用的知識，涉獵的領域包括政治、經濟、法律、天文、地理、軍事、農業水利、歷史、哲學、音樂、文學等多學科。他的主要著作有《日知錄》、《肇域志》、《天下郡國利病書》、《音學五書》、《金石文字記》以及《顧亭林詩文集》等。

梁啟超認為，顧炎武在清代學術界有三大貢獻，一是開學風，二是開治學方法，三是開學術門類。他也如黃宗羲一樣，迫於政治環境，思想中叛逆精華的部分一直被埋沒，而訓詁考證功夫卻被後來的學者發揚光大，他痛恨無用的理學，更無用的樸學卻在他的身後建立，這對他來講不能不說是一種悲劇。然而，顧炎武的個人悲劇又何嘗不是整個民族的悲劇，他的感召力直到晚清才漸漸被人挖掘出來。

顧炎武最得意的是他那本《日知錄》，論述的內容可以說包羅萬象，其中有經義、政事、世風、禮制、科舉、天象術數、地理、注書、藝文、名義、考證、古事真妄、史法、軍事，甚至還有外國、雜事，等等。但真正具有超越時代特點的思想是他的幾篇專論，其中討論中央集權體制的〈郡縣論〉，已經觸摸到了中國皇權專制政治的核心。

關於政治體制顧炎武給予我們下列啟發：

第一，中國歷史上只有過兩種政治制度。一種是郡縣制，由君主獨裁而中央集權，這種自上而下的體制，造成無人肯為老百姓盡力，所以民窮國弱。另一種是封建制，權力在下面，上面的王室很容易衰落，時間一長就會向郡縣制轉化。顧炎武認為，可以將兩種體制取長補短，共同使用。這有點兒類似於聯邦或合眾的體制，有些權力集於中央，而地方則採取某種自治的統治方式。

第二，地方官選用當地人，只有本地人，他才會真正愛護自己的家鄉。上級只負責考核，考核的標準是經濟發展、人民安居樂業。財政上，由各地自行收納開支，只需向上交一個用不完的餘額，少了上下級的應酬和辦公來往，可以節省六七成的公共開支。同時也少了政府豢養的官吏，這些官僚就相當於百萬虎狼橫行民間。中央政府只負責調劑各地的財政，以豐補歉。

第三，不僅天子和國家有私利，也要允許人民群眾各有自己的私利。百姓為私心發展家業，地方官為私心治理好一州一縣，雖然表面上不是為了天子，實際上各地發展好了國家自然就強盛了。中央集權是把所有的利益集中於君主，各地的礦產、資源都被中央政府控制，私利只准中央有，人民和地方政府只能乾瞪眼。甚至鹽鐵官營，各種壟斷造成民間財產不斷被盤剝，而稅收制度和貨幣政策無異於攔路搶劫。顧炎武在〈錢糧論〉中，詳細論述了明清之際，國家財政和貨幣制度如何造成人民窮得叮噹響的狀況，他說：

倚銀而富國，是恃酒而充飢也。

第四，選拔官吏，「略用古人鄉舉里選之意」。這雖然不是直接選舉，但亦含有由當地推舉或小範圍選舉的意思。顧炎武一直反對當時的科舉制度，尤其是八股文取士，他認為：

廢天下之生員，而用世之才出也。

第五，吏治的方式。顧炎武以飼養牲畜來做比喻：

夫養民者，如人家之畜五牸然：司馬牛者一人，司芻豆者復一人，又使紀綱之僕監之，升斗之計必聞之於其主人，而馬牛之瘠也日甚。吾則不然，擇一圉人之勤幹者，委之以馬牛，給之以牧地，使其所出常浮於所養，而視其肥息者賞之，否則撻之。

大意是：管理百姓就像找人飼養牲畜，負責餵馬牛的一人，負責飼料的一人，再找一個監工監視他們的工作，一升一斗的安排一定要報告給主人知曉，即使這樣牲畜還是越來越瘦。我的辦法不是這樣，選擇附近一個勤勞的人，我就把牛馬、放牧的土地全都交給他，當然要使他有利可圖，之後就可以根據他幹得好壞加以獎懲。顧炎武談到了一個現代管理學的問題，就像公司的董事會，只需要找一個好總經理，具體的經營不去干涉。用到政治上，就是充分地給地方放權，中央行政部門按行業的監督管理全部取消，皇帝只找各地方的長官一人說事兒。

我們可以看到，黃宗羲主要談的是權力的來源，在君主的設置上如何體現民意的問題，而顧炎武更關心權力的運作機制，在中央集權制度的設計上怎樣才能更加合理，更符合大多數人的利益。他們所關心的東西，到今天我們仍然沒有處理好。

王夫之，字而農，號薑齋，晚年隱居南嶽衡山腳下的石船山附近，湖南衡陽人。王夫之又稱船山先生，比黃宗羲小九歲，他的活動範圍比較小，除了去過武漢、南昌和肇慶幾個地方外，他沒有再出湖南。王夫之在明亡前一直考到舉人，張獻忠攻下衡陽時想招納他，甚至把他父親押為人質，他用刀將自己刺得遍體鱗傷，被人抬到農民軍那裡，他們見他重傷也就任其自便了，他為了不肯被張獻忠裹挾而差點兒喪命。

清兵進湖南，他參加了反清武裝的起義，後在肇慶永曆帝的流亡政權內供職，失敗後在故鄉閉門不出。清廷下令剃髮，他又堅決不從，所以只好躲在深山中著書立說，幾成野人。

正像後世學者所表述的，王夫之「多聞博學，志節皎然，不愧顧、黃兩先生」。他從事學術活動之艱辛是難以想像的，到處拾些破紙爛帳簿來寫作，作品之豐富更是令人咂舌。同治年間，曾國藩的弟弟曾國荃收集整理刊刻成《船山遺書》共七十七種，二百五十卷，詩集雜文就不一一列舉。他甚至寫了《相宗絡索》和《三藏法師八識規矩論贊》等專門論述佛教法相宗的著述。以王夫之當時的生活條件，散佚的文章不會在少數，可見其學識的淵博。

如果說黃宗羲和顧炎武的異端思想更多體現在政治上，那麼王夫之則是在哲學的層面對宋明理學進行了一定程度的批判和改造。宇宙論上，王夫之繼承了王充和張載的思想，以「氣」的概念為基礎建構自己的學術框架，從這個角度指出程朱理學與陸王心學的不足。

船山與亭林，都是王學反動所產人物。但他們不但能破壞，而且能建設。拿今日的術語來講，亭林建設方向近於「科學的」，船山建設方向近於「哲學的」。

王夫之並非儒學的叛逆，他的思想更應該放在理學的思辨範圍內去研究。

王夫之在《船山思問錄》中講：

上天下地曰宇，往古來今曰宙。雖然，莫為之郛郭也。惟有郛郭者，則旁有質而中無實，謂之空洞可矣。宇宙其如是哉？宇宙者，積而成乎久大者也。二氣絪縕，知能不舍，故成乎久大。二氣絪縕而健順章，誠也；知能不舍而變合禪，誠之者也。謂之空洞而以虛室觸物之影為良知，可乎？

這段話無疑是針對陽明心學的，王陽明的「良知」是心的本體，類似於參禪中「悟道」的境界，王夫之認為這樣的良知像空城一樣，虛幻不實，而他的性與理都要落於實處，離開了宇宙間的陰陽二氣談心與良知都是沒意義的。

自霄以上，地氣之所不至，三光之所不行，乃天之本色。天之本色，一無色也。無色、無質、無象、無數，是以謂之清也、虛也、一也、大也，為理之所自出而已矣。

這段話又是糾正朱熹的理氣說，天是什麼？沒有顏色，沒有形狀，也沒有品質和數量，所以叫「清」，也叫「虛」，理就是從這裡出來的。清虛一大之氣，它的實就是理，它的知能就是神，理、氣與神是合一的，並沒有一個淨潔空闊的理世界，外加一個染汙的氣世界。

王夫之的政治思想體現在《黃書》與《噩夢》等文章上，這一時期的文人無不以明朝的弊端和滅亡的教訓來研究政治制度的問題，在這方面，王夫之與黃宗羲的主張有類似的地方。王夫之最反感的是「孤秦」與「陋宋」。孤秦是認為秦朝建立的一家一姓中央集權體制是把天下當成了私產。在這種機制下，有能力的人一律受打擊，有計謀的人全要被剿滅，有實力的人逐漸被削弱，官員不敢有土地，人民財產無保障，遇到事情秦王朝就處於孤立無援的地步。陋宋則是指宋代只知道防範軍人政變而建立文弱的制度，軍隊囤積於首都，成為只聽命於皇帝的私人武裝，中央大權在握，不給臣下權力，也不加強地方力量，致使治理天下和拯救災難的應急措施蕩然無存。

王夫之非常重視人才的遴選，他認為身居萬民之上，有權主宰家邦的人，是需要非常慎重選擇的。這些官吏必須是幫助上天來為人類和萬物造福，要能從大公出發而以至正為施政的目標。我們知道人類總是有缺點的，這樣的人不僅太難找，即使有也經常埋沒在民間，偶爾發現一兩個包公、海瑞這種人，根本不能解決問題。王夫之分析宋代的狀況，官吏們誰都想升官，副處長想當正處長，司局長削尖腦袋鑽營部長，天底下哪有那麼多官位？皇帝施恩拚命安置，實職沒有設閒職，甚至冗員，即使這樣仍然不能滿足官員們的欲望。於是：

> 夫天下，恩之不勝恩也，怨之不勝怨也……而竊天地之恩以鬻販人民而膠飴其心，施天下以私而責其公報。

皇帝盜竊天地的恩惠和人民的財產來籠絡手下，這是把全天下的利益滿足君主私心，他卻要求官吏們至正至公地對待百姓，這些官僚們怎麼做得到？再說了，財政是有限的，老百姓賣兒賣女也滿足不了這種需求的十分之一，這也是中國歷代財政開支龐大的原因之一。

王夫之無疑指到了專制吏治的痛處，他為此開了一個藥方，就是讓這個官不好當，很多人自然知難而退。究竟怎麼難？他也沒講清，很重要一條應該是責任大而利益少，趨之若鶩者也就寥寥無幾了。

王夫之的政治主張遠不如黃宗羲和顧炎武更有開拓性，他對政治制度的討論卻很有現實意義，孫中山的「天下為公」理論與王夫之「不以天下私一人」的提法是一脈相承的。

第11章

命運走向何處
滅頂之災的啟示

一、別笑，你就是井底之蛙

不同的歷史造就了不同的文化，不同的文化帶來了交流的困難，這在東西方文明的碰撞中表現得極為明顯。英國人在乾隆時期曾經派出代表團訪問過中國，力圖跟中國人建立歐洲式的平等的國與國關係，這就是著名的馬戛爾尼使團。但是，他們的目的沒有達到。

西元一七九二年，英國政府任命馬戛爾尼子爵（George Macartney, 1733-1806）為正使，喬治・斯當東（George Leonard Staunton, 1737-1801）為副使，以祝賀乾隆帝八十大壽為名出使中國。這是英國政府首次向中國派出正式使節。在這次交往中，最艱難的談判，是應該向中國的皇帝行什麼禮儀，是否給皇帝磕頭下跪。至於英國人最看重的貿易通商和武器、天文學儀器、鐘錶等工業成果，卻被中國人不是以自給自足為理由輕易拒絕，就是將其視作奇技淫巧之術而不屑一顧。在他們之前，萊布尼茲（Gottfried Wilhelm Leibniz, 1646-1716）、伏爾泰和耶穌會教士都曾把中國想像成一個理想的樂園。馬戛爾尼這次「失敗」的中國之行，卻使歐洲人清楚地看到了大清帝國的真實面貌。馬戛爾尼有一段揭穿帝國繁榮的論述：

中華帝國只是一艘破舊不堪的舊船，只是幸運地有了幾位謹慎的船長才使它在近一百五十年間沒有沉沒。它那巨大的軀殼使周圍的鄰國見了害怕。假如來了個無能之輩掌舵，那船上的紀律與安全就都完了……它會像一具殘骸那樣到處漂流，然後在岸上撞得粉碎。

這實在是一語中的。當時的中國人一直認為中國是世界的中心，皇上是天下的共主，儒家教化之外的人屬於化外之民，居住的地方是蠻夷之地，充其量只能成為中國皇帝冊封的番邦。天下的觀念與西方的民族國家意識是完全風馬牛不相及的。西方人看中個人的利益，在清政府眼中卻只有皇家的利益，普通民眾是不必顧及的，因此才會在對皇帝個人下跪不下跪的問題上糾纏不休。

第二次鴉片戰爭時，針對英法要求派駐公使，面見皇帝遞交國書的條款，咸豐帝氣得不行。至於割讓給沙俄一百餘萬平方公里土地，割讓九龍司給英國，賠償巨額軍費以及鴉片貿易合法化等要害問題，卻皆可輕易允諾，甚至關稅也可以隨意賞賜給外國人。

中國官員在武力面前，被迫開始了與英國特使的談判。第一次是琦善在大沽口外接受巴麥尊（Henry John Temple Palmerston, 1784-1865）的照會。這封照會使用了英國人習慣的用語方式，前面是談此次戰爭的原因，後面是五項要求：（一）賠償貨價；（二）中英平等外交；（三）割讓島嶼；（四）賠償商欠；（五）賠償軍費。

道光帝讓琦善回覆英國的照會是：

大皇帝統馭寰瀛，薄海內外，無不一視同仁，凡外藩之來中國貿易者，稍有冤抑，立即查明懲辦。上年林則徐等查禁鴉片，未能仰體大公至正之意，以致受人欺蒙，措置失當。茲所求昭雪之冤，大皇帝早有所聞，必當逐細查明，重治其罪。現已派欽差大臣馳往廣東，秉公查辦，定能代伸冤抑。該統帥義律等，著即返棹南還，聽後辦理可也。

大意是：我作為大皇帝是統率全天下的，對任何人都一視同仁，若有冤屈一定會秉公辦理。林則徐他們查禁鴉片受了蒙蔽，沒有公正處理此事。如今我派了新的欽差大臣前去調查。我命令你們趕緊回南邊去，聽候處理。

這道聖旨是給上門搶劫的強盜們下命令，不知道義律（Charles Elliot, 1801-1875）暈了沒有。巴麥尊始終覺得義律與中國人的交涉缺乏平等意味，但你讓義律怎麼辦？又要跟中國人打交道，又沒法按照英國人的思維邏輯來，這真是個苦差事。

第二次談判是欽差大臣、兩江總督伊里布和義律的交涉。英軍從北京返回廣東談判，路過浙江，解決定海遺留問題。英國要求釋放戰俘。這種要求大多是嚴肅而不容置疑的，後面隱藏著大規模軍事行動的潛台詞。我們再看一段伊里布的話：

大皇帝格外施恩，准爾通商，爾等將何以報答？我們辦事必令你們下得去，亦必令你們回得國，復得命。你們辦事需教我們下得去，教我們奏得大皇帝，教我們大皇帝下得去。

這段話很淺白，一看就懂，就好像是跟英國人在酒桌上「勾兌」，彷彿江湖上混的「青洪幫」，互相給個台階下。中國官員們想的是只要能給皇帝復命就行，並不管民眾的損失。面對國與國的談判，使用這種方式，恐怕就是現在的英國人也反應不過來。

第三次談判是琦善與義律在廣州的一番討價還價，這次要討論大皇帝滿足英國外相要求的問題。談判進行了一個多月卻毫無進展，因為英國人與中國人所想根本就是牛頭不對馬嘴。琦善面對英國人咄咄逼人的要求，背後是根本不明真相的大皇帝。道光皇帝曾這樣批一份奏摺：

> 逆夷要求過甚，情形桀驁，既非情理可諭，即當大申撻伐。

大意是說：這些叛逆的夷人，要求太過分，一副桀驁不馴的樣子，如果不能通情達理，就準備討伐他們。

中國人的外交始終停留在「朝貢體系」上，對待化外之民只有兩種辦法：「剿」和「撫」。如今是大皇帝的軍隊被人家追著屁股打，可在道光帝這兒仍然是居高臨下的口吻。這個世界是以實力說話的，往日的「夷狄」掌握了主導權，勢如破竹的英軍是來做強盜而不是順民的。琦善面對強梁，既沒權又要談，還要執行皇帝不可理解的命令，他的任務比林則徐還難數倍。

第四次談判是耆英與璞鼎查（Henry Pottinger, 1789-1856）簽訂《中英南京條約》。焦頭爛額的皇帝已經不期望獻俘闕下的榮耀了。經過數輪折騰，道光帝明白了外國人只想要錢，對民眾趁機造反的恐懼使他選擇了向英國人妥協。清朝面對外患屢犯錯誤，甚至不知悔改、不斷重複低級錯誤的根本原因在於，統治者首先考慮的是王朝的利益而非國家民族的利益。這是「家天下」

所無法克服的，也是獨裁體制必然的結果，造成的卻是民族的悲劇。清朝真正的腐敗在這裡。

無法想像，如此重大的條約主談者竟然是伊里布的家僕、冒充五品官的張喜，難道偌大的中國找不到懂洋務的人嗎？其實廣東十三行很早以前就同洋人有貿易往來，懂英語和英國風俗的人不應該一個都沒有，只是官府從來只信任奴才，不會相信民眾。璞鼎查也不再跟中國人兜圈子，要麼同意，要麼戰爭。回過頭來看《中英南京條約》，十三款中不平等的只是割地、賠款和赦免漢奸三項，至於讓當時士大夫痛心疾首的「夷婦與大皇帝並書」以及五口通商等，都是歷史的進步而非退步，只是進步的方式因為屬於被迫而讓人們心理難以接受罷了。耆英在完成了《中英南京條約》後，又相繼簽訂了《中美望廈條約》和《中法黃埔條約》，他不斷地向外國宣示所謂「皇恩」，愚蠢地給歐洲十幾個小國與英國同等的權利，主動而愉快地出賣國家主權。

清廷統治者在談判中表現出了三點問題：一是根本不懂現代國際法，爭所不當爭，放棄絕不應該放棄的權益；二是不知道怎樣做對國家最有利，如何避免民族利益的損失；三是他們始終把維護自己的統治擺在第一位，並不在乎民族的傷口有多大。

在一個又一個不平等條約簽訂過程中，大臣們有主張激烈反抗的，有建議學習西方的技術來克制對方的，但始終沒有一個要求對現行君主體制進行改革的。是不敢呢，還是不願？也許只是根本想不到，那就悲哀了。

二、到底誰是賣國賊

提起賣國，那是最重的罪名，甚至超過了搶劫、強姦甚至殺人，因為其他犯罪充其量傷害的是個人，而賣國則是冒天下之大不韙，傷害整個民族的利益，因此縱使是強盜，也不願背漢奸的罵名。

中國歷史上究竟產生了多少賣國賊，沒有確切的統計，也沒有統一的標準。比如，西漢年間與匈奴作戰失敗投降的李陵，松山戰敗投降滿清的洪承疇等，他們算不算漢奸，歷史上頗有爭論。因為每個朝代國家的觀念都是不同的，屈原愛國愛的是楚國，他絕不愛秦國，也不會在乎齊國的衰亡；宋代的遼國、西夏以至於大理、吐蕃對於宋人來講就是外番。

細細地品味鴉片戰爭之前的歷史，廣義來說，還真很難找出公認的賣國賊。秦檜屬於較公認的賣國賊了，我們仔細分析一下他都有哪些賣國行為或可以稱之為罪行的，第一條《宋史》說：

檜獨專國，決意議和。

意思是秦檜獨裁決定國家大事，下決心議和。其實，無論是戰爭還是議和，都是國家可以選擇爭取最大利益的手段，至於選擇戰爭還是議和，並不表示愛國還是賣國，自殺式的衝鋒除了表明愚蠢沒有任何別的意義。

第二條應該是殺掉金人聞之喪膽的岳飛，起到了自毀城牆的作用。

檜亦以飛不死，終梗和議，己必及禍，故力謀殺之。

應該說秦檜與岳飛是堅持議和還是戰爭這兩種意見的代表，他殺岳飛更多的是排斥異己。秦檜一直是南宋的宰相，位極人臣，賣了南宋，他到金國也不可能比宰相的位置更高，他憑什麼要賣？反之，留著岳飛就能消滅完顏阿骨打的新興國家？金國方興未艾，而腐朽的宋政權連王安石變法都無力改變，別說秦檜看不到希望，任何一個政治家或歷史學家都不可能看到希望。

第三條，《宋史》記載：

檜之歸也，自言殺金人監己者，奔舟而來。朝士多謂檜與何㮚、傅、樸同拘，而檜獨歸；又自燕至楚二千八百里，逾河越海，豈無譏訶之者，安得殺監而南？就令從軍撻懶，金人縱之，必質妻屬，安得與王氏偕？惟宰相范宗尹、同知樞密院李回與檜善，盡破群疑，力薦其忠。

大意是：秦檜從北方金國回歸南宋，他說趁機殺掉了金國看守自己的人乘船逃回。當時朝廷上很多人都懷疑，其他人也被拘禁，怎麼只有秦檜逃回？而且從燕地到楚地相隔二千八百多里，跨河越海的，難道就沒人查問或阻攔，又如何殺得了監守往南跑？而且，金人即使讓他跟隨撻懶的軍隊，也肯定會把妻子家屬當成人質，怎麼能和妻子王氏一起逃歸？只有宰相范宗尹和樞密院同知李回因為與秦檜關係好，堅決相信秦檜是忠心的，一力保薦。

這一段寫到秦檜逃離金國的經歷很可疑，多半作為間諜被派回來，這已經無法論證了，只能從他的所作所為中以事實說話。縱觀其一生，我覺得，秦檜奸臣有之，賣國無確鑿證據。

完全意義上的賣國賊，只有近代才有，因為國家的觀念是從西方而來，中國人只有天下、家族而沒有國家與個人，西方自工業革命後形成強有力的集權國家，以國家的力量帶動工商業的發展和全世界的殖民活動。而在中國，有人膽敢將國家出賣給中國以外的什麼英國、美國、日本等，就成了毫無爭議的賣國賊。

按近代史排序，在賣國方面排在第一位的，就是清朝鴉片戰爭中的琦善了，他賣國罪名的來源，就是主持了鴉片戰爭第二階段的和談事宜。按剿撫之爭，他是主撫的代表人物。他的賣國罪名主要有：第一條，破壞禁煙，主張弛禁；第二條，陷害林則徐，主張投降；第三條，不做戰爭抵抗，開門揖盜；第四條，主持談判，簽訂不平等條約，包括割讓香港等。

在道光帝眼中的琦善是：

> 妄稱地利無要可扼，軍械無利可恃，兵力不固，民情不堅。摘舉數端，危言要脅，更不知是何肺腑？如此辜恩負國，實屬喪失天良。

大意是：（他）胡說地利無險要可守，軍隊的裝備無法依靠，兵力單薄，老百姓也沒有同仇敵愾之心。他雖然說了很多弊端，卻是危言聳聽，意圖要脅，真不知他是何心腸？如此辜負國恩，他實在是喪失了天良。

在士大夫們的心裡，琦善是不可理喻的。在道咸期沒有親眼看到西方科技文明的官僚們，無論如何也想像不到「船堅炮利」意味著什麼，所以他們不可想像，一個世受國恩的一品大員，居然如此輕易地選擇割地賠款等大逆不道的行為。這種不理解還來自他的合作者，廣東巡撫怡良給道光帝的報告，大意是：

> 自琦善到廣東辦理洋務，從來也沒跟我商量或告知實情。我目前突然聽說英國代表義律已經在香港貼出告示，命令當地人歸順英國。而且還有人把告示抄給我看，臣非常驚訝。香港本來是海上邊疆要地，外國人公然宣稱他們管轄，天朝的百姓怎麼成了英國的國民，臣非常憤怒。我們請皇上允許增加士兵，固守虎門炮台，防住要塞。如今英國人多次刺探我方，感覺他們下一步還有動作，擔心措手不及。我不敢保持沉默，所以向皇上報告。

鴉片戰爭是中國近代史的開端，是中國古老文明與西方現代科技文明碰撞的開始，是中國從外夷四海來朝到四處碰壁以至於「國將不國」的轉捩點，在這個過程中因為琦善個人原因而造成巨大的民族悲劇，那麼他所應負的責任以賣國賊論處都顯得太輕。事實果真如此嗎？

關於第一條「破壞禁煙，主張弛禁」：琦善在給道光帝奏摺中不僅主張嚴禁，還雷厲風行在天津查禁煙土十五萬餘兩。我們評論任何一個人，都不可能離開他所處的環境。中國歷來是個中央集權的專制政權，從朱元璋廢除丞相制到雍正帝建立軍機處，皇權已被強化到無以復加的程度。揣摩聖意是當官的唯一要務，不同的政治主張或形成派系只有在政黨體制下才有意義。把琦善與林則徐說成是兩大政治陣營的領袖，不僅可笑，也完全罔顧當時的政治現實。此前，主張弛禁的許乃濟僅僅上了一道奏摺就被道光皇帝予以處罰：

冒昧瀆請，殊屬紕繆，降六品頂戴休致。

有人被罰在先，不可想像琦善還願意成為弛禁派的代表。很明顯，他是被栽贓。

關於第二條「陷害林則徐，主張投降」：在清史檔案中看不到琦善彈劾林則徐的任何奏摺，他做的唯一一件對林則徐不利的事，是當英國艦隊進犯天津時，將英國外相巴麥尊的照會轉呈道光皇帝。歷史在關鍵的轉捩點上，開了懵懂的中國人一個玩笑，這封照會翻譯上的錯誤直接導致了道光決策上的變化，一封在戰爭前要求賠償和通商的通牒，被道光帝理解成英國人在廣東受了冤屈請大皇帝伸冤，真是令人扼腕歎息。但它符合中國人的皇權思維，於是道光改派琦善取代林則徐主持禁煙引起的邊釁。琦善很不幸成了天朝大吏中見證歐洲人「船堅炮利」的第一人。在大沽口外，當他看見英國的遠征艦隊後，就隱隱地感受到了一個強大而陌生的敵人，他對使用軍事手段禦敵於國門之外動搖了，而初次談判又是如此順利，於是採取和談方式成為一個當然的選擇。我以為在這個短暫的歷史瞬間，硬把陰謀和投降加進來似乎根本不合邏輯。

關於第三條「不做戰爭抵抗，開門揖盜」：琦善無論在天津還是廣東都曾部署防務，虎門增兵皆有案可查。

關於第四條「主持談判，簽訂不平等條約，包括割讓香港等」：琦善一直都在和義律談判與交涉中，信函中並無私許香港之意，且割地賠款都是皇帝做主的事，琦善無意間頂了這個大頭。

琦善何許人？琦善是大清國的高幹子弟，父親是熱河的軍區司令，為一品將軍，而且祖上對清廷有功，世襲侯爵封號。琦善當時的職務是一等侯爵、文淵閣大學士、直隸總督（後改兩廣總督）、欽差大臣。既然把國家當商品賣，就一定要有合適的回報才說得過去，誰也不願意做賠本買賣，何況已經擁有如此高位的堂堂大臣。

茅海建的一段話很能說明問題：

時代的背景，規定了琦善的思想，而琦善的思想，又制約著他對英絕無卑媚仍不失傲慢的舉止。我們似可由此而看到他的內心：他以堂堂天朝的「大臣爵閣部堂」自居，又怎麼會冀求「區區島夷」所頒之榮？又怎麼會貪圖「蕞爾小國」所施之財？又怎麼會將泱泱大清賣給連地處何方都弄不清楚的「化外蠻夷」？他沒有賣國的動機。

蔣廷黻也有一段話談到琦善：

主張撫夷的琦善、耆英諸人雖把中外強弱的懸殊看清楚了，而且公開地宣傳了，但是士大夫階級不信他們。而且他們無自信心，對民族亦無信心，只聽其自然，不圖振作，不圖改革。我們不責備他們，因為他們是不足責的。

鴉片戰爭是中國的一個千年變局，琦善既非政治家也非思想家，只是生在貴族之家，天資聰明，遇事很機警幹練，熟悉財務、吏治等官府事務，不過說白了，他不過就是個精明能幹的官吏而已。琦善因為少年得志、官高位顯而說話很傲慢，不給人面子，所以朝臣們說他好話的人很少。

他與林則徐一起毫無準備地處在了歷史轉折的風口上，如何看待琦善成了我們反思鴉片戰爭的第一步。在戲劇與電影中，我們一直習慣了把林則徐說成民族英雄而把琦善當成賣國賊，然而事實並非如此。拋開容易讓大眾接受的「忠奸」模式，讓我們還原歷史上琦善的本來面目，真正的意圖並不在於替琦善翻案，因為正視琦善就是正視我們那一段滿帶傷痛的歷史，正視我們民族的缺點，正視我們在文明碰撞之中所犯的錯誤和失去的機會。

三、林則徐真能救國嗎

林則徐，字少穆，福建侯官（今福州市）人，嘉慶十六年（西元一八一一年）的進士，選庶吉士，三年後散館授職編修。他四歲啟蒙，青少年時期就注重經世致用的學習。西元一八一一年考中進士，在長達二十餘年的宦海生涯中，他一路平步青雲，由浙江道員、江蘇巡撫等官一直做到湖廣總督。

他關心民間疾苦，能夠刻苦自持，更難能可貴的是他有勇氣破除情面，不避怨嫌，銳志興利除弊，「一時賢名滿天下」。應該說，林則徐為官清廉與辦事認真的品行得到了道光帝旻寧的賞識。旻寧曾當面稱讚他：你在浙江雖然時間不多，但當官的口碑很好，朝廷交辦的事情辦得也沒有什麼毛病，我早就聽說了。這是作為漢人的林則徐能夠官運亨通的基礎，也為日後在禁煙上成為道光帝首選的欽差大臣預埋了伏筆。在「三年清知府，十萬雪花銀」的年代裡，應該說林則徐體現了很好的個人品德和道德修養。在當時中國人的眼中，道德是無往而不勝的。

林則徐即將面對的對手，是十九世紀三〇年代的英國。西元一六四〇年和一六八八年兩次以資產階級和新貴族為主的清教徒革命使英國成了君主立憲的國家，在西元一六八八年後對英國影響最大的思想家莫過於約翰・洛克（John Locke, 1632-1704）了，洛克的思想代表了君主立憲體制的主要精神。

洛克以社會契約論去解釋國家的起源，因為恐懼遭受他人侵害而推動人們互相訂立契約成為國家，人們聯合為國家並且把自己放在國家的統治下，主要目標就是保存私有財產。這個理論的精髓就是廢除了君權神授的觀念，強調國家存在的目的在於保護人的自然權利和私有財產。

在洛克眼中，議會君主制是國家政權的最好方式，因為它依據多數人的意志行動。科學文明已經加諸洛克的思想中，他用機械學上的規律去比喻議會制，即物體順著加在它上面最大力量的方向移動。洛克主張三權分立：立法權、行政權及聯邦權。立法權並不是無限制的，它有責任尊重公民的人身和財產的自由；體現在國王及其政府身上的行政權，應該在立法權的控制下管理國家，立法權在國王及其政府破壞國家的法律時，有權更換國王及其政府，甚至在國王及其政府破壞法律，威脅到大多數公民的生命、財產及人身自由，用法律制裁仍無結果時，人民可以用起義的方式推翻國王及其政府。君主立憲制的精髓在於按多數人的意志管理國家，而不是個人獨裁，權力之間進行制約並且主權在民而不在國王及其政府。

十八世紀，在科技文明的推動下，英國開始了徹底改造人類生產和生活方式的工業革命。英國的工業革命是從棉紡織工業開始的，蘭開夏的鐘錶匠凱伊（John Kay, 1704-1780）發明了飛梭，織工詹姆斯・哈格里沃斯（James Hargreaves, 1721-1778）發明了珍妮機，之後水力紡紗機、騾機、自動棉紡紗機再到織布機，棉紡織業是第一個實現機械化的行業，除了棉紡織機以外還出現了與之配套的淨棉機、梳棉機、漂白機、整染機等，組成了複雜的機器系列。詹姆士・瓦特（James Watt, 1736-1819），蒸汽機的發明家，解決了大工業發展所必需的動力問題，也使英國豐富的煤鐵礦藏有了價值，煤炭和鋼鐵工業成了英國近代工業的支柱。

機器大工業的發展帶動了交通工具的革新，十九世紀四〇年代英國主要鐵路幹線已經基本建成。應該說這場工業革命的過程就是以自然力代替人力，因社會對技術的需要把科學推向前進又回過頭來把科學知識應用到生產的過程。亞當・斯密（Adam Smith, 1723-1790）的《國富論》和大衛・李嘉圖（David Ricardo, 1772-1823）的《政治經濟學及賦稅之原理》為英國工業革命建立了政治經濟學的完整體系。

此時的英國，憑藉著君主立憲制和工業革命的成果已成為全世界最強大的國家，殖民地遍布全球，號稱「日不落帝國」。清道光時期的情況我就不說了，在先進的科技文明面前，人口與國民生產總值等的比較已經完全失去了意義，歐洲人曾經有這麼一個殖民故事，一百多人的西班牙探險隊，在美洲征服了六百萬人口的印加帝國。林則徐面對這麼一個敵人，別說勝算，他一點兒機會都沒有。接踵而至來找「天朝」麻煩的，還會有法國、美國、德國、俄國，等等。

人類歷史上有幾次大的文明軌跡，影響了全人類的思想與生活。同時產生於兩千五百年前的以儒家文化為核心的中華文明，印度教與佛教文明，希臘、羅馬及基督教文明，產生於一千五百年前的伊斯蘭教文明，人類基本上是在這四大文明的交錯之中生活直至出現現代科技。應該說，產生於歐洲的科學文明徹底改變了人類的思維和生活方式，所有古老文明不管願不願意都將被它席捲，大勢所趨，別說個人，就是一個民族也顯得極為渺小，順勢者昌，逆勢者亡。

林則徐要幹的事兒實際上是查禁鴉片，他能幹好嗎？鴉片的危害毋庸贅言，查禁的意義也不必表述。旻寧下決心，起於黃爵滋西元一八三八年上書的〈嚴塞漏卮以培國本摺〉，在皇帝眼中，這僅僅是天朝內部的事務，派出一個恪盡職守的能吏也就是了。當時在各省督撫中對如何查禁鴉片也有兩種主張，一種是針對吸食者的重刑主義，黃爵滋在奏摺中曾經講：

> 夫耗銀之多，由於販煙之盛，販煙之盛，由於食煙之眾。……無吸食，自無興販，則外夷之煙，自不來矣。

他認為「難防者不在夷商而在奸民」，所以建議制定新的法律針對煙民，給一年的期限戒煙，一年後還吸食者斬。他的意見遭到了絕大多數督撫的反對，他們不是不主張禁煙，而是不同意對煙民採取如此激烈的態度。可以想像，這樣的法律一旦頒布，癮君子抓不勝抓，先不說死刑核准是個嚴肅而謹慎的事，如此多的死刑必將造成官員的工作量巨大。光癮君子的認定就是個煩不勝煩的事情，標準不一就很難公平，而吸食者包括社會各個階層甚至皇室，一碗水端不平搞不好還會激起民變。這種方法雖然只對內不對外，但是缺乏可操作性。

第二種是針對沿海省分海關的查禁源頭，這是大家普遍主張的，也是旻寧的意向。這有點兒像現代針對吸毒的法律，嚴懲販賣者，對吸毒者是勸導加強制治療，這種方法是妥當的。但這個販賣者恰恰是英國。查禁海關必然會和英國為敵，這是林則徐無法邁過去的坎兒。英國是鴉片走私的主凶，這在廣東民間已屬常識性問題，但在道光帝諭旨中，卻絕無與英國交涉的寓意，官員們也都認為這僅僅是國內事務，他們分析禁煙難的原因多是地方官、兵士等怠忽職守，貪贓枉法甚至包庇縱容，加之煙民行奸耍滑，等等。因此，上至皇帝，下至清廷官吏，包括林則徐本人，並沒有意識到他們即將損害大英帝國的利益，從主觀到客觀都沒有做好防範英國的準備。

茅海建說：

當時的中英關係處在一種非常矛盾畸形的狀態之中。從政治層面來看，清朝守住了「天朝」的體制，對外緊閉著大門，對當時西方世界普遍採用的外交程序十分警惕，不容絲毫滲透；從經濟層面看，清朝又因其軍政機器銹蝕，大門關而不緊，罪惡的鴉片從門縫中滔滔湧入，已經沒有力量將其堵住。這使得後來林則徐在廣東禁煙時，處於一種十分尷尬的境地。

杜絕鴉片又不許跟英國發生衝突，這就像讓林則徐生孩子但又不許他娶老婆一樣，這是一個悖論，是不可能完成的任務。很快，林則徐就發現禁煙繞不過英國這個所謂「島夷」了，中英對抗愈演愈烈。林則徐迫不得已開始備戰，讓我們分析一下林則徐在廣東布置的防務有用嗎？

林則徐的思路是這樣的：首先加強炮台和清軍的水上作戰能力，再利用民眾進行襲擾。當時中國人認為，英國人的腿纏裹嚴密，屈伸不方便，一旦給弄倒就會爬不起來，因此他們只能待在船上，不敢上岸陸戰。這種判斷荒謬得令人發笑，估計是歐洲人的服裝蒙蔽了中國人的眼睛，而中國人穿了幾千年的長袍，很難看到自己的腿。實際的結果就像林則徐自己說的：

> 彼之大炮遠及十里之外，若我炮不能及彼，彼炮先已及我，是器不良也。彼之放炮如內地之放排槍，連聲不斷。我放一炮後，須輾轉移時，再放一炮，是技不熟也。求其良且熟焉，亦無他深巧耳。不此之務，既遠調百萬貔貅，恐只供臨敵之一哄。

大意是：我們打不到敵人，敵人先打到我；敵人可以連發，我們只能低效率地一炮接一炮。如此作戰，所謂百萬雄師不過是起哄一樣。清軍的炮台在英軍戰艦和登陸部隊的兩路夾擊下，只會一一失陷。

廣東水師提督關天培統率的是一支冷兵器時代的水軍，陸基炮台的大炮尚且無用，更別說船上的炮了。林則徐購買了一條英國商船改為軍艦讓士兵訓練，同時增加鳥槍、火罐、噴筒之類的兵器，這類武器是兩船相接時近距離作戰用的，現代戰爭雙方艦隻不可能靠得很近，否則早已將對方擊沉了，因此，我們現在聽起來這種水戰的設計近乎兒戲。

利用民眾進行襲擾無疑是「以卵擊石」的襲擊，不僅需要勇氣和犧牲精神，更需要利用地利的良好組織，這種襲擾對戰爭結果起不了什麼作用，很容易流變成只是嚇唬人的一兩次恐怖活動而已。我們看看著名的「三元里抗英」。三元里的民眾反抗是因為三個原因：一是英軍進到廟裡後不明當地風俗，在好奇心驅使下開棺看屍，後被村民誤傳為刨墳掘墓；二是搶劫財物；三是強姦調戲民女。民眾義憤填膺在自己財產女人的損失上，與所謂民族大義無關。另一方面，據史料記載，英軍遠道而來卻沒有後勤保障之憂，民眾不僅向他們出售糧食、淡水和畜禽等，甚至充當苦力為他們帶路或搬運物資。

茅海建說：

中國的歷史長達幾千年，中國的老百姓在歷史的變遷中對諸如改朝換代之類的重大變動都習以為常。只要不觸動他們的眼前利益，逆來順受又成為另一種傳統。誰當皇上就給誰納糧。滿清的皇帝也未必比浮海東來的「紅毛」統治者，更為可親可愛。

清兵入關時遭到那麼激烈的抵抗，甚至在「剃髮易服」、「圈地」等肆意侮辱和掠奪面前，民眾不是仍然做了順民甚至良民嗎！以現在的眼光，林則徐的防務部署是不靠譜的，也不可能戰勝強大的英國遠征軍。

歷史在這一刻開了林則徐也是中國人一個玩笑，英國人沒有進攻廣州，而是掉轉船頭直奔天津，途中順便攻下了浙江舟山的定海縣城。英國人認為天津離北京很近，他們可以很快把國書傳遞給皇帝本人，遠在廣東威懾力不夠，攻下定海是給你個臉色看看。等到英國艦隊回到廣東攻破廣東防務的時候，林則徐已經被罷了官。這不知道是林則徐的幸運還是不幸，林則徐的形象轉瞬高大起來，中國人以為英國人因為懼怕林則徐轉而侵擾北方，又由於清政府腐敗棄用林則徐造成英國人的益發囂張。

廣東民眾在給英國的檄文中寫道：

> 汝已稱厲害，何以不敢在林公任內攻打廣東？

如果給英軍司令懿律（George Elliot, 1784-1863）看到，真是莫名其妙到哭笑不得的程度。處在失敗中的人們，找不到勝利的跡象，最容易產生某種幻覺，就像臨死前的救命稻草，總是拚命抓得更牢。林則徐不知不覺中就成了全民族的那根稻草，戰爭越敗得慘，危機越是加深，這種企盼就愈加強烈。我真不知道究竟神話的林則徐和現實中的林則徐哪個更有啟發性？

蔣廷黻在《中國近代史大綱》中說：

> 從民族的歷史來看，鴉片戰爭的軍事失敗還不是民族致命傷。失敗以後還不明了失敗的理由，力圖改革，那才是民族的致命傷。

在工業革命的強大撞擊面前，阿Q般的中國士大夫們寧可閉上自己的眼睛，自欺欺人。中國人寧願睡在夢中，也不願接受失敗，重新振作。甚至連林則徐本人都不願意別人知道真實的情況，他怕損害自己的形象，也不敢公開提倡改革。有人認為他清醒了，所以他讓魏源編寫《海國圖志》。這本書沒讓中國人覺醒，反而幫助了日本的明治維新。也有人認為他仍然是傳統的士大夫思維，他在如何對待外國人的看法上沒有任何新東西。他死後諡號是「文忠」，他更忠於自己的名譽還是清皇室？抑或是這個多災多難的民族？我們看得更清楚了。

四、謊言幫與葉名琛的無奈

凡是派往前線處理中英「剿」、「撫」事宜的官員，沒有不靠撒謊來過日子的，以至於形成了一道獨特的風景，他們的醜態不足惜，其背後卻襯托出一個民族的可憐、可悲與可歎。林則徐因挑起中英衝突充軍伊犁，琦善主持和談不利被判入獄，他們大體是誠實的，雖然避重就輕，但還是向道光皇帝反映了前線的實際狀況。活生生的例子，使得別的官員為了自己的性命和烏紗帽，不得不揣摩著皇帝的意思。於是，謊言幫形成了。

第一個出場的是楊芳，這位三等果勇侯作戰勇敢，曾經參加清剿白蓮教起義，並在平定張格爾的叛亂中，用計生擒張格爾，可謂戰功卓著。旻寧是寄希望他打勝仗的，最好能把英夷的司令生擒，獻給大皇帝耀武揚威。楊芳何嘗不想在皇帝面前再次露臉，然而他的文韜武略在洋人面前碰得頭破血流。剛一交戰就完全潰敗，而且是在兵力戰船都綽綽有餘的情況下，炮台守將居然跟英國人商量：你也別放炮，我也不放炮，我只放沒有炮彈的炮，給我們那位大皇帝留點兒面子。這樣的軍隊能打勝仗反而見鬼了！怎麼辦？頭頂上那位大皇帝正「日夜引頸東南，企盼捷音之至」。

可怕的是一言不合龍意，身家性命都沒了。

在計謀針對英國人沒用以後，計謀的對象就變成了如何應付自己的上司。楊芳悄悄與英國人私下停戰了，但他並沒有告訴皇帝真相，而是隱瞞軍事失利的情況，大談自己如何布防，又殺敵多少云云，他建議等新的統帥奕山到位後再水陸協同作戰。這真是一份謊言的範本，既拖延了時間又推卸了責任，還哄得皇帝直誇他：

可嘉之處，筆難宣述！

他真的報捷了。清軍不懂國際慣例，擊退一艘打著白旗送照會的英軍小船，這件事被楊芳描述成一場大勝仗。旻寧受騙上當了，喜悅得睡不著覺。

在民族危亡的關鍵時刻，天朝的大臣靠謊言度日，皇帝依賴謊言決策，這些難道都怪他們本人嗎？他們自以為很努力、很認真，實際上卻對整個民族不負責任的行為是否僅僅是個人的腐敗呢？總之，謊言總有編不圓的一天，現實逼得他請求皇帝允許英人通商，奏本一上立刻遭到旻寧申斥，如果同意通商，何必讓你來作戰，琦善早就辦了。在所有處理鴉片戰爭的官員中，楊芳「革職留任」的處分實在是好得不能再好了。

第二位登場的謊言幫是靖逆將軍奕山。他的祖上是失意的康熙帝十四子允禵，爭奪皇位失敗被雍正監禁。奕山倒是很得旻寧的賞識，還為他調集了七個省的軍隊，而且當面叮囑，賞賜有加，可見期望值有多高。前方軍情如火，這位老兄卻坐著八抬大轎在大批隨從簇擁下慢悠悠地走著，嚴肅的出征誓師彷彿一場戲劇表演。

奕山到了廣東，大軍「兜剿」開始了，結局可想而知。在被迫答應英國人的條件後，奕山又開始編故事騙皇帝了。他說：「那些洋人用手不斷指手、指心、指天，向守城的士兵打招呼，說是有苦情上訴。我方總兵義正詞嚴地呵斥他們，我是天朝大將，豈是你們隨便見的。這些洋人就脫帽致禮，還把兵器丟在地上。我方總兵就問了，你們有何冤枉，如實稟報，為何抗拒我中華天威。這些洋人就說了，你們不讓貿易，錢都賠光了，太慘了，您就請皇上開開恩，給我們點兒錢，讓我們繼續做買賣，行嗎？我們肯定不鬧了。」這種鬼話旻寧居然相信了，真是絕妙的諷刺。讓今天的人來看，奕山出征像個唱京戲的，打仗像個跑馬戲的，騙起人來像個演皮影戲的。在廣州戰役失敗，與敵人簽訂城下之盟的情況下，奕山及其屬下均得到了嘉獎，官員們高興之餘，不知有沒有想到他們的子孫必須為此承擔什麼樣的後果。

第三位登場的是耆英（字介春，皇室貴族，滿洲正藍旗人）。西元一八三八年他任盛京將軍，一八四二年奕經在浙江戰敗後，清政府命耆英署理杭州將軍。同年四月，他被任命為欽差大臣，同伊里布一起赴浙江向英軍求和。旻寧給耆英的最初指令是「先剿後撫」，到了浙江才知道他和伊里布必須兩面作戰，一方面對付英軍的兵勢浩大，另一方面應付皇帝不明就裡的苛責，這真是：

> 對著「鬼子」扮笑臉，對著主子做鬼臉了。

耆英是「兩面蒙」，首先他背著旻寧跟英國講和，又騙英國人說自己有皇帝授權「便宜行事」的聖旨，連他派去談判的代表都是假冒五品頂戴的僕人。結果是《中英南京條約》簽訂了，中國人就這麼暈頭脹腦地邁入了近代化的時代。

最不可思議的一幕上演了。在第二次鴉片戰爭中，中國居然出了一個「不戰、不和、不守、不死、不降、不走」的「六不」大臣，真是前無古人，後無來者了。葉名琛，字昆臣，湖北漢陽人，道光十五年（西元一八三五年）進士，被英法聯軍俘虜時，官至兩廣總督兼通商大臣、體仁閣大學士等。

事情的原委是這樣的：西元一八五四年，《南京條約》屆滿十二年。中國自給自足的小農經濟使得英國在五口通商後沒有占到什麼便宜，他們費盡九牛二虎之力打開的是中國官方規定的大門，英國貨在民間依然沒有市場。資本掠奪的本性使得英國需要尋找新的方式從中國獲得更多的好處，在中美《望廈條約》中有關於十二年後貿易及海面各款稍可變更的規定，援引最惠國條款，英國也可享有這樣的待遇，因此英國政府向清政府提出全面修改《南京條約》的要求。英國人提出修改條約的主要內容為：中國全境開放通商，鴉片貿易合法化，進出口貨物免交子口稅，外國公使常駐北京等。與此同時，法、美兩國也分別要求修改條約。西元一八五六年，《望廈條約

》屆滿十二年。美國在英、法的支持下，再次提出全面修改條約的要求。

清朝在第一次鴉片戰爭後，並沒有成立與各國打交道的專門機構，只是在兩廣總督的官銜上又加上個五口通商大臣，皇帝恨不得洋人離自己越遠越好，因此這個兩廣總督就相當於兼任代理外交部長和商務部長。雖然角色如此重要，但兩廣總督的這兩項職權卻並不清晰，直接體現了國家主權的職務決策權是在皇帝手中，他只是個傳聲筒，而這個傳聲筒遠隔數千里，在當時的通信條件下，一天六百里加急已經是極限了。

此時作為兩廣總督的葉名琛，除了曾經幕後策劃過廣東商人通過民間自發手段斷絕跟英國人貿易外，沒有任何外交作為，他還因為與徐廣縉一起阻止英國人入廣州城意外成功而被旻寧封為男爵。滿朝文武包括皇帝本人都對洋人頭疼不已，無奈之下他們選擇了逃避，儘量避開跟洋人面對面的任何接觸。卻不知逃是逃不掉的，不思進取的做法會帶來更大的被動。

葉名琛的對付方法就是不交涉，外人要求見他，他也不肯接見。英、美兩國的代表跑到江蘇去找兩江總督，他勸他們回廣州去找葉名琛。他們後來到天津。地方當局只允奏請皇帝施恩，稍微減免各種稅收，其餘一概拒絕。總而言之，外人幾乎無門可入。他們知道要修改條約只有戰爭一條路。（蔣廷黻《中國近代史大綱》）

這本來只是一次談判的要求，既然打不過，可以妥協，讓損失減少到最小，如果有一點兒現代外交意識的話，是可以在談判桌上解決問題的。清政府既沒有研究國際形勢，也沒有考慮自己的家底，盲目地一概予以拒絕。英國連國書都不知道往哪裡遞。最後演化成一場戰爭，用割讓一百五十多萬平方公里土地，賠償巨額賠款以及大量主權喪失等換來清政府的苟延殘喘。直到西元一八六一年，清政府才老大不情願地設立了「總理各國事務衙門」，在中國一個部門的設立都這麼難，代價都要如此龐大。其實，奕詝被打得抱頭鼠竄並不可憐，即使皇帝和他女人們的玩樂場所圓明園被焚毀也沒什麼可惜的，戰爭中人民白流的鮮血和全民族甚至需要子孫埋單的割地賠款才是真正令人心痛的代價。

耆英是道光時期外交經驗最豐富的大臣，咸豐對他卻十分反感，他的下場是被勒令自盡，由此可見，英國與清朝的非戰爭交涉當然不會有結果。悄然而至的戰爭警報不知能否驚醒正酣睡在葉赫那拉氏（後來的慈禧太后）懷裡的咸豐皇帝，這個跛子青年從上任伊始就內憂外患不斷，他是馬戛爾尼預言的那個無能之輩的掌舵者，駕著中華帝國的破船正撞向巨礁。

葉名琛並不是一個無能之輩，《清史稿》記載：

> 名琛性木強，勤吏事，屬僚憚其威重。初以偕徐廣縉拒英人入城被殊眷，因狃於前事，頗自負，好大言，遇中外交涉事，略書數字答之，或竟不答。

他是個性格嚴肅，很勤奮的人，同僚們甚至有些怕他，為人也頗為自負，好說大話，不知什麼原因他如此忌憚外國人，基本上回避同洋人的任何往來。應該說作為授翰林編修的二甲進士，葉名琛並不是糊塗人，他在鎮壓匪亂中表現得老辣而狠毒，他對洋務的態度表現出整個清廷的矛盾和不知所措。

我們分析一下葉的「六不」：「不戰」，其實是無兵可戰，正規軍正在討伐太平天國，非正規兵由於無薪可支，多數已經解散；「不和」，國家間的媾和根本不是他說了算的；「不守」，守也守不住，況且他知道洋人多半是要求通商等，很少會占領城市不走；「不走」，更準確地說，是不能走，臨陣脫逃滿門抄斬，他不敢；「不死」，也許他希冀與洋人交涉中的轉機，就像耆英，皇帝本來讓他剿敵，後來又改成撫敵，命運握在皇帝手中的官員們並不因為辦事的好壞而升遷和罷黜，身家性命很多時候只在皇帝的一念之間；「不降」，作為讀儒家書的士大夫，他不敢降也不願降。

葉名琛被俘後，英國人把他囚禁在印度的一座海邊小樓上，他自嘲為海上的蘇武，每天還寫詩誦經不斷，最終絕食而死。他的死給國人的感覺不是壯烈，而是滑稽；不是悲痛，而是無奈。

第一次鴉片戰爭，使中國人首次突然面對歐洲這個新敵人，雖然需要檢討我們僵化的體制，但一時間茫然不知所措仍是情有可原的。然而從西元一八四〇年到一八五六年，十六年時間過去了，當大清國再次面對同樣的敵人時不僅更加手足無措，甚至連像第一次的各種努力都放棄了，葉名琛一副混吃等死的樣子，奕訢諉過於他雖有推卸自己責任之嫌，但他外交之無能成為第二次鴉片戰爭的導火索，說他是民族罪人並不委屈他。我們不得不反問：我們這個民族怎麼了？中華帝國真的不可救藥了嗎？東西方的衝突是不可避免的，就像蔣廷黻所說：

我們無法阻止西洋科學和機械勢力，使其不到遠東來。

我們為什麼要阻止？如果科學能改善我們的生產與生活方式。

我們很可以轉禍為福，只要我們大膽地接受西洋近代文化，以我們的人力物力，倘若接受了科學機械和民族精神，我們可以與別國並駕齊驅，在國際生活之中，取得極光榮的地位。

我們在看歷史的時候，首先應該真實地反省我們自己的缺點和所犯的錯誤，知錯才能進步。漢族的士大夫們從宋代開始虛驕了上千年，如果在兩次鴉片戰爭的失敗中繼續不圖振作、不思改革，內部互相推諉，剿夷派痛斥撫夷派，撫夷派又指責剿夷派，不僅不向先進的科學學習，還盲目仇外，那就真的不可救藥了。

五、日本人的選擇

無獨有偶，讓我們把眼光放遠，越過湛藍的東海，看看與我們有著相近文化的日本，他們也遇上了與清朝同樣的麻煩。十九世紀中葉，日本的實際統治者是德川幕府的將軍，他們與中國一樣實行閉關鎖國的政策，並嚴禁基督教信仰及其傳播。

西元一八五三年美國將軍佩里（Matthew Calbraith Perry, 1794-1858）率領一支很小的艦隊，由上海駛入東京灣，在日本引起了極大的震動。甚至有好奇的日本人冒著生命危險，晚上駕著小船偷偷爬上美國軍艦參觀，艦隊因為都是黑色近代鐵甲軍艦，故史稱「黑船事件」。佩里贈給幕府顯示工業文明成果的火車機車模型和電報機，而幕府卻只能回贈力士搬運的大米。由於佩里帶來的四艘軍艦合在一起，共有六十三門大炮，而當時日本在東京灣的海防炮射程及火力可與之相比的，大約只有二十門。在美國「不開放國門就開火」的威嚇下，幕府不敢貿然拒絕西方國家的要求，但又恐怕接受佩里帶來的國書後，會受到全國的抨擊，於是當時幕府的首席代表阿部正弘藉口要得到天皇的批准方可接受條約，約定佩里明年春天再給予答覆。一年的緩衝期很快就到了，日本人想明白了，他們選擇了妥協，他們沒有無謂的犧牲，也沒有白流的鮮血。至西元一八五八年，不平等條約簽了十多項。

西元一八六七年，孝明天皇病死，十五歲的明治天皇即位，從此開始了改變日本歷史的重大轉折——明治維新。日本人拋棄了軟弱無能的德川幕府，成立以天皇為首的新政府，於西元一八六八年四月六日發布具有政治綱領性的《五條誓文》，六月十一日公布《政體書》。九月三日，天皇下詔將江戶改稱東京。十月二十三日改年號為明治。西元一八六九年五月九日遷都東京，並頒布一系列改革措施。日本人在自己身上下了狠功夫，大久保利通號稱「東方俾斯麥」，實行鐵血政策，為了改革六親不認，消滅一切阻擋他的力量，最後雖難逃被刺殺的命運，卻為日本開闢了富國強兵之路。西元一八九四年，日本打敗中國成為亞洲盟主，一九〇四年打敗俄國進入世界一流國家的行列。一個西方人評價，當時的日本「從未有一個民族像當年的日本那樣昂首闊步」，他們的選擇是正確的。

沒有人可以一生不犯錯誤，也沒有一個民族會永遠強大，潮起潮落是再自然不過的，只有善於從失敗中總結經驗教訓才能長久屹立於強者之林。

柏楊在《中國人史綱》中說：

> 歷史已顯示一個定律，處在巨變的時代，有能力徹底改變的國家強，改變而不徹底的國家亂，拒絕改變的國家則繼續沒落，直到滅亡。

日本人實現了國家的富強，卻沒有丟掉東方的傳統文化；他們改變了不合時宜的政治制度，卻沒有喪失自己的民族精神。日本人在西元七世紀不斷派遣唐使學習中國的漢文化，他們把唐代的政治制度學去了，把漢文字學去了，把儒釋道三教合流的各種思想學去了，但他們沒有學中國人變態的宦官制度，沒有學針對婦女的過分的貞節觀，這種貞節觀導致了漢族女人裹小腳的自殘行為。人家是有選擇地學習。這個鄰國改革的經驗值得我們認真反思，這個我們民族曾經的學生，現在完全有資格做我們的老師。

六、清議與反思

中國獨特的政治制度和士大夫階層造就了一種只有中國才有的現象——「清議」。什麼叫「清議」呢？簡單地講，就是不顧現實，不說心裡真實所想，一味逢迎上司的旨意唱高調，「這種不誠實的行為，是我國士大夫階級大毛病之一。」唱高調有三大壞處：首先，抬高自己，把自己放在道德制高點上；其次，鉗制反對派的口，貶低持異議者；再次，把上司這隻鴨子趕上了架，他已很難客觀地選擇了。比如禁煙，本來就是件異常複雜的事，在林則徐和琦善等官員的私信中，會看到他們對於真相的分析和擔憂，但到了朝堂上面對皇帝與其他臣僚時，又是另一個慷慨激昂的面孔。大臣們對英國的態度亦然，在後方全是主戰派，真被派到前方在現實面前高調沒用時，又全成了主和派。

再舉一個清議的例子：同治五年（西元一八六六年），洋務派領袖恭親王奕訢在同文館設立科學班，招收學員，請外國科學家授課。這本來是個好主意，培養自己的人才，了解西方先進的科學技術，但還是遭到了理學大師倭仁的反對：

> 竊聞立國之道，尚禮義不尚權謀；根本之圖在人心，不在技藝。今求之一藝之末，而又奉夷人為師。無論夷人詭譎，未必傳其技巧，即使教者誠教，所成就者不過術數之士，古今來未聞有恃術數而能起衰振弱者也。天下之大不患無才，如以天文算學必須講習，博采旁求必有精其術者。何必夷人？何必師事夷人？

這就是清末典型的清議之論。受宋明理學培養出來的士大夫們，不相信堂堂天朝竟然不如英國，也根本不願接受夷人可以當我們的老師，他們在判斷事物的時候依據的不是事實本身，而是聖人的教導。中國人的僵化思路，使其往往一上來就展開道德的評判，事情細節的爭論一上升到道德層面就迫使了解真相的人噤若寒蟬。一方面是真話和人品缺失，另一方面是謊言和高尚，你選擇什麼？因此在清議中，掌握真相和主持改革的人，遠沒有唱高調的人更有力量，也更能得到麻木群眾盲從的喝彩。

在西方的理論體系中，思想家和政治家是截然分開的，那是兩個完全不同的領域，思想家可以海闊天空，可以無拘無束地設計各種社會模式，然而政治家則必須根據現實來決策，其間不可有一絲一毫不切實際的成分。因此柏拉圖（Plato，約前427-前347）可以寫出無數個理想國，但凱撒（Gaius Julius Caesar，前100-前44年）卻只能有一個選擇。中國的學術體系是不一樣的，中國的古漢學中沒有哲學、文學、政治經濟學的區分，中國讀書人的理想都是從事政治，因此思想與政治混為一談，經常不分彼此。《大學》把心性性命之學與個人品德、家族倫理、政治抱負全放到一起論述，使得中國人在從政伊始就被道德觀念所糾纏。我們可以看到滿族出身的大臣琦善、伊里布、耆英在看清交戰雙方的強弱後，能更早地選擇務實的手段和方法，受「宋明理學」影響更深的漢族士大夫，反而容易被「清議」糾纏得無所作為。

在清末的政壇上並非絕無了解世界大勢之人，只是他們力量微小，而中國人又太守舊，使得他們毫無機會做事。郭嵩燾就是這麼一位人物。這是中國第一位駐外使節，第一個睜眼看世界的人，郭嵩燾把使英途中見聞寫成《使西紀程》，稱讚西洋政教制度，對中國內政提出效仿的建議。他被彈劾「有二心於英國，想對英國稱臣」，遭到清廷申斥和世人辱罵，湖南學者甚至送了他一副對聯：

> 出乎其類，拔乎其萃，不容於堯舜之世；
> 未能事人，焉能事鬼，何必去父母之邦！

蔣廷黻說：

> 一切新的事業都是由少數先知先覺者提倡，費盡苦心，慢慢地奮鬥出來的。

郭嵩燾就是中華民族走在幽暗隧道中時，那根時燃時滅的火把。

七、思想與現實之間難解的死局

中國文化是否有缺陷，這是一個不斷被爭論的問題。中國人最大的糾結就是近代科技文明的落後。曾經引以為榮的儒釋道三家文化融合在一起，沒有讓中國社會逐漸進步，無論我們如何努力，整個民族卻在不斷地衰落。這也是晚清到民國的中國知識分子在「鴉片戰爭」的痛定思痛後，會對自己的文明有那麼大的失落感的原因。

秦滅六國以後，帝制成功了，政治退化了，中央集權下只有皇帝的權威與官僚們的利益，人民的生計無人過問和爭取，老百姓呈現出極其蕭索可憐的狀態。既然政治退化的原因是大帝國的存在，而帝國是可以人為變大或分小的，如果分裂對人民有利，為什麼不退回去？人們發現即使被帶到溝裡，也走不了回頭路。顧炎武明確地指出：

> 封建之廢，非一日之故也，雖聖人起，亦將變而為郡縣。

原因是人類走向聯合是必經之路。

西方的中央集權聯合體制，是在民主理論和工業制度準備好了以後開始的，中國人的問題是大帝國出現得過早，小農經濟下卻貿然想建立統一的管理體系。正如黃仁宇所說：

> 中國自秦漢以來的統一，可謂政治上之初期早熟，很多地方上的習慣，在其他國家可能造成法治之基礎者，在中國則缺乏發育成長的機會。

於是一個人類歷史上很奇異的現象發生了，對於中國人來講，時間彷彿停滯了，社會進入一個怪圈，從起點回到起點，已經轉悠了兩千多年，卻找不到隧道的出口。秦以後的哲學，對個人修身養性的成果達到了頂點，而在社會政治理論上又麻木到了極致。儒家對政治不可謂不關心，對人民不能說沒有同情心，但他們只是圍在一個皇帝的身邊談道德。難道真是中國的思想家笨，死活就設計不出一個能讓人民生活得好一點兒的社會與政治結構來？

朱之瑜，字楚嶼，號舜水，是黃宗羲的老鄉，比黃大十歲左右。奇怪的是兩人雖同屬魯王的反清系統，又都是餘姚的才子，居然並不相識。朱之瑜在明亡後一直奔波於海上，甚至遠渡日本希望借兵抗清，壯志未酬後不願換下明朝的服飾而終生漂泊海外。

朱之瑜在哲學上的建樹並不大，他的思想與顧炎武和顏元等都是一個路子，主張有利於自己身心和社會的實用之學。他的影響始於德川幕府的重要人物德川光國拜其為師。德川光國是德川家康的孫子，當時大將軍的叔叔。朱之瑜自忖復國無望，認為日本人也可以做孔子、顏回或堯、舜那樣的聖人，於是潛心在異國他鄉從事教育事業。他以其人格魅力和嚴謹扎實的學風而令日本的弟子們深深折服，當時的日本學者都以當他的學生為榮，甚至像孔子的弟子愛戴自己老師一樣尊敬舜水先生。

朱之瑜的學生除了有政治家、儒學「水戶學派」的創始人德川光國外，還有日本儒學古學派哲學家伊藤仁齋，神道思想的鼻祖山鹿素行，標榜「尊王一統」思想的《大日本史》的許多作者都是他的弟子，明治維新受這部書的影響不小。梁啟超說：

> 德川二百年，日本整個變成儒教的國民，最大的動力實在舜水。

德川時代為日本後來的改革提供了有效的物質文明進步和社會組織的整理。儒家思想通過朱舜水給予日本正面的改造，而在中國卻逐漸僵化，看看乾隆皇帝弘曆在接見英國使者馬戛爾尼時一臉愚昧的樣子，可以想像如果舜水先生活到今天，心中的感覺該有多窩囊。這並不是儒釋道三家文化的問題，百代皆行秦政制，這個政治制度對於中國的積貧積弱大概要負主要責任。可惜的是後代學者的奴顏與媚骨，只敢批評思想者而害怕指出掌權者的不足，因為君主手裡拿著胡蘿蔔和大棒。

在清代萬馬齊喑的政治氛圍下，鴉片戰爭的前夕，又出了兩個憂國憂民，意圖改良的思想家。用梁啟超的話說：

舉國方沉酣太平，而彼輩若不勝其憂危，恆相與指天畫地，規天下大計。

翻譯成白話文就是，當全國人民都沉浸在太平世道的時候，這些人就成天愁眉苦臉，憂心忡忡地謀劃著要如何避免災難的降臨。他們是龔自珍和魏源。

龔自珍，號定庵。生於浙江杭州一個官宦家庭，自己也曾考上進士，雖屢屢上書揭露時弊，提出改革主張，但卻沒人理他，他的官不過是閒差罷了，他只好把滿腔熱情放在詩文創作上。他的政治思想主要在〈明良論〉、〈乙丙之際箸議〉、〈尊隱〉、〈平均篇〉等文章裡。

龔自珍最有價值的思想在於，他認識到了經濟上的不平等所產生的剝削是政治動亂的根源。他在分析社會問題時指出，物質上的不足直接導致心理上的不平，這不是個道德的問題，需要政府以政治的力量加以干涉，然而政府在這方面恰恰是最無能的。龔自珍知道眼前的政府無法實現他的政治理想。

「我勸天公重抖擻，不拘一格降人才。」他寄希望於真正濟世救民人才的出現，這也是他不斷提出政治建議的初衷，然而他的先見性卻被毫無作為的「天朝」完全忽視。

魏源，字默深，湖南邵陽人，比龔自珍小兩歲，二人齊名於當世。《海國圖志》是他編寫的最有價值的一部著作。鴉片戰爭後，被革職的林則徐作為魏源的好友，二人相遇於鎮江，徹夜長談林在廣東的經歷。林則徐曾主持彙編過《四洲志》，此時，他將組織了解世界各國情況的全部地理和歷史資料送給魏源，囑託他編寫一部書給後來的人。魏源不斷搜集資料，使這本書達到一百卷的規模。

《海國圖志》是一本關於世界的歷史和地理介紹，它的意義在於中國人第一次明白自己不再是世界的中心，接觸到了西方的自然科學、社會制度以及風土人情，具有劃時代的意義。可惜這本書寫得太晚了，如果國人能在利瑪竇（Matteo Ricci, 1552-1610）的時候就認真了解世界，與西方各國平等交往，整個中國歷史將會被改寫。然而，即使這種臨時抱佛腳地研究西方的行為，也沒有引起當權者的任何注意。但《海國圖志》在日本反而得到了迅速傳播，一些學者因為看了這本書，而成為推動明治維新的中堅力量，不能不讓人感歎大部分中國人的麻木。

朱之瑜也好，魏源也罷，都是牆裡開花香在牆外。中國並不缺乏影響人類的大思想家，而蘋果砸在頭上的牛頓定律也不見得比煉丹術更複雜。我們最應該反省的恰恰是我們最不願正視的問題——道路。路走對了，即使磕磕絆絆，也仍然能夠到達，如果路走錯了，無論技術手段多麼精細，結果往往事與願違。中國人的一根筋其實還是在一個「利」字上——統治者的利益。

國家圖書館出版品預行編目(CIP)資料

歷史從來都有真性情 / 夏凡作. -- 初版. -- 臺北市 : 遠流, 2014. 10
面; 公分. -- (實用歷史叢書)

ISBN 978-957-32-7495-7(平裝)

1. 中國史 2. 通俗史話

610.9 103018119